第 4 版

小学校音楽科教育法

学力の構築をめざして

吉富 功修　三村 真弓

Yoshitomi Katsunobu　Mimura Mayumi

編 著

ふくろう出版

第4版
小学校音楽科教育法　学力の構築をめざして

C O N T E N T S

CONTENTS

CONTENTS

執筆者および執筆分担

第Ⅰ部　理論編

第1章　音楽科教育の目的と目標

第1節　音楽科教育の目的と目標

　音楽科教育の目的を考えるまえに、「音楽科」という言葉を考えてみましょう。「音楽」という語は、言うまでもなく文化として私たちのまわりに存在する音楽のことです。私たちの長い人生を考えれば、どの年代においても、音楽は欠くことのできないものです。では、「科」という語は、何でしょうか。それは「教科」の「科」なのです。「教科」とは、学校教育で、児童・生徒が学習する知識や技術を系統立てて組織した一定の分野のことです。このように、**「音楽科教育」とは、学校教育において、教科として音楽を学習すること**を意味しています。

　ところで、日本国憲法は、第 26 条で教育を受ける権利を、その第 2 項で普通教育を受けさせる義務を定めています。そして、国家としてすべての国民にどのような学力を保障するかを明示したものが、学校教育法、学校教育法施行規則、学習指導要領であると考えます。これらで保障された学力は、国民が教育の義務を果たす代償として、国家が国民に約束した、一種のマニフェストではないでしょうか。

　ここで、一般論として「目的」について考えます。「目的」という語は、人や組織が成し遂げようとしている事柄です。したがって、目的が目的として機能するためには、その目的が達成されたかどうかを客観的に判断できなければなりません。目標は目的の下位概念ですから、さらに具体性が必要です。

　さて、平成 29（2017）年 3 月 31 日に告示された新小学校学習指導要領・音楽科には、下記の目標が示されています。

> 　表現及び鑑賞の活動を通して、音楽的な見方・考え方を働かせ、生活や社会の中の音や音楽と豊かに関わる資質・能力を次のとおり育成することを目指す。
> (1) 曲想と音楽の構造などとの関わりについて理解するとともに、表したい音楽表現をするために必要な技能を身に付けるようにする。
> (2) 音楽表現を工夫することや、音楽を味わって聴くことができるようにする。
> (3) 音楽活動の楽しさを体験することを通して、音楽を愛好する心情と音楽に対する感性を育むとともに、音楽に親しむ態度を養い、豊かな情操を培う。

　これは、小学校 6 年間の音楽科の授業によって、①**表現及び鑑賞の活動を通して**、②**音楽的な見方・考え方を働かせ**、③**音や音楽と豊かに関わる資質・能力を次のとおり育成することを目指す**、ことを学力として保障することが目標として示されているのです。これらのうち①と②は、手段・方法を示したものです。真の音楽科の目標は、③**音や音楽と豊かに関わる資質・能力を育成する**、ことであることが明確に示されています。この「資質・能力の育成を目指す」という目標の示し方は、すべての教科に共通するものであり、このことによって、義務教育である小学校教育の目標が統一されて非常に理解しやすくなっています。それだけでなく小学校音楽科にとっても非常に明確な目標となることに資するものとなっています。

　その下の、(1) についても「関わりを**理解する**、技能を**身に付けるようにする**」とあるように、さら

に（2）についても「音楽表現を**工夫する**、音楽を**味わって**聴くことができるようにする」とあるように、目標が明確化され、小学校音楽科が何をめざすべきかが、だれにでも明らかです。加えて、（1）（2）（3）に、「**理解する、身に付ける**」という明確な目標が示されたことも画期的なことであると評価できます。

この目標と従前の目標とを比較してみましょう。

> 表現及び鑑賞の活動を通して、音楽を愛好する心情と音楽に対する感性を育てるとともに、音楽的活動の基礎的な能力を培い、豊かな情操を育てる。

2つの小学校学習指導要領・音楽科の目標を比較すると、新学習指導要領の小学校音楽科の目標は、従前のものとは大きく異なっていることがわかります。まず第1に、小学校音楽科の目標が「資質・能力の育成を目指す」と明言されていることです。従前のものでは、「表現及び鑑賞の活動を通して」で、音楽科の領域の中核となる表現と鑑賞の活動を手段として示したのちに、①音楽を愛好する心情と音楽に対する感性を育て、②音楽的活動の基礎的な能力を培い、③豊かな情操を育てる、という3点が並列して示されていました。このように目標を並列的に列挙することによって、明確性が希薄となり、焦点化が困難な目標となっていました。しかもそれらのうち①の**感性**と②の**情操**は、漠然とした表現で、それらの目標が達成されたか否かを客観的な方法で明らかにすることができないものでした。ところが新学習指導要領では、「資質・能力を育成する」と非常に明確に断定されているのです。このことは、これまでの小学校音楽科の目標には見られなかった、画期的な意味を有しています。

では、音楽科の新しい目標である「**③音や音楽と豊かに関わる資質・能力を育成する**」こととはどのような内容なのでしょうか。小学校学習指導要領での各教科の記述は、「第1　目標」、「第2　各学年の目標及び内容」、「第3　指導計画の作成と内容の取扱い」、という構成になっています。小学校学習指導要領音楽科では、学習の連続性とまとまりを考慮して、さらに授業時数が少ないことを考慮して2学年ずつまとめて示されています。③に関連する具体的な内容のうち、明確なものを示します。第1に、第5学年及び第6学年では「2　内容　A　表現　（1）歌唱の活動を通して、次の事項を身に付けることができるように指導する。のウ　思いや意図に合った表現をするために必要な次の（ア）から（ウ）までの技能を身に付けること。の（ア）範唱を聴いたり、ハ長調及びイ短調の楽譜を見たりして歌うこと」、第2に「第3　指導計画の作成と内容の取扱いの2　第2の内容の取扱いについては、次の事項に配慮するものとする。の（9）各学年の［指導事項］のイに示す「音符、休符、記号や用語」については、児童の学習状況を考慮して、次に示すものを取り扱うこと。」とあり、そこに示された、**37の音符、休符、記号や用語**の2点です。全体的に曖昧で大綱的な小学校学習指導要領・音楽科のなかでも、これら2点は非常に明確です。

では、これらの2点は、これまで学力としてすべての学習者に保障されてきたのでしょうか。第1の、「**ハ長調及びイ短調の楽譜を見たりして歌うこと**」について考えてみましょう。図1－1は、国立大学の4つの附属中学校の新入生を対象として、譜例1－1を視唱させた結果です[1]。調査方法などは、文献1）を参照してください。評価5は、適切に視唱できている得点、評価1は、まったく視唱できていない得点です。習い事無群の得点はすべて低迷しています。第1小節と第4小節の得点が、わずかに高くなっている要因は、ドから始まったり、ドで終わったりしているからです。

この楽譜の課題は、可能な限り平易にし、しかも、

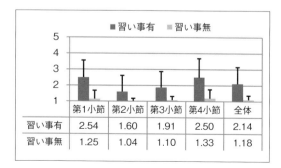

	第1小節	第2小節	第3小節	第4小節	全体
習い事有	2.54	1.60	1.91	2.50	2.14
習い事無	1.25	1.04	1.10	1.33	1.18

図1－1　「階名視唱1」の得点の比較

譜例 1 － 1

五線譜の下に階名をカタカナで示しています。それがこのような悲惨な結果となっていますので、あと
は推して知るべしです。

　第 2 の、「音符、休符、記号や音楽にかかわる用語」について考えてみましょう。文献 2）の調査の結果、
演奏活動に必要な強弱記号、音部記号、音符と休符などの理解に関しても、習い事無群の最も高い項目
の正答率でさえ 70％以下であり、多くの項目では 50％以下でした。演奏活動に直接的には必要のない
項目の正答率は、終止線 12.50％、縦線 7.64％、速度記号は 3.47％でした。

　これら 2 つの事実から、音楽科教育に携わるすべての人が考えねばならないことは、まず、国が国民
に約束した小学校音楽科の最低限度の学力を、すべての子どもに確実に体得させねばならない、という
ことではないでしょうか。

　その際に留意すべきことは、次のことです。

　クラスの児童のなかには高度な音楽的な力を備えている者もいますが、かれらは、学校外のピアノ教
室や合唱団などでの豊かな音楽活動の経験があり、その結果として高度な音楽的な力を有しているので
す。したがって、音楽の授業で焦点を当てる児童は、これらの学校外での習い事や音楽活動をしている
者ではなく、小学校での音楽の授業が、唯一の音楽学習の場である児童でなくてはなりません。すべて
の児童にこれらの音楽科固有の学力を保障することが音楽科教育の目的であると、考えます。

　国語科では、すべての児童に「国語で正確に理解し適切に表現する資質・能力を育成する」ことが
第 1 の目標になっています。国語科に関して、学校教育を受けた者と受けたことがない者とを区別する
のは何でしょうか。日本語の読み書きができることは、体系的な学校教育を受けたことのある者に固有
の力です。国語科では、学習塾で習い事をしていてもいなくても、この読み書きの力を、すべての児童
に保障しています。音楽科では、「ハ長調及びイ短調の楽譜を見たりして歌うこと」という技能の習得、
及び 37 の音符、休符、記号や用語の理解が学校教育を受けた者と受けたことのない者を区別する固有
の力です。しかし、小学校音楽科のこれらの固有の力を保障することに、音楽科の授業はまったく貢献
していません。

　このように考えてくると、現在の小学校音楽科の目的は、③に示された「音や音楽と豊かに関わる資
質能力の育成」を重視し、達成することです。そのためには、まず、具体的に測定可能な 2 点つまり、
音楽的な読み書きの能力と音楽的なさまざまな理解を保障することによって、すべての子どもの音楽的
自立が可能になるのです。

引用文献

1）吉富功修、三村真弓、光田龍太郎、藤井恵子、桑田一也、松前良昌、増井知世子、原寛暁「中学校における
　音楽科の学力を確かなものとする教育プログラムの開発(1) －中学校入学時の音楽学力の実態を中心として－」
　『広島大学　学部・附属学校共同研究機構　研究紀要』第 36 号、2008、pp.155-163。
2）吉富功修、三村真弓「小学校音楽科の学力に関する研究（1）－音符、休符、記号等の理解を中心として－」
　『環太平洋大学研究紀要』第 2 号、2009、pp.85-94。

第2章　小学校音楽科の内容

第1節　表　現

1. 歌　唱

1) 学校教育における歌唱と児童－歌唱指導の重要性を中心に－

　児童は、学校生活のなかで毎日のように学級で、ときには学年で、そして全校で歌を歌っています。例えば、小学校に入学してから卒業するまでに、児童は約360時間の音楽科授業を受けることになりますが、そのほとんどの音楽科授業において歌唱の機会が設定されます。器楽の学習や鑑賞の学習が中心である授業の場合であっても、授業の導入部分では既習曲などの歌唱を行うことが多いようです。児童は、教科書に掲載されている歌唱教材曲を中心に、それ以外にも教師が実情に応じて選択する投げ入れ教材曲も含めて、6年間にじつに多くの歌を学習することになります。さらに、種々の学校行事（入学式・卒業式・運動会・学芸会など）や日々の学級活動（朝の会や帰りの会など）のような、学校生活のさまざまな場面でも歌唱活動がさかんに行われます。つまり、児童の歌唱活動は、学校生活と一体化したものになっていると言えるほどその機会が多いのです。このように、小学校のさまざまな教育活動において歌唱活動が多用される理由は、「歌を学習する」、「歌を歌い合う」という音楽活動が、児童にとって身近なものであると同時に、心身の健やかな成長につながる有益な教育的効果を期待できるものであるからに他なりません。したがって、歌唱を通して音楽そのものを学ぶこと、さらに歌唱を通して人間的成長を促進することの2点から、音楽科教育における歌唱は非常に重要な内容だと言えます。

　しかし同時に、歌唱の機会が多いがゆえに、すべての児童に対して適切な歌唱指導を行うことは、きわめて大切です。米国の音楽教育学者であるフィリップス（1996）は、「幼少の子どもは歌うことを愛している」と言っています。おそらく小学校に入学したばかりの児童は、4月の授業では楽しそうにのびのびと歌うことでしょう。だからと言って、教師は歌唱指導を軽く扱かったりおろそかにしてはなりません。この時期の児童の歌唱力は、まだ発達途上の段階にあるからです。児童の歌唱力は、声質・声域・声量・音高やリズムの正確さなど、歌唱に関するあらゆる面で未熟です。これから先、児童は、学年が上がるにつれて、古今東西の多様な歌、広い声域・豊かな声の響き・音高やリズムの正確さが求められる歌、および多声部による合唱など、徐々にレベルを上げながら本格的な歌唱活動に取り組んでいくことになります。そのためには、それらの高度な取り組みに対応できる歌唱力を、教師は発達段階に応じて適切に指導しておくことが不可欠となるのです。

　すなわち、教師の適切な歌唱指導によって、児童は歌い方を学び、その結果、児童は歌唱学習を展開するための「歌声」を初めて自分のものとすることができ、その後の充実した歌唱活動に参加することが可能になるのです。ここで重要なことは、音楽科授業だけが唯一の音楽学習機会である児童にとって、歌い方を学ぶ機会は、音楽科授業だけであるという点です。もし仮に、授業で歌唱指導が実施されず、多くの児童に歌い方を身につけさせる機会が保障されなかったとするならば、児童は望ましい「歌声」を手に入れることができず、児童は歌う活動に参加すること自体を苦痛にさえ思うようになるでしょう。そうなっては、美しい魅力的な歌を味わいながら歌うことも、合唱による感動を経験することも難しく

なります。フィリップスは、「幼少の頃は歌うことを愛していたにもかかわらず、一部の子どもは成長するにつれて、そうではなくなっていく」とも述べています。つまり、歌唱指導の重要な目的の１つは、歌うことが苦手な児童をつくらないことである、とも考えられるのです。児童を安心して歌う活動に参加させるためには、さらに児童に生涯にわたって歌うことを愛好できる心情を培うためには、教師による歌唱指導が必要不可欠なものである、と筆者はここで強調しておきたいと思います。したがって教師には、歌唱指導の方法について十分に研鑽を積み、確かな指導力を備えておくことが求められます。では、どのような歌唱指導が必要なのでしょうか。そこで本節では、上記の観点をふまえて、児童のための「歌声づくり」につながる体系的な歌唱指導の在り方について理論的・実践的に述べていきます。

2）２つの声：話し声と歌声

　「歌声づくり」は、１年生のときから発達段階に応じて継続的に行うべきです。もちろん就学前の音楽教育から行われる方がより望ましいわけですが、本書では小学校段階から解説していきます。

　「歌声づくり」の第１段階では、児童に話し声と歌声との２つの声の違いを把握させ、歌唱の際には歌声を使用する習慣を身につけさせることです。話し声と歌声とは何がどのように違うのでしょうか。わたしたちは、漠然と歌うことと話すこととを区別し、それぞれを一般的な概念として規定し、共有しています。ここでは日常の会話で用いている声を話し声、歌を歌うときに用いている声を歌声というように、２つの声の違いをとらえて進めたいと思います。

　結論から言えば、歌を歌うときには歌声で歌う、ということを児童に理解させ、実行させ、さらに習慣化させることが必要です。「歌声で歌う？　当然じゃないのか」と読者は思われるかもしれませんが、実際には話し声で歌っている児童、歌声を意識せずに歌っている児童が少なからずいるのです。例えば、１年生の児童は、国語科の時間における教科書の音読を、クラス全員で大きな声で元気に行います。小学校の授業ならではのとてもほほえましい光景です。ところが、音楽科の歌唱においても、まったく同様に、元気のよさだけが先行し、叫び声に近い声で歌ってしまう傾向にあるクラスも存在します。このような場面における児童の歌唱意欲は評価すべきですが、歌い方としては改善を促す指導が必要になります。また、児童のなかには、ふだんの会話において、ほとんど聴き取れない声量や不明瞭な発音で発話する児童も見られます。そのような児童は、歌唱の際にも、会話と同じような歌い方をしてしまう傾向にあります。これらの児童にもふさわしい歌い方を促す指導が必要です。

　学習指導要領では、〔第１学年及び第２学年〕２内容Ａ表現（1）ウの「自分の歌声及び発音に気を付けて歌うこと」、さらにエの「互いの歌声や伴奏を聴いて、声を合わせて歌うこと」が、歌唱の際には歌声を使用する習慣を身につけさせるという「歌声づくり」の第１段階を示していると解釈できます。では、具体的な指導方法に入りましょう。低学年のうちは、楽しく明るい歌唱学習にしたいものです。教師と児童が一体となって歌い合う喜びを常に児童に感じ取らせながら取り組むことが、今後の長期にわたる歌唱活動の礎となります。その雰囲気を保ちながら、指導の目的に迫るには以下の方法が有効です。

⑴　教師による歌唱モデルを提示する

　教師自ら模範となる歌唱を児童に示すことを**示範**といいます。教師が自分自身の声で児童の前で歌ってみせることは、きわめて効果が高いのでぜひ実行すべきです。歌うときの声の音色、発音、呼吸、姿勢、顔の表情などの重要なポイントをわかりやすく示範しましょう。望ましい歌声と歌い方を、全員の児童にはっきりと聴かせ、見せるのです。この示範は、小学校の歌唱指導における最も重要な教師の役割と言っても過言ではありません。できることなら、望ましくない逆の歌い方も示すことができれば、児童

に学ばせたい指導内容はさらに明確になるはずです。話し声で歌うとどのような歌に聞こえるか、不明瞭な発音や聴き取れないほどの声量による歌唱はどのように聞こえるかなどを、自分の耳と目で直接に感じ取らせ、歌声を使用することの必要性を児童に納得させることが重要です。

(2) 児童に模倣させる

そのような教師の示範に続いて、児童に模倣させましょう。歌声も歌い方も即座に真似をさせることが重要です。短いふしを、絶え間なく教師と児童が交互にリレー唱するのもよいでしょう。そして、タイミングを見計らって指導的評価を行います。音楽の場合には、肯定的な評価言、例えば「すてきな歌声になったね」、「きれいに響く声だね」、「発音もとてもいいよ」などと、児童の望ましい歌声を必ず称賛しましょう。逆に、望ましくない歌声のときには、再度歌唱モデルを示範したり、「もっと自分の歌声を聴いてごらん」などの適切な指示を行う必要があります。

(3) 1人ずつリレー歌唱をさせる

児童が学校生活にも慣れ、音楽科の授業にも安心して参加できるようになった頃には、クラス全員が聴いているなかで、1人ずつ歌う活動も有効です。例えば、「○○さん」「はーい」という応答唱を、繰り返す活動です。拍の流れにのって、途切れずに全員で「○○さん」（音高はA4・G4・A4）→1人で「はーい」（音高はA4・G4・A4）という流れで、全員分の氏名を呼び終わるまで行います。慣れてきたら、「○○さん」（音高はA4・G4・A4）→1人で「はーい」→「（階名唱で）ラソラ」（音高はA4・G4・A4）とつけ加えたりします。この活動を実践できれば、教師側の利点として、毎時間すべての子どもの1人ずつの歌声を聴くことができ、子どもの歌声の状況を知ることができます。このことによって、1人ひとりの実態に応じた歌唱指導が可能になり、さらに有益な効果が期待できます。

(4) 弱声で歌わせる

児童には、明るい歌、アップテンポの歌、美しい歌など、さまざまな歌を簡易なものを中心に歌わせたいものです。とりわけ、望ましい歌声を習得させるには、美しい歌のふしを取り出し、それを教材として望ましい歌声と歌い方を追求させましょう。筆者は、そのふしをグロッケンなどの柔らかく響く楽器によって演奏し、児童に望ましい歌声をイメージさせながら学習させましたが、非常に有効でした。

3) 小学生の声域

「歌声づくり」の第2段階では、児童に広い声域を確保させることです。例えば、多くの児童が大好きな合唱曲に《君をのせて》（宮崎駿作詞、久石譲作曲）があります。この歌の最高音高はE5です。つまり、この歌を十分に歌いこなすためには、E5という高音域の音高を安定して響かせることが必要になります。その他にも、小学校で取り上げられる多くの歌にF5、G5などの音高が出てきます。児童が好む魅力的な歌ほど、高音域の音高が用いられている傾向にあります。

さて、教師による適切な歌唱指導がなされなかったならば、つまり児童がF5ぐらいまでの声域の確保に関する「歌声づくり」の学習を受けることができなかったならば、多くの児童が歌ってみたい《君をのせて》などを歌いこなすことは不可能です。生まれつき声域の広い児童は確かに存在しますが、それほど多くはありません。それを別にすれば、学習経験のない児童は、話し声による金切り声を張り上げるか、音高が不正確かつ貧弱な歌唱になるか、あるいは歌うことができない状態に陥ります。

では、どのような歌唱指導を行えば、すべての児童が《君をのせて》を無理なく歌えるようになるのでしょうか。教師は、児童の声域に関する専門的な知識を知っておく必要があります。歌唱経験の豊富な児童の声域は、G3からA5あたりであると思われます。しかし児童は、この範囲のすべての音高を同じ歌い方で歌っているわけではありません。おおむね、低音域（G3 〜 E4あたり：下声区と呼ばれる）

は胸声という共鳴ポイントを胸のあたりに置いた歌い方で、中音域（C4 〜 A4 あたり：中声区と呼ばれる）は中声という共鳴ポイントを口のあたりに置き声帯全体を振動させる歌い方で、高音域（A4 〜 A5 あたり：上声区とよばれる）は頭声という共鳴ポイントを頭部あたりに置き声帯を部分振動させる歌い方で、というように3種類の歌い方を駆使して広範な声域を確保しているのです。このように、複数の歌い方を自在に使い分けることを、「歌声の使い分け」と呼びます。本格的な児童合唱では、より洗練された統一感のある歌声の響きを作り出すために、かなり低い音域まで上声区の歌い方（頭声的発声）で歌わせることも多いようです。つまりここで重要なことは、児童に高音域を確保させるには、児童にそのことにつながる頭声的発声と「歌声の使い分け」を指導する必要があるという点です。

　学習指導要領では、〔第3学年及び第4学年〕2内容A表現（1）ウ（イ）に示された「呼吸及び発音の仕方に気を付けて、自然な無理のない歌い方で歌う技能」が、児童に声域を確保させることにつながる頭声的発声を学習することを意味していると解釈できます。『小学校学習指導要領（平成29年告示）解説　音楽編』(2018) では、「自然で無理のない歌い方で歌う」とは、「力んで声帯を締め付けることなく、音楽的には曲想に合った自然な歌い方」と説明されています。では、具体的な指導方法に入りましょう。

(1)　擬声語あそびによる導入

　頭声的発声は、日常的な発話ではほとんど使うことがないものです。歌唱経験が豊富な児童は自然にこの歌い方を身につけているケースも多いのですが、歌唱経験の少ない児童には、どのように声を発すればよいのかを把握しにくい面があるようです。特に、話し声のトーンが低めの児童や、少ししわがれ声の傾向にある児童は、そういった面が強いようです。ところで筆者は次のようなエピソードに遭遇したことがあります。ある男子児童が、頭声的発声で歌うことは「女子の声みたいでいやだ」と思い込み、長い間わざと使わずにふだんの話し声だけで無理して歌っていた、と筆者に語ったことがあります。「歌のときには堂々とその声で歌うんだよ」と声をかけるとその男子はとても安心したようでした。

　さて、最も効果的な学習の導入として、擬声語あそびが考えられます。子どもは物真似が大好きです。「ヒューン、ヒューン」という風の音、サイレンの音、お化けが出てくる音などを自由に発声させてみましょう。次に、さまざまな動物の鳴き声で歌わせ、頭声的発声のイメージを把握させます。

(2)　あえて音域の広い教材曲を歌わせる

　多くの男子が歌いたくてたまらない歌に《宇宙戦艦ヤマト》（阿久悠作詞、宮川泰作曲）があります。しかし、この歌は、最低音高がA3、最高音高がF5です。つまり先述した3種類の歌い方を駆使しなければ、この歌を歌うことができません。筆者は、男子児童の歌唱意欲を適切に引き出しながらこの曲を歌わせることによって、頭声的発声を習得させることにたびたび成功しました。高音域のフレーズでは、あえて伴奏の音量を小さくするなどの工夫をすると、多くの児童が高音域を頭声的発声で歌い始めます。その瞬間をとらえて、児童を称賛することが頭声的発声の習得を前進させます。

(3)　弱声で歌わせる

　児童が頭声的発声を着実に自分のものとするまでには、児童によって個人差があるものの、概して時間がかかります。それは、児童が歌っているときには、声帯の全体を振動させているのか、つまり胸声や中声で歌っているのか、あるいは声帯の一部分を振動させているのか、つまり頭声で歌っているのかを、自己判断しにくいことに起因しているようです。教師も、ときどき、児童の歌声を表面的に聴いただけでは、児童がどちらの歌い方をしているのかを判別しにくいことがあります。

　頭声的発声を定着させていくには、先述した歌声を把握させることと同様に、弱声で歌わせることが有効です。児童が小さい音量で歌っているときの声帯は、無理な力がかかっていないために柔らかい状態が保たれやすくなっています。したがって、児童は容易に声帯の部分振動、すなわち頭声的発声が可

能です。実際に、A4 〜 D5 ぐらいの音域のゆったりした歌を弱声で歌わせると、多くの子どもが美しい頭声的発声で歌い出します。その歌声を称賛しつつ、児童にも自分の耳で確認させながら、児童に歌い方を習得させていくことが大切です。

4）音高はずれ

　ここまで、第1段階として、児童に話し声と歌声との2つの声の違いを把握させて、歌唱の際には歌声を使用する習慣を身につけさせること、第2段階として、児童に広い声域を確保させるために頭声的発声を習得させること、の2点を歌唱指導の重要なポイントとして取り上げてきました。教師がこの2点を意識的に指導し、その指導によってほとんどの児童が歌声を獲得できたとすれば、小学校で扱われる歌唱教材曲のすべてについて、その教材曲の初めから終わりまでを十分に歌唱することが可能です。また、高学年の男子が変声期に入り、歌声を自在に駆使できない状況になっても、この2点がしっかり身についていれば、多少の不十分さはぬぐいきれないものの一定の歌唱活動の続行が可能です。

　ところで、音楽科教育における歌唱指導には、歌唱スキルに関する、見過ごすことのできない重要な問題があります。それは、音高はずれで歌唱する児童がいる、という問題です。音高はずれとは、調子外れ、音痴などとも称される、正しい音高でうまく歌唱できないという状況を表す語句です。村尾（1995）はそのような児童がクラスに2人か3人はいる、と指摘しています。筆者の調査（2005）でも村尾とほぼ同様の結果が得られています。もちろん、ここまで述べてきた歌唱指導をていねいに行えば、入学当初に音高はずれで歌唱していた児童の数は、学年が上がるにつれて確実に減っていきます。つまり、本節で紹介した歌唱指導は、音高はずれで歌唱する児童の出現を未然に防ぐための指導でもあるのです。

　しかしながら、ごく少数の児童は、音高はずれでの歌唱から脱しきれないという実情を現在否定することはできません。ここでは、この音高はずれで歌唱する児童への歌唱指導はどうあるべきか、について述べていきたいと思います。何の障害も感じずに自在に歌唱している児童は、歌うことは難しい行為ではないと考えているでしょう。しかしフィリップスは「歌唱は驚くほど複雑な仕組みである」と言っています。つまり、歌うこととは、生理的側面における声帯や呼気のコントロールなどと、心理的側面における音高に関する音楽能力などといったさまざまな要素が複雑に組み合わせられた行為であるととらえることができます。おそらく、音高はずれでの歌唱をする児童は、歌うことはとても難しい行為であると感じているに違いありません。さらに、そのような児童が、自己の音高はずれを自覚しているとするならば、歌唱に対するコンプレックスを抱いているであろうことは容易に想像できます。おそらく、彼らにとって歌唱学習や歌唱活動の時間は多大な苦痛を感じる時間となっているでしょう。

　歌唱指導を行う教師は、この問題にどのように向き合えばよいのでしょうか。この問題に関する研究は近年かなり進んできているようですが、小学校音楽科の実践において即効性のある根本的な解決策はまだ確立されていない状況にあると考えられます。しかし筆者は、音高はずれで歌唱する児童に対しても、教師は真正面から誠実に指導しなければならないし、できることから確実に実践していかねばならないと考えます。なぜなら、そのような児童は、「歌うことは苦手だ、嫌いだ」と発言することがしばしばありますが、彼らの心の奥底にある真の願いは、「クラスの仲間と声を合わせてのびのびと歌ってみたい」、「歌いたい歌を思いっきり歌いたい」というものだと推測できるからです。筆者は、音高はずれで歌唱する児童数人に、昼休みに個別指導を実施したことがあります。あるとき、1人の児童の母親から訪問を受け、「子どもが音痴であることが不憫でかわいそうに思っていました。指導をしていただきありがとうございます」と感謝されたことを思い出します。

　また、聴覚障害や重度の嗄声といった特別な場合を別にして、音高はずれで歌唱する児童は、これま

で適切な歌唱学習を受ける機会がなかった児童である、ととらえるべきだと考えます。実際、そのような児童は幼少の頃からの歌唱経験が著しく少なかったり、未学習であったりする場合が多いようです。そうであるならば、一定の歌唱経験と学習を重ねることによって、音高はずれは改善に向かうはずです。

　さて、音高はずれの児童に対する具体的な指導方法に入りましょう。この指導は、授業外に設定し、個別にあるいは2人ないし3人で行う方がよいでしょう。

(1)　キーを下げて歌唱させる

　音高はずれで歌唱指導する児童のタイプはさまざまです。他の児童に比べて、ふだんの話し声のトーンがかなり低い児童がいます。このタイプの児童は、歌声で歌うことができにくく、低い声でぶつぶつとつぶやくように歌っていることが多いものです。その歌っている声を注意深く聴くと、正しい音高ではありませんが、歌うべき旋律のおぼろげな輪郭は聴き取ることができます。そして、伴奏のキーを5度ぐらい下げ、その伴奏に合わせて歌わせると、正確な音高で歌うことができることがあります。次に、このような歌唱を繰り返し行わせ、伴奏に歌声を合わせることを十分に実感させながら、徐々にキーを上げていくという指導が有効です。

(2)　弱声での頭声的発声を徹底させる

　正確な音高で歌唱することもあれば、不正確な音高で歌唱することもあるというタイプの児童がいます。そのほとんどが、頭声への切り替えがうまくできておらず、しかもそのことを自分で認識できないことが原因です。歌っている自分の声を、自分自身でしっかり聴きながら歌うことを習慣づけ、意識的に声の使い分けができるように指導することによって改善に向かわせます。

(3)　音高に関する音楽能力を伸長させる

　発声すべき音高を把握できず、その音高に自らの声を合致させることがほとんどできないタイプの児童がいます。歌わせると、まったく一本調子で歌います。その改善には、かなりの期間がかかると考えられます。この場合には、心理的側面における音高の弁別能力に問題があると考えられます。2つの音高を比較させ「同じ−違う」などの音高を弁別する訓練を行い、音高に関する音楽能力のつまずきを改善するところから始めることが必要です。

5)　さまざまな行事での歌唱指導

　児童が学校で歌う機会は数多くあります。校歌や《君が代》は卒業するまでに、数え切れないほど歌うはずです。学校内のすべての歌唱活動を、教師はけっして見逃さずに指導の機会とするべきです。「明日の入学式の校歌斉唱は、どんな風に歌うべき？」といった行事前の投げかけや、「昨日の卒業式の全校合唱は、よく響いて美しかったね」などといった指導的評価活動は、1人ひとりの歌唱力をさらに高め、歌唱活動の発展につながるでしょう。このような指導によって、歌唱領域の内容を通して音楽科教育の目標の達成に大きく近づくことができます。

主要参考文献

・村尾忠廣『調子外れを治す』音楽之友社、1995。
・緒方満「小学校音楽科における「正確な音高で歌唱できるスキル」の育成に関する一考察−「音高はずれ」問題克服の重要性再認識と、本スキルに関する児童たちの実態−」『広島大学教育学研究科　音楽文化教育学研究紀要』ⅩⅦ、2005、pp.95-102。
・Phillips, K. H., *Teaching Kids to Sing*, Wadsworth Group/Thomson Learning, Belmont. 1996.

2．器　楽

1）リコーダーの奏法

　リコーダーは、ほとんどの小学校で第3学年から取り入れられます。児童のなかには、歌唱に困難を感じていることなどの要因で、歌唱に消極的な者もいます。そうした者も含めて、すべての児童に適切にリコーダーの指導を行えば、そのクラスは、きっと、リコーダーの演奏に夢中になるでしょう。リコーダーは、日本の音楽科教育にとって最も重要な楽器と言えます。したがって、その奏法に習熟することは、小学校教師にとって、必須の要件です。

　リコーダーの指導を的確に行うには、実際の指導のまえに、次のことへの配慮が必要不可欠です。

① 　リコーダーのメーカーと機種を特定する。下記のドイツ式かバロック式かも決める。クラスの全員が、同じメーカーの同一品番のリコーダーを使用する。

② 　リコーダーを必ず持参させる。

③ 　リコーダーを必要なときにケースから取り出し、教師の合図で演奏する。子どもに勝手に吹かせない。リコーダーの学習が終わったら、すぐにケースに収納する。

(1) リコーダーの種類

　リコーダーには、短くて小さい順に、したがって高い音がでる順に、ソプラノリコーダー（C管）、アルトリコーダー（F管）、テナーリコーダー（C管）、バスリコーダー（F管）、などの種類があります。小学校では、児童の手指の大きさの関係から、ソプラノリコーダーを使用します。

(2) リコーダーの式（システム）

　リコーダーには、ドイツ式（ジャーマン・スタイル）とバロック式（バロック・スタイル）があります（あるメーカーでは、バロック式をイギリス式と呼んでいます）。これらは、右手人差し指の音孔（4）と右手中指の音孔（5）の大きさの違いで外観によっても区別できます。4が大きく5が小さいものがドイツ式で、その逆がバロック式です。このドイツ式とバロック式は、記譜音で、ファ・F4 とファ♯・F♯4 の運指が異なります。F4 の運指はドイツ式が簡単です。F♯4 の運指はバロック式が簡単です。

(3) リコーダーのテクニック

　リコーダーには、大きくわけて、①息づかい（ブリージング）、②タンギング、③フィンガリング（運指）、という3つのテクニックが必要です。この順序は、困難さの順序です。

① 　息づかいは、できるだけ多くの空気を短時間で吸い込み（吸気）、それをゆっくり吐き出す（呼気）テクニックです。腹式呼吸を用います。呼気のスピードが重要です。口の前に手のひらをかざして、ここに呼気を当てます。そのときに、手のひらが温かく感じる呼気が最適です。冷たく感じる呼気は速すぎる呼気です。呼気をリコーダーに吹きこむ感じではなく、横隔膜を押し上げて、リコーダーに呼気がゆっくりと流れ込む感じです。水道の蛇口を少し開けて水がゆっくりと流れ落ちる、そういうイメージです。

② 　タンギングは、音楽にメリハリを与えるテクニックです。スラーのない音符とスラーの最初の音には、すべてタンギングします。スタッカートやマルカートの場合以外の普通の演奏では、タンギングをしながらも音と音の間に隙間を入れてはいけません。包丁でカマボコを切ったように、切れ目は入っているが隙間はないように音を区切ります。上の歯の後ろに舌を付けておいて、「tu-」の発音で音を出します。低い音高は呼気のスピードを遅くするために「to-」の発音で、高い音高は呼気のスピードを速くするために「tyu-」の発音で、音を出します。スラーの場合には、スラーの最初の音にはタンギングをしますが、それ以降の音にはタンギングをしません。譜例2－1は、《ふるさと》の一節ですが、スラーの練習のために最適です。○ではタンギングをし、×ではタンギングをしません。第

譜例2－1

3小節の第2拍からのB♭4からD5へのスラーは、音がとぎれないように1つの息で吹くことが重要です。運指が困難であるために、運指に気をとられないように注意しましょう。

③　フィンガリングは、相対的に容易なテクニックです。15ページの運指表を参照してください。ドイツ式とバロック式では、FとF♯の運指が異なります。

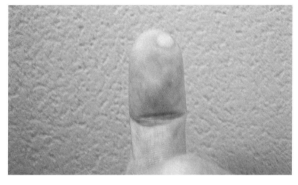

写真2－1　変色した部分で音孔をふさぐ

(4)　リコーダーの構え方

リコーダーを口に近づけます。そのまま口に付けます。上下の唇でそっと包みます。それで十分です。ストローのように、深くくわえてはいけません。

次に、右手で足部管を持ち、左手で各音孔をふさぎます。このときに、左手親指の位置が重要です。写真2－1のように親指の腹の真ん中ではなく左上で音孔をふさぎます。これは、後に高音を演奏する際のサミング（高音を出しやすくするために、左手親指の爪を立てるようにして、0の音孔を少しだけ開けるテクニック）のために重要です。

(5)　リコーダーの音色

リコーダーは、優しい音色の木管楽器です。大きな音は必要ありません。その音色は、虹の色彩、カラスアゲハ蝶の羽の色彩、光沢のあるカワセミの羽の色彩、のようなイメージです。その音色を出すためには、柔らかな、温かな呼気が必要です。決して、リコーダーの歌口に呼気を吹きこんではいけません。

(6)　リコーダーの練習の順序

大学の授業でリコーダーを教えていて気づくことは、左右の手を逆に演奏する学生が1クラスに数人いることです。このことを避けるためにも、まず左手だけで練習します。

①　左手だけで、譜例2－2を練習します。わらべ歌の音階を利用します。譜例2－2・3・4までは、必ず、ラ（A4）で始め、ラ（A4）で終わります。楽譜は必要ありません。まず、先生が吹いて、児童全員が模倣します。児童が模倣するときに、先生は階名を歌ってもいいですね。さらに、児童が順番に1人ずつ即興演奏して、児童全員が模倣します。拍の流れにのって、とぎれないように、集中して練習します。先生が児童の名前を歌って、児童がリコーダーで応答してもいいですね。いろいろなパターンを工夫してください。

譜例2－2　　　　　　譜例2－3　　　　　　譜例2－4

②　左手だけで、譜例2－5を練習します。右手は足部管です。スラーやスタッカートを加えてみましょう。譜例2－5以外にも、さまざまなパターンを即興演奏して、それを児童全員が模倣します。

譜例 2 − 5

③　次は、左手だけで演奏できる曲をさがしましょう。下記の曲以外にも、《ちょうちょ》、《ぶんぶん
　　ぶん》、《ジングルベル》、《さようなら》、《歓喜のうた》などがあります。

《メリーさんのひつじ》

《聖者の行進》

④　左手だけを使って、2重奏をしましょう。右手は足部管です。

《カッコー》

⑤　ここで初めて右手を使います。ここでも、わらべ歌音階を用います。《げんこつ山のたぬきさん》以外のわらべ歌もどんどん演奏しましょう。ここで留意してほしいことがあります。リコーダーの低音は、発音が困難です。第1に、左右の指で音孔を隙間なくふさぐ必要があります。第2に、柔らかな呼気が必要です。中学年までは、最低音をミ（E4）に限定することをおすすめします。したがって、中学年までは、歌唱教材をそのままリコーダーで演奏することはよくありません。リコーダーでは演奏困難な、ド（C4）やレ（D4）が多く含まれている曲が多いからです。

《げんこつ山のたぬきさん》

⑥　高学年になったら、いろいろなアンサンブルを楽しみましょう。

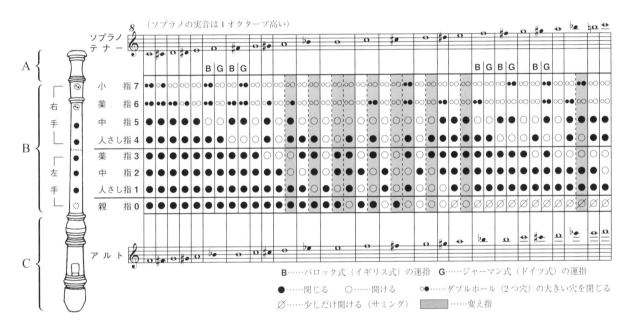

A…足部管　B…中部管　C…頭部管

図2−1　リコーダーの運指表

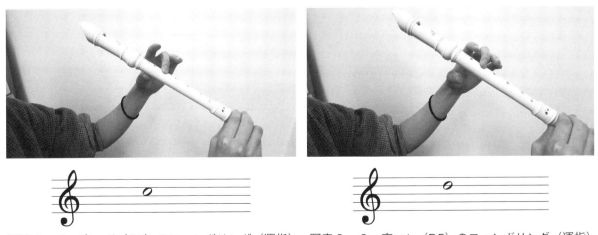

写真2−2　高いド（C5）のフィンガリング（運指）　　写真2−3　高いレ（D5）のフィンガリング（運指）

2）鍵盤ハーモニカ

⑴　学習指導要領と鍵盤ハーモニカ

　小学校学習指導要領音楽科（以下、学習指導要領）の各学年の目標及び内容〔第1学年及び第2学年〕に、「思いに合った表現をするために必要な次の（ア）から（ウ）までの技能を身に付けること」の（イ）として「音色に気を付けて、旋律楽器及び打楽器を演奏する技能」と示されています。さらに指導計画の作成と内容の取扱いにおいて、「各学年の「A表現」の⑵の楽器については、次のとおり取り扱うこと」として「第1学年及び第2学年で取り上げる旋律楽器は、オルガン、鍵盤ハーモニカなどの中から児童や学校の実態を考慮して選択すること」と示されています。

　さらに、学習指導要領の解説には「低学年では、児童が『楽器を演奏することが好き』と思えるようにすることを大事にしながら、興味・関心をもって取り組むことができる器楽の活動を進めることが重要となる。そのような器楽の活動の中で、打楽器、オルガン、鍵盤ハーモニカなどの楽器に慣れ親しむとともに、1人や集団での器楽表現の楽しさを十分に感じ取れるようにし、演奏することが更に好きになるように指導することが大切である」、「視覚と聴覚の両面から音を確かめつつ演奏できる各種オルガン、同じく視覚と聴覚の両面から音を確かめつつ演奏でき、息の入れ方を変えることによりいろいろな音色を工夫することができる鍵盤ハーモニカなど、児童にとって身近で扱いやすい楽器の中から、児童や学校の実態に応じて選ぶようにすることが大切である」など鍵盤ハーモニカに関する記述が見られます。

　学習指導要領のこれらの記述に準拠する形で、第1学年の教科書には鍵盤ハーモニカが教材楽器として登場しているのです。現在、小学校音楽科の教科書は2社から出版されています。2社とも、鍵盤ハーモニカを扱った題材を8ページ分掲載しています。学習指導要領の記述に沿うように、児童が「楽器を演奏することが好き」と思えるようになるよう工夫した内容であったり、「視覚と聴覚の両面から音を確かめつつ演奏」したり、「息の入れ方を変えることによりいろいろな音色を工夫」したりする内容となっています。

⑵　初めての鍵盤ハーモニカ

　鍵盤ハーモニカは、どれかの鍵盤を押さえて歌口（吹き口、マウスピース、唄口などと呼ばれることもあります）から息を吹き入れると、内部にあるその音高に対応した金属の小さなリードが振動して音が鳴るしくみになっています。このようなしくみの楽器はフリーリード楽器と呼ばれています。アコーディオンやハーモニカなどがフリーリード楽器の仲間です。もう1つの大きな特徴が、児童が鍵盤を「見ることができる」ことです。フリーリード楽器の仲間ですが、ハーモニカは音の穴が口元にくるため、直接見ることができません。アコーディオンは、鍵盤が児童から見て楽器の裏側となり、演奏しながら見ることが難しいと言えます。学習指導要領にある「視覚と聴覚の両面から音を確かめつつ演奏できる」という特徴をもっているのが鍵盤ハーモニカなのです。

　本書では「鍵盤ハーモニカ」という名前を使っていますが、鍵盤ハーモニカには製造したメーカーが独自の商品名を使っています。例えば、鈴木楽器の鍵盤ハーモニカは「メロディオン」、ホーナーは「メロディカ」、ヤマハは「ピアニカ」、ゼンオンは「ピアニー」とそれぞれネーミングされています。また「ケンハモ」等の略称を用いる先生もいるようです。

　商品名や略称を、授業での児童への指導言や指示で用いていても、研究授業での学習指導案など、文字で記す際は「鍵盤ハーモニカ」と記すことをおすすめします。

⑶　使ってみよう鍵盤ハーモニカ

①　ケースを開けよう

　ケースには楽器本体と、付属品として、授業などで楽器を机上に置き座席に座って演奏する際（座奏

と言います、卓奏と呼ばれることも）に用いる座奏用
歌口、発表会などステージに立って演奏する際（立奏
といいます）に用いる立奏用歌口などが入っています。
座奏用歌口は、両端にプラスチックのパーツが付いた
ホース状のものです。立奏用歌口は立って演奏する時
に用いる、短いプラスチックの部品です（図2－2参
照）。

② 　組み立ててみよう

　座って演奏する場合は、楽器本体を机に置き座奏用
歌口を本体左側にある穴に差し込みます。本体に差し
込むパーツと口にくわえて息を吹き込むパーツとでは
形状が違うので、児童に注意を促してください。また、
歌口を差し込んだ時点で鍵盤を押さえて息を入れれば
音が出ますが、児童への指示を確実に伝えるためにも、
あらかじめ「音を出す」「音を止める」ルールを決め
ておくといいでしょう。

　また、楽器本体を机上に置く際の位置は、右手を前
に出して親指がド（C4）の付近にくるようにすると
自然な姿勢で演奏することができるでしょう。おそら
く、体の正面よりやや右側に楽器がくると思われます
（図2－3参照）。

　立って演奏する場合は、楽器本体の底面にあるベル
トに左手を差し込み、鍵盤が自分の右手側にくるよう
にかまえます。ベルトの位置や形状がメーカーごとに
多少の違いがあるようですので注意が必要です。また、
立奏用歌口を本体左側にある穴に差し込みますが、そ
の際、大切なことがあります。立奏用歌口も円筒形だっ
たりS字状だったりとメーカーにより形の違いがあり
ます。円筒形のものは特に気を付けなくてもいいので
すが、S字状のパーツの場合、平らに置いた楽器に対
して少し角度を付けて（水平が時計の3時9時だとす
ると1時7時くらい）穴に差し込むようにすると、立っ
て構えた時右手を無理なく使うことができるでしょう
（図2－4参照）。

③ 　音を出してみよう

　先生の指示で息を吹き込んでみましょう。この時、
歌口を歯でかまないように、（座奏の場合は）ホース
を引っ張りすぎないように指示してください。

　いろんな鍵盤を押すと音の高さが変わることや、息
の入れ方を変えると音の強さや音の長さが変わること

図2－2

図2－3

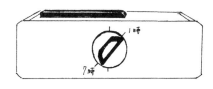

図2－4

を実感させてあげてください。

④　ド（C4）とソ（G4）の音の位置を覚えよう

授業実践の場面でよくあるのは、ド（C4）は「2
つのおやまの左側（黒鍵が2つ並んでいるところ
の左側）」（座奏の場合）という指導言です。ド（C4）
に右手の親指を置き、あとは順番に指を置いて「小
指を置くのがソ（G4）」と指導します（図2－5
参照）。

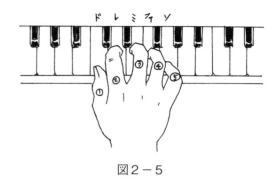

図2－5

⑤　息の使い方に気をつける

まずは、音が長く続くように、息をゆっくり自然に吹き続けることができるようにしましょう。鍵盤ハー
モニカは、強い音から弱い音まで音量の変化の幅が大きい楽器です。息を強く吹き込めば強い音を出す
ことができ、その強い音に興味をもつ児童がいることは十分考えられます。しかし歌唱の活動の際、「どな
なり声」で歌うことをさせないようにするのと同様に、まずは「自然な強さの音」を体感させてください。
そうすることで、周りの音を聴くことができるようになり、合奏に発展した際の指導にも効果がみられる
ようになるでしょう。

⑥　タンギングできるようになろう

3年生から学習するリコーダーと同様に、鍵盤ハーモニカでもタンギングを使って演奏します。「tu」や
「du」と発音するようにして息を入れます。

タンギングで気をつけるポイントは、「タンギングは音を切ることではない」ということです。音を切
るのではなく、音を「区切る」または「切れ目を入れる」のがタンギングです。「ロールケーキをナイフ
で切るように」といった指導言の工夫が必要となります（図2－6参照）。タンギングで音が切れると、
タンギングの直前の音が短くなり、1つひとつの音符の間に隙間ができ、旋律としてのまとまりが感じら
れなくなってしまいます。息の流れを一定にして音を伸ばしながら「区切るように」タンギングする練習
を試してみましょう。このことはリコーダーの学習にもつながっていきます。

⑦　同じ音が続く時もタンギングを使って音を出そう

鍵盤ハーモニカでは同じ音が続く場合もタンギングを使いま
す。特にピアノや電子オルガンなどの演奏経験がある児童は、
ピアノなどを演奏する時と同じように、鍵盤を押さえ直すことに
よって音を区切ろうとしがちです。しかし、これでは鍵盤が上
がっている間は音が切れてしまい「区切るような」演奏になり
ません。このような場合は、長い音符を吹きながら指で押さえ
直すことをせずに、タンギングだけで音を区切る練習をしてみ
てください（譜例2－6参照）。

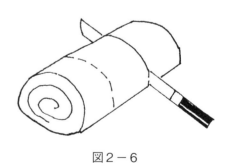

図2－6

レの鍵盤を人差し指で押さえたままで

譜例2－6

⑧　指づかい

　第1学年の教科書では、ド（C4）の1音のみ、ド（C4）からミ（E4）の3音、ド（C4）からソ（G4）の5音、と学習に用いる音が増えていくようになっています。したがって、使用する指は親指から小指の位置を変えることなく学習することができるようになっています。しかし、学年が上がっても鍵盤ハーモニカは器楽合奏などで多く用いられます。その際、難しい指づかいが必要となることがあります。例えば、上行の場合に親指を、人差し指や中指の下をくぐらせたり、下行の場合に親指の上を、中指や他の指が越したりします。また、ポジション移動の必要もあります。そのためにも、指には力を入れすぎずに軽く丸めて演奏できるようにしておきましょう（図2－7参照）。

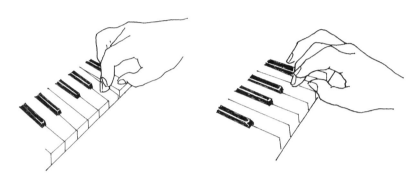

図2－7

⑨　楽器を片付けよう

　使用後は、必ず内部の水分を取り除いてください。製品により多少の違いはありますが、水抜き用のボタンがありますので、そこから水分を取り除きます。使用した歌口も水分を取り除いてください。ハンカチなどで十分に水分を拭き取ってから、楽器と歌口をケース内の正しい場所に収納してください。本体や歌口が正しく収納されていないと、ケースが閉まらなかったり、本体に不具合が発生したりします。「きちんとお片付けできるまでがお勉強です」と児童に伝えてください。

3) 授業で役立つ機器

　なくても大丈夫ですが、持っていれば授業で役に立つ機器を2つ紹介します。

(1) 小型のキーボード

　筆者が愛用している、授業のさまざまな場面で活用できる小型キーボードです（次ページ、写真2－4参照）。役に立つ特徴をいくつか紹介します。

①　最大の特徴は携帯性です。本体の重さは約1kg、乾電池で稼働しますので片手で持ちながら授業を進めることができます。例えば、初めての歌唱教材を児童と出会わせるとき、ピアノ伴奏や指導用のCDに合わせて教師が範唱を行うことが多いと思います。しかし、ピアノ伴奏が苦手だったりすると、楽譜やピアノの鍵盤ばかり見てしまい子どもから目を離してしまうことはありませんか。この小型キーボードで旋律を弾き子どもたちの目の前で範唱をすると、子どもたちの表情や反応を観察しながら活動を進めることができます。

②　小型ですので鍵盤の音域は2オクターブ半しかありません。しかし、教科書の歌唱教材など、ほとんどの歌の旋律を弾くには十分です。また90種類程度のさまざまな楽器の音色を内蔵しています（パーカッション群も！）ので、さまざまな音色で旋律を子どもたちに聴かせることができます。

③　さらに、ポップスやダンスなどのリズムパターンを活用することで、楽しい表現活動をサポートしてくれることでしょう。

写真2−4　小型キーボード

(2) タブレット型端末

　タブレット型端末といえば、ICT機器として最も名前が挙がるものの1つですね。筆者は、Apple の iPad Air を授業で活用しています。主に活用する場面として考えられるのは、次の3つです。

① 自分たちのパフォーマンスを録画や録音をして視聴することで、子どもたち自身がパフォーマンスを振り返ることができます。意見を交流するなどの対話的な学習をサポートしてくれるでしょう。

② ユニバーサルデザインの視点を生かした授業づくりを実践する際、大切なポイントの1つとして「視覚化」による「わかりやすい説明」が挙げられます。プレゼンソフトを使って学習内容やワークシートの記入方法をスクリーンに提示したり、デジタルペンで手書きしながらメモを提示したりするなど、誰にでもわかりやすい授業の実現をサポートしてくれるでしょう。

③ アプリを子どもたちの学習活動の支援に活用します。iPad に始めからインストールされている "GarageBand" は、音楽に関わるさまざまな機能を備えたアプリです。それらの機能を活用すれば、音楽づくりや創作の活動場面で子どもの主体的な学びの過程をサポートしてくれるでしょう。

　筆者は "GarageBand" が備えているたくさんの機能のうち、Smart Drum という、画面上で直感的に打楽器アイコンを配置するだけでリズムパターンが作成でき、録音もできる機能をお勧めします。タブレット画面上の縦軸が音量の強弱、横軸がパターンの複雑さです。音量を大きくしたかったら打楽器アイコンを上の方へ、複雑なパターンを演奏してほしい場合は打楽器アイコンを右の方へ配置します。例えば「スネアドラムに大きな音量で複雑なリズムパターン」を演奏させたい時は、スネアドラムのアイコンを画面の右上の方に置けばいいということです。ぜひ体験してみてください。

イラスト（図2−1〜7）：香川大学教育学部美術領域
　　　　　　　　　　　　大前一帆）

3．音楽づくり

1)「音楽づくり」のねらい

　音楽科の指導内容のうち、「創作」は最も大きな改革が行われた分野であると言えるでしょう。大きな影響を与えたのが、サウンドスケープという概念です。1960年代末にカナダのR.マリー・シェファーによって提唱されました。サウンドスケープはシェーファーがsoundとlandscapeを合わせて生み出した言葉で「音の風景」を指しています。私たちが生活している日常には、自然の音、人工の音、さらには静寂や喧噪などさまざまな音の状態が存在しています。シェーファーは、地球上のさまざまな時代にどの地域の人々がどのような音を聴き、音の世界を通じて自分たちの環境とどのように関わっているのかについて、音環境の視点から音の世界と人間との関係性を問いました。シェーファーがその考え方を音楽教育に取り入れて著したのが『サウンド・エデュケーション』です。さまざまな音や声を素材とし、従前の音楽表現の枠組みにとらわれない事例が数多く示されています。

　1982年には山本文茂他訳『音楽の語るもの：原点からの創造的音楽学習』（音楽之友社）が日本で出版され、児童の発想や表現意図を生かした児童主体の音楽科授業への転換が強く叫ばれるようになりました。この思潮を反映し、1989年告示の学習指導要領では「A表現（4）音楽をつくって表現できるようにする」と示され、1998年の改訂時にも引き継がれました。2008年告示の学習指導要領では音楽科改訂の要点に「音を音楽へと構成する過程」の重要性が挙げられるとともに、音楽をつくる楽しさを体験させる観点から、創作分野を「音楽づくり」とし、2017年の改訂でも同様に示されました。

2)　音楽づくりの指導

　「音楽づくり」の活動は、常に楽音以外の音を用いなければならない、必ず即興表現をしなければならないとは限りません。これまでも実践されてきた旋律づくりやリズム伴奏づくりなどの創作活動も指導内容に含まれています。「音楽づくり」の活動の質を高めるためには、次の2点に留意することが大切です。1つは、指導計画のなかで〔共通事項〕を明確に位置づけることです。たとえ面白い音を見つけたとしても、それだけで音楽が成立するのではありません。音を音楽へと構成する過程で大きな手がかりとなるのが〔共通事項〕なのです。もう1つは、他の音楽活動との関連を図ることです。「音楽づくり」の活動を充実させるために鑑賞活動と関連させた指導事例は多く見られますが、「音楽づくり」は歌唱活動や器楽活動とも大きく関わっています。つくるだけで活動を終えるのではなく、つくった音楽を再現（演奏）してこそ「音楽づくり」と言えるのですから、当然のことながら「音楽づくり」には演奏スキルが求められます。せっかく音楽をつくっても、高い音が上手く歌えない、リコーダーの運指がわからないという状況では、本当の意味で児童が自らの「思いや意図」を込めることになりません。旋律やリズムの創作には音高や音価や音符に関する知識・理解も必須です。このように考えると、「音楽づくり」は「歌唱」や「器楽」を通じて身につけた力を生かしてこそ実践すべき内容と言えるのではないでしょうか。

3)　音楽づくりの指導例

(1)　音みつけ・音探検

① 　お気に入りの音をみつけよう

　音の特徴に着目し、その面白さやよさを感じ取ることをめざします。2つの事例を挙げます。

　まず、楽器を用いる活動です。楽器は、その形状から「木でできた楽器」「金属でできた楽器」「皮が張ってある楽器」などの仲間分けができます。また奏法としては「打つ」「振る」「叩く」「こする」「回す」「吹く」などが考えられます。できるだけ多くの種類の打楽器とばち（スティック・マレット）を用意しま

す。楽器と奏法をいろいろに組み合わせて音を出し、その違いを確かめながら試し、自分の好きな音を見つけます。このとき、児童の発想を生かす目的で本来の奏法以外の「音の出し方」を認めますが、度を超えた乱暴な扱い方はしないよう注意する必要があります。

次に、身の回りの物を用いる活動です。空き缶のふたの部分を広く開け、クリップ、画鋲、ビー玉、米、小豆など、身の回りにある物から選んで空き缶の中に入れます。何をどのくらいの数・量入れるとよいかいろいろに試して決めます。ふたを厚紙で覆い、缶の縁にテープを巻いて中身が出ないようにします。これを振って音を出します。缶の材質（スチール・アルミ）や入れた物によって、微妙な音の違いが生まれます。ここで、友だち同士で音を聴き合って互いの中身を当てる「音当てクイズ」を楽しむこともできます。その後、入れ物も中身も児童に考えさせて楽器を作ります。

上に挙げた活動は誰でも簡単にできると思いがちですが、音そのものの特徴を意識することや自分のめざす音を出すための工夫をすることは意外に難しいものです。この点を考慮し、いきなり楽器を作らせるのではなく、音みつけ・音探検をした後段階的に取り組むのが効果的であると考えます。「お気に入りの音を見つけよう」は低学年で行われることが多いのですが、後述する即興表現やリズムアンサンブルなどの活動と関連していますので、すべての学年にとって重要な、「音楽づくり」の礎となる学習です。

② 学校の音探検

星野（1993）は創造的な音楽教育の必要性を主張し、環境教育としての音楽教育という切り口から先駆的、実験的な実践に取り組みました。1970年代から80年代にかけて行われた授業の内容は、現在ではあまり扱われていませんが、児童自らの感性や創造性を働かせながら音とかかわることによって成立する音楽づくりでは、星野が提唱した、音環境に目を向けた音楽活動には大きな意義があると考えます。以下に例を挙げます。

校内の各所に一定の時間とどまり、静かに耳を澄ませて声や音を聴きます。教室で座ったまま聴くことから始めてもよいでしょう。学校の立地環境によっては、通りすがりの人の声、車や電車の音、工事の音など、学校の外からの音も耳に入ってきます。聞こえた声や音をメモし、校舎配置図上に記します。個人で作成した場合は、人によって聴き方や感じ取り方が違うことに気づくでしょう。グループごとに地点を決めて音を集め、全体でサウンドマップに仕上げるというまとめ方もあります。印象に残った音を楽器などで表す活動も考えられます。中学年では家の周りの音探検をしてから地域の音環境について調べる、高学年では学校の音環境を見直し自分たちの願いを取り入れて改善を試みるなど、発達段階に応じて発展的に扱うとよいでしょう。このような学習では、教科横断的な取り組みが期待されます。総合的な学習の時間との関連を図ることも大切です。

(2) 音遊び・即興表現

「○○さん」「はあい」や「おなまえは？」「△△です」のような問答も音遊びに含まれます。言葉の抑揚に合わせて音高を当てはめると、やがて短い節になります。音楽活動が音遊びを経て発展していくことから、音楽づくりの指導においては、低学年の時から声でも音・楽器でも音遊びに慣れ親しんでおきたいものです。「お気に入りの音を見つけよう」で扱った楽器や手作り楽器を用いて即興的な「音楽づくり」を行うのもよいでしょう。2人組で「問いと答え」となるように演奏したり、楽器の材質別にグループを作って演奏し音色の違いを楽しんだりして、音楽の諸要素や音楽の仕組みをもとにした活動を計画します。また、音素材や楽器の特性を生かし、奏法を工夫して表現する活動を行うことも可能です。指導の際には、音の特徴や音楽の仕組みを生かして活動を工夫するように心がけます。

① 音のリレー

　全員で輪になり、1人ずつ順番に楽器や音具を演奏します。この時、「拍の流れにのって音を出す」「前の人とは違う強さで音を出す」などのルールを決めておきます。途中で教師が合図をしたら方向を変えて演奏すると、音の行き来を感じ取ることができます。

② 紙の音楽

　新聞紙、印刷用紙など材質の異なる種々の紙を用意し、「丸める」「伸ばす」「破る」「落とす」などいろいろなやり方で音を出します。これらの音の違いを基にリズムフレーズをつくる、例えば「驚いた時のひとり言」をつくるなどして、個人でもグループでも活動することができます。紙から生まれる音は実に多様で興味深く、紙の音を擬音語で表現する活動や紙の音と擬音語を組み合わせて表現する活動も考えられます。

③ 涼しい音

　大きさの異なるトライアングルを3個用意します。各自がビーターで叩く場所や叩き方を変え、前の人の音の響きが消えないうちに次の人が演奏するようにします。音の出だし、音が鳴っている最中、音の消え方をよく聴きながら響かせます。互いの音を聴きながら拍節的でない音の出し方を工夫することによって、涼しい気分が醸し出されます。この活動はトライアングルに加えてフィンガーシンバルなどを用いると、表現の幅が広がります。また、演奏を色や形で表すことによって、図画工作科と関連させた学習として行うこともできます。

(3) リズムアンサンブル

① 言葉からつくる

　例えば、低学年の場合、遊びを決める場面での会話を想起させます。児童の発言のなかから「なにしてあそぶ？」「おにごっこ」「いいよ」を選びます。それぞれの言葉に合ったリズムをつくり、譜例2－6のように組み合わせます。言葉だけでなく、楽器を選んでアンサンブルすることもできます。

② 役割からつくる

　中学年以降の器楽の学習では、パートの役割について学びます。これを生かし、複数のリズムパートをつくってリズムアンサンブルをします。役割に応じた楽器の選び方、組み合わせ方、パートのバランスなどを学ぶことでリズム伴奏づくりに発展させることができます。また合奏の指導にも役立ちます。

　基本とするリズムの一例を譜例2－8に示します。この場合、ウがベースのリズム、アとイはベースに重ねるリズムとなります。リズムの組み合わせは譜例2－7が参考となります。

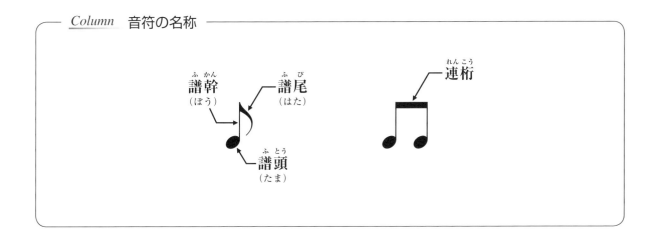

─ *Column*　音符の名称 ─

譜幹（ふかん）（ぼう）　譜尾（ふび）（はた）　連桁（れんこう）

譜頭（ふとう）（たま）

譜例２−７

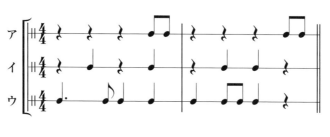

譜例２−８

（4）　旋律づくり

　中学校音楽科では、創作分野の指導内容の焦点を絞り、とりわけ旋律創作に重点が置かれています。音楽の構成や全体のまとまりに着目しながら音楽活動を行う能力の育成が求められているからだと言えるでしょう。音楽づくりにおける旋律づくりは、中学校の創作分野への円滑な移行を促すとともに、創作の質を高めるために大きな意味があります。

①　お囃子のふしをつくろう

　陽音階の構成音を用いて2小節の旋律をつくります。まず、リコーダーで探り吹きをしながら4分音符によるリズムフレーズ（♯ 4/4 ♩♩♩♩｜♩♩♩♩ ‖）で吹いてみます。隣同士の音を行き来しながら音を並べ、2小節をつくって記譜をします。これを順に吹いていくと、何となくお囃子の旋律らしい動きが出てきます（譜例2－9）。グループや全体で1つの旋律に仕上げ、楽譜にすることもできます。次に付点4分音符や8分音符も加えたリズムフレーズ（♯ 4/4 ♩.♪♩♩｜♩♫♩♩ ‖ など）で演奏してみると、旋律のまとまりが感じられるようになります（譜例2－10）。旋律に合うリズム伴奏をつくって一緒に演奏すると、立派なお囃子のふしになります。

譜例2－9

譜例2－10

②　「もう1つの旋律」をつくって重ねよう

　《静かにねむれ》（フォスター作曲）を例に挙げます（譜例2－11）。2部形式（A-A'-B-A'）の曲ですから、3段目の和音進行と旋律の趣は、それまでのものと大きく変化します。主旋律と和音をもとにして、3段目に副旋律を創作することとします。児童の個人差を考慮し、いきなり旋律づくりを行うのではなく、まず既習曲を用いて次の3点を示しながら旋律の重なり方を確認します。

・パート間の音程には、3度や6度がよく使われる。主要3和音の構造も3度の重なりによる。
・パート同士の関係の主な例には「同じリズムで音高が異なる（和声的旋律）」パターンと「リズムも音高も異なる（対位的旋律）」パターンがある。対位的旋律の場合、一方のパートが音を伸ばしている時、他方に動きがあると効果的である。
・和音の構成音を用いると音の重なりをつくりやすい。

　上記の内容を手がかりとして、旋律創作を行います。譜例2－12は対位的な旋律の例です。副旋律をつくった後、友だち同士で各パートを担当して演奏し、自分の創作意図が反映されているか確かめます。楽器の組み合わせを考えて演奏するのもよいでしょう。

《静かにねむれ》主旋律と和音

譜例2－11

譜例2－12

主要参考文献

・河邊昭子『学力の質的向上をめざす音楽科授業の創造』明治図書、2005。

・小松正史『サウンドスケープのトビラ　音育・音学・音創のすすめ』昭和堂、2013。

・星野圭朗『創って表現する音楽学習　音の環境教育の視点から』音楽之友社、1993。

第2節　鑑　　賞

1. 鑑賞教育のねらい

　鑑賞教育を通した人間教育のねらいは、さまざまな音楽のよさを感じ取り、音楽に対する感性を養い、豊かな情操を養うことです。広辞苑では情操を、「高い精神活動に伴って起こる感情、情緒より知的で安定感があり、持続できる情緒的態度」と示しています。「さまざまな音楽のよさ」とは、音楽の美しさや豊かさなどさまざまな音楽の価値のことです。それぞれの子どもが日常的に接し、無意識で好きになる音楽の範囲を超え、時間や空間を超えたさまざまな音楽文化を深く感じ取る体験をするためには、音楽科教育では「音をとらえる聴取力」を体得させ、「多様な文化を受容する感性」を養うことが大切です。

　平成 29 年 3 月 31 日に告示された新学習指導要領では、各教科で育成する資質・能力を「知識・技能」、「思考力・判断力・表現力等」、「学びに向かう力・人間性等」の 3 つの柱に整理しました。音楽科の知識に関しては、音楽を形づくっている要素などの働きについて実感を伴いながら理解すること、技能に関しては変化する状況や課題に応じて主体的に習熟・熟達することを重視しています。

　改訂の背景には、グローバル社会のなかで変化していく状況に挑み、高い志や意欲をもつ子どもの育成を求める社会的要請があります。鑑賞教育においては、従来から大切にしてきた豊かな感性や基礎的な能力とともに、多様な価値を感じ取り、他者と協働しながら創造的に生きていく力につながる学習を展開していくことが望ましいと言えるでしょう。具体的には、文化の異なる音楽を比較して深く味わう題材や、協働しなければ実現できない題材を設定したりすることが考えられます。

　「音をとらえる聴取力」については、表現及び鑑賞領域の学習の支えとして〔共通事項〕に示されています。全学年を通して必要な力は、音楽を形づくっている要素を聴き取る力、聴き取ったことと感じ取ったこととの関わりについて考える力です。

表2−1　音をとらえる聴取力

共通事項	低学年	中学年	高学年
ア	音楽を形づくっている要素を聴き取り、それらの働きが生み出すよさや面白さ、美しさを感じ取りながら、聴き取ったことと感じ取ったこととの関わりについて考えること		
イ	音楽を形づくっている要素及びそれらに関わる身近な音符、休符、記号や用語について、音楽における働きと関わらせて理解すること	音楽を形づくっている要素及びそれらに関わる音符、休符、記号や用語について、音楽における働きと関わらせて理解すること	

　現代の子どもは、さまざまなメディアに囲まれており、いつでもどこでも音楽を聴くことができるような機会が増したと言えるでしょう。しかし、マスメディアから発信される音楽は、視聴率や販売層を意識せざるを得ないために、授業ではよりグローバルな音楽文化の世界を提供する必要があります。子どもにとって、鑑賞の授業は日常生活では出会わないさまざまな音楽の価値に出会う場でもあるのです。しかし、ただ漠然と聴かせるだけでは、多様な音楽の価値を深く味わうことはできません。そこで必要になってくるのが、音楽の変化や特徴、仕組みを焦点化して聴取したり、感じ取ったことを表現したり交流したりするといった音楽活動です。指導者は授業計画のなかで、感じ取らせたい音楽的特徴や要素を明確にして、音楽活動を設定する必要があります。

　また、なじみのない音楽分野に関しては、音楽を聴いて曲名カードを取る遊びにしたり、場面にふさわしい音楽を選ばせたり、興味深いエピソードを話したりして、指導者が音楽の扉を開くようにナビゲートすることも大切です。

2．鑑賞教育の内容

1）聴き取ることと感じ取ること

　公教育で基礎的な鑑賞の能力を身につけるために必要な学習内容は、音楽を形づくっている要素や仕組み、それらの働きが生み出すよさなどです。「音楽を形づくっている要素や仕組み」は、例えばリズムや速さ、強弱などであり、「それらの働きが生み出すよさ」というのは、リズムや仕組みなどが複合されて生まれてくる曲の感じなどです。音楽を形づくっている要素や、音楽の仕組みなどの学習内容は学習指導要領では内容の取扱いとして詳しく示されていますが、これらはもともと個々の楽曲が固有にもっているものであり、一斉学習のなかで発達に応じた共通目標をかかげて、聴き取ったことを発表させ、共有する活動の充実が必要です。

　一方で、音楽を形づくっている要素が関わり合って生み出す表情や、楽曲の雰囲気についてはどうでしょうか。同一曲を聴かせても、ある児童は美しいと感じるが、別の児童は暗く悲しいと感じることがあります。したがって、感じ取ったことに固定的な正解はないという前提で1人ひとりの音楽の感じ方を受容する必要があります。しかし、大多数の人が同じように共感できる感じ方については、音楽との関連について考え、学習として深めていきましょう。感動を共有したり、曲想を導く楽曲中の要素や仕組みについて考えたりする音楽経験は、児童の音楽への感動や理解を促進するでしょう。

2）発達に応じた指導

　基礎的な鑑賞の能力、すなわち聴取力を育成するにあたっては、成長や発達に応じて、ねらいを設定したり、指導の工夫を行ったりする必要があります。児童が集中力をもって楽曲の特徴を聴取するとき、聴く経験を通して音楽を感じ取る力も深まり、自分が感じ取ったニュアンスを言葉やからだなどで表現できるようになります。

① 低学年

　第1学年、第2学年の低学年児童は、身体能力や言葉の獲得と連動して、強弱の識別がほぼ完全となり、旋律の識別がもっとも発達する時期であると言われています。そこで、何よりも音楽の楽しさを味わえるように、教材の選択にあたっては行進曲や踊りの音楽などのように、音色やリズムの楽しさが典型的に表れる音楽や、強弱の変化を感じ取りやすい音楽がふさわしいでしょう。児童は自分の日常生活に関連させて様子や気持ちを思い浮かべたり、ふだんから親しんでいる言葉を使って表現したりするために、授業者の役割は、児童が思い浮かべたことや親しんでいる言葉を音楽的観点からとらえ直すことであると言えます。

　新学習指導要領で示されている鑑賞領域の指導事項は下の2つです。

ア　鑑賞についての知識を得たり生かしたりしながら、曲や演奏の楽しさを見いだし、曲全体を味わって聴くこと。

イ　曲想と音楽の構造との関わりについて気付くこと。

　例えば、からだを動かしながらアンダーソン作曲《おどるこねこ》を聴いた後に、子どもの感想から表れてくる楽しそうなねこの様子と旋律の応答を関連させたり、曲の中間部で音楽の感じが変化していることに着目させたりして、ねこの様子がどのように変わったのかを想像して話し合うなど、アとイをかかわらせることが指導上のポイントです。

② 中学年

　第3学年、第4年の中学年児童には、より主体的な聴き方ができるような工夫が大切です。子どもは、低学年のときよりもからだをスムーズに速く動かしたり、コントロールしたりしながら動かすことがで

きるようになります。また、音を記憶する能力が高まり、2つの音楽から相違点や共通点をみつけたり、理由を考えたりすることができるようになります。そこで、教材の選択にあたっては、曲想の変化がわかりやすく、理由が発見しやすい（音量が大きく変化する、旋律が聴きとりやすい）楽曲を選ぶことを薦めます。中学年の指導事項は低学年の指導事項が発展したものです。

ア　鑑賞についての知識を得たり生かしたりしながら、曲や演奏のよさなどを見いだし、曲全体を味わって聴くこと。

イ　曲想及びその変化と、音楽の構造との関わりについて気付くこと。

　ビゼー作曲《アルルの女》第2組曲を鑑賞教材として取り扱う場合を考えてみましょう。音色を味わうことをねらって《メヌエット》におけるフルートやハープの音色がもつ共通点を感じ取ったり、「ファランドール」の2つの対照的な旋律がどのような順序や重なり方で現れるかを動作化させたり、2種類の付箋やカードを並べて話し合ったりするなど、イがアの学びを深めるようにすることが指導上のポイントです。

③　高学年

　第5学年、第6学年の児童は、論理的な思考が発達し、作曲者や作詞者の意図や文化的背景に関心を寄せることができるようになります。また、表現活動では楽器の組み合わせを考えたり、これまでに学んだ音楽の仕組みを活かして、音楽をつくったりすることができるようになります。そこで、教材の選択にあたっては、長く親しまれてきた民謡や伝統音楽を幅広い地域から取り上げたり、多様な演奏形態の音楽を選択したりして多様な価値観に触れることができるようにしましょう。表2－2は、小学校児童が聴き取ることのできる音楽的要素や感受の内容を配列した例です。

表2－2　知覚・感受の配列例

	低学年	中学年	高学年
知覚	音高、音色、リズム、速度、旋律、強弱、拍の流れ、音の重なり、フレーズ、反復、呼びかけと答え、変化	音階や調	和声の響き アーティキュレーション
手立て	○ポイント的に ○印象的に	○フレーズや形式のまとまりごとに ○比較して ○知覚と関連させて	○分析的に ○複数の観点から ○比較して ○全体的に
感受	楽曲全体のよさ、面白さ、楽曲の気分、情景、物語の想像、日常経験から表出する個々の感想	奏法と関連させた感受 演奏の違いによる感受	作詞者や作曲者の視点から見た感受 美的評価に関する感受

　高学年の指導事項のイは中学年の指導事項が発展したものです。

ア　鑑賞についての知識を得たり生かしたりしながら、曲や演奏のよさなどを見いだし、曲全体を味わって聴くこと。

イ　曲想及びその変化と、音楽の構造との関わりについて理解すること。

　日常的に親しんでいない音楽や民謡に親しむ際には、他者へ薦める紹介文、ちらしやポスターの作成、聴きどころを記事にするなどの場面設定を行って、音楽の特徴を聴き取る必然性をもたせ、動機を高めることも有効です。イがアの音楽的価値づけに発展するように心がけましょう。

3．鑑賞指導の方法と手だて

1）学習指導計画の立案

① 題材計画

　個々の教材（楽曲）があり、教材を組み合わせた題材（複数の楽曲）があります。題材計画は児童に身につける力を実現するように、意図的に指導者が構成します。たとえば、「行進曲を聴いて2拍子の拍の流れを感じ取った後で、マーチのリズム伴奏を創る力を身につけさせよう」という意図がある場合には、鑑賞教材の表す曲想や楽曲に内在する音楽的特徴と、児童の実態を照らし合わせて教材を選択し、題材計画を立てましょう。

② ねらいと教材

　授業は、いかに児童が主体的に学習するとしても、指導者が構想・立案するものです。1年間の指導計画を子どもの実態に合わせて指導者が立案するように、1単位時間の学習過程を指導者が想定します。その際、児童に身につけさせたい力を定め、その力に向かう本時のねらいを設定します。

　感じ取らせる活動と聴き取らせたい要素を聴取させる活動が融合した授業が一般的ですが、ねらいによってはどちらかに重点化させることもあります。例えば、主な旋律を聴取することをねらった場合には、多数の楽器が複雑に組み合わさっているような楽曲を長時間聴くのではなく、旋律の輪郭がはっきり聞こえる曲の該当部分を繰り返し聴かせることが考えられます。反対に、オーケストラの響きを味わい、和楽器の響きと比較鑑賞する授業では、多数の楽器が複雑に組み合わさっている楽曲を選択して、全体の雰囲気を感じ取る時間を多く配分することが望ましいと言えるでしょう。

③ 学習過程に位置づく教材曲の長さ

　小学校の授業単位は一般的に45分で、図画工作や家庭科のように長い時間を必要とする場合には2単位をつなげる形で実施されていることが多いようです。1時間目が始まるまえの朝の会で、曜日を決めて歌やリコーダーなどの時間を計画している学校もあります。教材の長さによって授業時間を延長することができないことを踏まえると、教材として取り扱う楽曲の長さは重要です。聴くだけで授業の大半が終わってしまえば、漠然と聴かせただけになり、学校で音楽を聴く必要はないと言えるでしょう。つまり、複数回聴くことや、聴いた後に対話を行う時間、学習をふりかえる時間を確保することを考える必要があります。各教科書会社の鑑賞用CDの収録曲として2分以内の曲がたくさん収録されていることもめやすになります。このように、授業者が教科書外の楽曲を用いる際にも、ねらいや子どもの実態を配慮するだけでなく教材曲の音楽的特徴や長さに着目する必要があります。

2）教材研究

　鑑賞教育ではわかることを前提に聴き取ったり感じ取ったりすることも重要です。そのためには、旋律を口ずさんだり、楽器で演奏したり、からだを動かしたり、音楽に合わせてカードを並べたりするなど、動きを伴った活動をすることが大切です。指導者が話をしただけでは、指導者が分かったつもりになるだけで、子ども自身が感じ取って分かるようにしなければいけません。

　このような音楽活動を仕組むうえで、まず指導者は取り扱う楽曲を繰り返し聴き、教材曲の音楽的特徴を把握します。そのうえで他者の聴き方や解説、辞典に書かれている内容を音楽から確認し、児童が聴取可能な特徴であるかどうかを判断します。繰り返し聴きながら、同時にどのような活動を組織すればとらえさせたい特徴や変化、仕組みが感じ取れるかを考えることで、指導方法の着想がうまれます。もちろん、すでに成果をあげた実践の指導案や報告文書を読んで知恵や方法を学ぶのもよい方法です。

3)　「主体的・対話的で深い学び」につなげる言語活動と授業過程

　『小学校学習指導要領（平成29年3月告示）解説　音楽編』では、「主体的・対話的で深い学び」の実現に向けた授業改善の1つとして、学習を見通し振り返る場面や、グループなどで対話する場面を事前に構想することが留意点として示されました。音楽鑑賞の授業も、身体活動を通して感じ取ったことを言葉で共有したり、聴き取ったことを基に対話したりする場面の設定が必要です。指導者は、音や音楽に内在しているものを焦点化して聴取するための活動時間と、曲想と音楽の構造や音楽の構成要素について対話する時間を確保し、双方が往還する授業過程を構想することが大切です。

　充実した対話活動の前提には、主体的な鑑賞が必要です。音楽に主体的に関わろうとする態度を育むためには、授業の導入で感じ取ったことを伝え合って他者と自己の聴き方の類似点や相違点を楽しんだり、ねらいに即して聴き取ったことを共有して、音楽の構造との関わりを認識したりして、これまでの聴き方以上の聴き方ができるようにすることが、学びを深める鍵と言えるでしょう。ただし、その過程で言語活動をすることが目的となり、授業のねらいに迫る対話にならなかったり、音楽との関わりが薄れたりする授業にならないようにしましょう。下の線内の対話は、アンダーソンの《シンコペイテッドクロック》を聴いた後に、指導者が児童との対話のなかで、音楽的な気付きを深め、全体で共有しようとしている例です。

　C1「時計がとんでいったみたい」
　T　「音楽のどこからそう思ったのかな。はじめ・なか・終わりで言うと、どの部分ですか。」
　C1「終わりです。」
　T　「どんな風にとんでいったの。」
　C1「こんな感じ（ジャンプ）。こわれちゃった。」
　T　「どうしてそう思ったのかな。」
　C1「だって面白い音があって、リズムが変わったから。」
　T　「終わりの部分をもう1度聴いてみて、その面白い音のところで手を挙げましょう。」（確認・共有）
　♪　（終わりの部分だけ聴かせる）
　T　「じつは今の部分では、このスライドホイッスルという楽器が使われています。（実物提示・演奏）」
　T　「最後のリズムを手拍子してみますよ。模倣して演奏してみてください。」

　子どもの「時計がとんでいったみたい。」「変わったリズム」といった感想をそのまま受けとめるだけでは、言語活動を行っただけになります。意味のある言語活動にするためには、ねらいに即して、子どもの気づきを、新たな知識・理解、表現へつなげていく必要があります。

4)　鑑賞指導の工夫

　授業での音楽は決められた場所で教師が準備した音楽を聴かなければいけません。しかも、能力差のある子どもが全員参加できる授業にするための工夫を整理してみましょう。

(1)　聴き方の工夫

①　表現しながら聴く。

　音楽の特徴をデフォルメするような聴き方（ステップ、指揮などからだを動かしながら聴く）や、表現しながら親しませたり正確に覚えたりさせる聴き方（旋律を口ずさむ、リズムを演奏するなど）、視覚を活かした聴き方（イメージ写真による理解、図形による理解、楽譜による理解、カード提示またはカード操作、付箋操作、絵や図を描いて聴く）などが考えられます。

②　発見しながら聴く。

　ねらいに応じた発問を行ってから聴かせたり、提示した要素や仕組みを発見するよう促したり、変化

するところで挙手させるなどの手立ては児童の聴く意欲を高めます。

③　比較して聴く。

　拍節的な民謡と、拍の伸縮がある民謡を比較したり、独唱と重唱など異なる音楽形態を比較したりすることで、それぞれの楽曲固有の特徴が明確になります。

④　予想して聴く。

　音楽を途中でとめて、次に現れる旋律がA・Bのどちらかを予想させたり、音楽の形式を予想させたりして聴くことで集中して楽しみながら聴くことができます。（A—B—A—□—□）

⑤　取り出して聴く。

　ねらいに応じた旋律やリズムのある部分だけを取り出して聴いたり、児童が発言した感想が、音楽のどこから感じ取った内容であるかを確認するために、該当部分を取り出して聴いたりすることが考えられます。このような聴き方は理解の共有や、聴取の体得につながります。

⑵　生活や社会と関連する音楽文化への関心や理解

　曲の背景にある生活や社会について紹介したり、音楽のルーツに触れたりして、音楽と共にあった音楽文化に関心をもたせるようにします。また、仕事や踊りの模倣活動を取り入れたり、歌やリコーダーで部分的に演奏したり、冒頭を聴いて曲名カードを取るゲームにしたりして親しみましょう。

⑶　求められる子どもの姿

　音や音楽を、音楽の構成要素とその働きの視点で捉え、自己のイメージや気持ち、社会や生活等と関連させて考える姿が、今日求められる「音楽的な見方・考え方」を働かせている姿と言えるでしょう。

4．鑑賞指導の評価

　目標や内容に児童の学習状況を照らし合わせて評価を行うことを、「目標準拠評価」とよんでいます。目標に準拠して評価することは、指導と評価の一貫性を保証するうえでも重要です。

　音楽科の評価の観点は、学習指導要領の各教科の目標や内容が3つの柱で整理されたことをふまえて、「知識・技能」「思考・判断・表現」「主体的に学習に取り組む態度」の3観点で行うことになりました。各観点は、ABCの3段階で評価します。指導者は、題材の全体を通して、すべての観点のバランスがとれるように評価することが大切です。また、学習のプロセスで行う形成的評価は適宜行いますが、子どもへ返す評定につなげる評価は、一定のまとまりごとに設定し、記録を蓄積するとよいでしょう。その場合には複数回の評価結果を同等に扱う場合と、最終回の評価を重視する場合があります。例えば、「タンギングができるようになる」というねらいの場合には、年度末に達成していれば最終回の評価を重視しますが、音楽づくりを複数回行う場合などには、メンバーを変えたり、課題を変えたりして、プロセスを観察し、複数回の評価を同等に扱うことが適切であると言えるでしょう。

参考・引用文献

1）三村真弓「言語力の育成をめざしたこれからの教科教育－音楽科授業における言語力とは何か－」『教科教育学会誌』第31巻第4号、2009、pp.43-45。

2）國安愛子「児童の音楽的発達」『日本音楽教育事典』2004、p.410。

3）森保尚美「知覚・感受を高める音楽的対話活動」『第65回初等教育全国協議会研究収録』2014、pp.196-197。

4）文部科学省『小学校学習指導要領解説　音楽編』東洋館出版社、2017、pp.52-53、pp.81-82、pp.110-111。

5）文部科学省中央教育審議会初等中等教育分科会教育課程部会「児童生徒の学習評価の在り方について（報告）の概要」2019。

5.「聴き取る」ことから広がる鑑賞の可能性

1）表現活動における聴取力の育成

　本節の1.で示されているように、学習指導要領では、鑑賞領域の目標として「基礎的な鑑賞の能力」、すなわち音楽の要素や変化、仕組みをとらえる聴取力の育成が掲げられています。一般に、鑑賞といえば、鑑賞用に準備した音楽を聴くイメージをもつように思います。しかし、小学校の音楽の授業では、鑑賞のために準備された音楽を聴く活動よりも、歌唱、器楽演奏、そして音楽づくりといった表現活動に費やす時間の方が多く、こうした表現活動においても、聴取が重要な役割を担っています。例えば、音楽づくりの時間に友だちのつくった音楽を聴き、その音楽を形づくっている要素や仕組みを聴き取る活動も、「基礎的な鑑賞の能力」を育成する活動としてとらえることができるでしょう。

　表現活動のなかで行われる聴取の例として、岐阜県の古川小学校で1973（昭和48）年に4年生を対象にして行われた「ふしづくり」の授業実践[1]をみてみましょう（「ふしづくりの教育」についての詳細は、第5章第4・5節 pp.108 ～ 117を参照）。この授業では、リコーダーで旋律をつくる活動が行われました。ふしづくりができたあと、つくったふしを演奏して、その演奏を聴いた子どもが気づいたことを述べる場面です。

　各自、リコーダーを立奏しながらふしづくり。教師は児童の間を巡視しながら指導。ふしが完成した児童は着席する。オルガンの音でふしづくりをやめる。（ふしづくり：1分50秒）

　当番の女児1「発表しましょう。今日は、3班の人たちがふしを発表しましょう」

　教師「どんなふしができたか、よく意見が言えるようにしっかり聴きましょう」

　3班の6人が直ちに起立する。間をおかずに順次、

　　自作のふしをリコーダーで2回ずつ演奏する。（リコーダー発表：2分55秒）

　当番の女児1「気のついたことはありませんか」多くが挙手する。

　当番の女児1「○○さん」

　児童1「Sさんのふしが3拍子でした」

　児童2「H君のふしが昔のふしみたいでした」

　全員「同じでーす」

　児童3「H君のが同形反復でした」

　児童4「N君のも3拍子でした」

　児童5「H君のは、初めにウンがあって、ふしが続いてよかった」

　当番の女児1「もう1度、聴きたいふしはありませんか」

　児童6「Sさんのふしが聴きたいです」

　児童7「Kさんのふしが聴きたいです」

　児童8「H君のふしが聴きたいです」

　多数「同じでーす」

　当番の女児1「では、Hさんのふしをもう1度聴きましょう」（意見発表：1分15秒）

　　教師「休みがはいっていると○○さんが言いましたね。そこをしっかり聴きましょう」

　H君が、再度リコーダーで演奏する。

　　全員の拍手。（リコーダー再演奏：35秒）

　　教師「ふしづくりはこれで終わりましょう」

　上記の児童の発言から、クラスの仲間のリコーダー発表を聴く活動において、子どもが音楽を形づくっている要素や仕組みをしっかりと聴き取っていることがわかります。拍子、形式、休符などの側面から、それぞれの子どもがつくった音楽の特徴を聴取し、言葉で表現することができています。このように、

表現活動において聴取力を育成する場をつくることは可能です。このほかにも歌唱の範唱 CD、器楽の範奏 CD を聴いて、音楽の特徴や仕組みに関して気づいたことについて意見を述べる活動も、聴取力を高めることにつながります。鑑賞の時間だけでなく、毎回の音楽の授業のなかに、聴き取る活動を系統的に位置づけるなど工夫してみましょう。そうすることで、聴取力－基礎的な鑑賞の能力－を総合的に育成していくことができるでしょう。

2）視覚を活かした聴取力の育成

　1）では、さまざまな音楽活動をとおして聴取力を身につけることができることを示しましたが、ここでは、鑑賞活動をとおして聴取力を身につける例として、視覚を活かした方法を紹介しましょう。アメリカの音楽教科書 *Silver Burdett Making Music*（2008）では、各曲のある特定の要素（楽器の音色、音の高さと長さ、速さ、形式の変化など）に焦点をあて、その要素を聴き取る学習手段として、音楽を絵や写真を用いて表現した教材（この教科書では「リスニングマップ」と呼ばれています）が用いられています。

　図2－8の絵では、西部劇の映画『荒野の7人』（原題 *The Magnificent Seven*）のテーマ音楽を取りあげて、旋律の音の高さと長さが示されています。旋律はカウボーイの使うロープで表現してあり、この絵を手がかりに、楽しくイメージしながら音の高低を聴き取ることができるように工夫されています。このように、音の高さと長さを表すだけでなく、その曲の雰囲気も絵で表現することによって、曲のイメージとの関連もつかみやすくなっています。

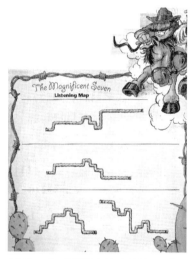

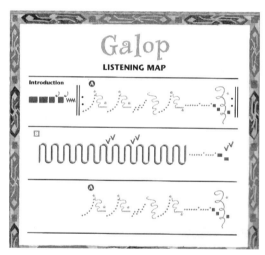

図2－8《荒野の7人のテーマ》；
Silver Burdett Making Music 3, p.144.

図2－9『仮面舞踏会』より《ギャロップ》；
Silver Burdett Making Music4, p.16.

　図2－9の絵では、ハチャトゥリアンの組曲『仮面舞踏会』のなかの《ギャロップ》の最初の部分が、点や曲線であざやかに表現されています。冒頭部分では、多くの楽器がそろって同じ旋律をフォルテで演奏しており、その音の厚みが太い直線的な図形を用いて示されています。また装飾音を伴って2回繰り返される音は、はねた感じの曲線で表されています。図の上段（A）では、管楽器がスタッカートで軽やかに低音から高音へと上昇していく様子を点の連なりを用いて示し、のぼり詰めた頂点から弦楽器が流れ落ちるように低音へと下降する部分はうねりを伴った曲線を用いて表されています。図の中段（B）の部分では、弦楽器が上下に力強く躍動しながら演奏されている様子が、規則的な曲線で描かれています。途中ではじけるように木琴が鳴る部分には、v の記号が用いられています。このように、音楽記号とは別の示し方で、音楽の雰囲気と流れが巧みに表現されています。また、旋律のまとまりがAからBへ、そしてまたAへと変化しているという、音楽の仕組みが一目でみてわかるように示されて

います。こうして、聴いた音楽を視覚的にとらえることで、聴き取った内容が明確になることにつながり、そこから曲全体を感受することへと結びついていきます。

　このような絵を用いて曲を聴き取る体験をしたあとに、今度は別の曲を聴いて、子どもに絵や図を描かせてみるのもよいでしょう。その際には、子どもの描いた絵や図に対して「どうしてこの形にしたの？」などと問いかけることで、音楽を聴いて感じたことを集団で共有する活動へとつなげていくことも考えられます。また、《ギャロップ》の例では、図を用いた学習とあわせて、曲を聴きながら体を動かす活動も行うよう示されています。この例のように、視覚で曲をとらえる活動から、身体で表現をする活動へとつなげることもできます。

　多様な要素が表されている図や絵を使用する場合に重要なポイントは、音楽を聴きながら正確に図（絵）をたどることです。指導者は、子どもが図（絵）の表す要素と実際の音との関係を把握できているかどうかを確認しながら、授業を進めていくことが大切です。

　図や絵を用いた聴き方は、音楽を聴く1つの例です。鑑賞では、今回紹介したような視覚を用いる方法だけではなく、耳を澄ませて音楽のさまざまな要素を身体全体で感じとることができるような機会も十分に確保することが必要です。また、子どもが想像力をはたらかせて、自分なりのイメージをもつことも大切です。

　それぞれの音楽のなかで多様な要素が織りなす音の響きを味わう力を高めるために、図や絵を適宜活用し、歌唱・器楽演奏・創作などの表現活動や言語活動と関連させながら、聴取力を高めていきましょう。

3）聴き取ることと知ること

　これまで、音楽を形づくっている要素や仕組みを聴き取る方法について述べてきました。これらの学習は「音を音楽として知覚する枠組」と岡田が述べているように[2]、音楽を積極的に聴くための手段として、重要な学習方法です。同時に、それぞれの音楽がつくられた社会的・文化的背景を指導者があらかじめ把握し、子どもに適宜説明することで、聴取活動が単なるトレーニングでなく音楽への関心や理解をより深める手だてとなるでしょう。このようなことも心に留めて、子どもに豊かな音楽経験をさせていきましょう。

注）

1) 吉富功修、三村真弓、伊藤真『「ふしづくりの教育」における授業の実際−第4学年（滝上定江教諭）の授業を中心として−』音楽学習学会　第10回研究発表会　発表資料、2014、p.3より抜粋。
2) 岡田暁生『音楽の聴き方』中公新書、2009、p.178。

主要参考文献

・Beethoven, J. et al. *Silver Burdett Making Music: Grade-3 Teacher's Edition*, Pearson Scott Foresman, 2008, p.144.
・Beethoven, J. et al. *Silver Burdett Making Music: Grade-4 Teacher's Edition*, Pearson Scott Foresman, 2008, p.16.
・岡田暁生『音楽の聴き方』中公新書、2009。
・三村真弓「言語力の育成をめざしたこれからの教科教育−音楽科授業における言語力とは何か−」『日本教科教育学会誌』第31巻第4号、2009、pp.43-45。
・文部科学省『小学校学習指導要領解説　音楽編』教育芸術社、2008。
・吉富功修、三村真弓、伊藤真『「ふしづくりの教育」における授業の実際−第4学年（滝上定江教諭）の授業を中心として−』音楽学習学会　第10回研究発表会　発表資料、2014。

第 3 節　共通事項

1．幼稚園教育要領、小・中学校学習指導要領改訂

　平成 29 年 3 月 31 日に、文部科学省より、新幼稚園教育要領、新小学校学習指導要領、及び新中学校学習指導要領が告示されました。改訂にあたって、教育内容の主な改善事項として、伝統や文化に関する教育の充実、初等中等教育の一貫した学びの充実や教科等横断的な学習の重視などが示されています[1]。幼児、児童、生徒の学びの連続性についてもより具体的に検討していく必要があると考えられます。

2．音楽、芸術（音楽）

　中央教育審議会答申（平成 28 年 12 月 21 日）[2]では、各教科・科目等の内容の見直しのなかで、音楽、芸術（音楽）について以下の 3 点が示されています。
・感性を働かせて、他者と協働しながら、音楽表現を生み出したり音楽を聴いてそのよさや美しさなどを見いだしたりすることができるよう、内容の改善を図る。
・音や音楽と自分との関わりを築いていけるよう、生活や社会のなかの音や音楽の働き、音楽文化についての理解を深める学習の充実を図る。
・高等学校芸術（音楽）において表現と鑑賞の学習に必要となる資質・能力を〔共通事項〕として示す。

　上記のように、①協働して音楽活動を行う、②生活や社会のなかの音や音楽の働き、音楽文化についての理解を深める、③学習に必要となる資質・能力を明確に示すことが重視されています。

　新小学校学習指導要領[3]では、音楽科で育成をめざす資質・能力を「生活や社会の中の音や音楽と豊かに関わる資質・能力」と規定しました。そして教科の目標、学年の目標、内容構成、指導内容が、(1) 知識及び技能、(2) 思考力、判断力、表現力等、(3) 学びに向かう力、人間性等で整理されました。〔共通事項〕の指導内容についても、アの事項を「思考力、判断力、表現力等」に関する資質・能力、イの事項が「知識」に関する資質・能力として示されています。また音楽科、芸術科（音楽）における教育のイメージ[4]では、【小学校】音楽科において、音楽的な特徴及び構造と、曲想との関わりについて理解することや、音楽表現をするための基礎的な技能を身に付けることができるようにする、音楽の特徴を感じとりながら音楽表現を工夫することや、音楽のよさなどを見いだし味わって聴くことができるようにする、などが示されていますが、これらの内容には、〔共通事項〕が深く関連します。

3．〔共通事項〕の内容（pp.231 ～ 233、240 ～ 241 参照）

　新小学校学習指導要領、及び新中学校学習指導要領のなかで示された〔共通事項〕について述べます。これらに関する記述をまとめたものが表 2 - 3 です。新小学校学習指導要領、及び新中学校学習指導要領　指導計画の作成と内容の取扱い　には、各学年の内容の〔共通事項〕は、表現及び鑑賞の学習において共通に必要となる資質・能力であり、「A 表現」及び「B 鑑賞」の指導と併せて十分な指導が行われるよう工夫すること、適宜、〔共通事項〕を要として、各領域や分野の関連を図るようにすることが記されています。聴き取る / 知覚する、感じ取る / 感受することとともに、聴き取ったこと / 知覚したことと感じ取ったこと / 感受したこととの関わりについて考えることや、「音楽を形づくっている要素」については、児童の発達の段階や指導のねらいに応じて、適切に選択したり、関連付けたりして指導することが示されている点で、平成 20 年告示の学習指導要領とは大きく異なっています。

表2－3　共通事項の内容

小学校学習指導要領 第1学年及び第2学年	小学校学習指導要領 第3学年及び第4学年	小学校学習指導要領 第5学年及び第6学年	中学校学習指導要領 第1学年、 第2学年及び第3学年
(1)「A 表現」および「B 鑑賞」の指導を通して、次の事項を身に付けることができるよう指導する。			
ア　音楽を形づくっている要素を聴き取り、それらの働きが生み出すよさや面白さ、美しさを感じ取りながら、聴き取ったことと感じ取ったこととの**関わりについて考える**こと。			ア　音楽を形づくっている要素や要素同士の関連を知覚し、それらの働きが生み出す特質や雰囲気を感受しながら、知覚したことと感受したこととの**関わりについて考える**こと。
イ　音楽を形づくっている要素及びそれらに関わる身近な音符、休符、記号や用語について、音楽における働きと**関わらせて理解する**こと。	イ　音楽を形づくっている要素及びそれらに関わる音符、休符、記号や用語について、音楽における働きと**関わらせて理解する**こと。		イ　音楽を形づくっている要素及びそれらに関わる用語や記号などについて、音楽における働きと**関わらせて理解する**こと。
指導計画の作成と内容の取扱い 2(8) 各学年の〔共通事項〕に示す「音楽を形づくっている要素」については、児童の発達の段階や指導のねらいに応じて、次のア及びイから**適切に選択したり、関連付けたりして指導する**こと。 ア　音楽を特徴付けている要素 　音色、リズム、速度、旋律、強弱、音の重なり、和音の響き、音階、調、拍、フレーズなど イ　音楽の仕組み 　反復、呼びかけとこたえ、変化、音楽の縦と横の関係など			指導計画の作成と内容の取扱い 2(9) 各学年の〔共通事項〕に示す「音楽を形づくっている要素」については、指導のねらいに応じて、音色、リズム、速度、旋律、テクスチュア、強弱、形式、構成などから、**適切に選択したり関連付けたりして指導する**こと。

・網掛けは、音楽を形づくっている要素に関連するものを表しています。太字は、平成20年告示の学習指導要領から特に変化している箇所を示しています。

　各学年の〔共通事項〕の (1) イに示す「用語や記号など」については、小学校では37、中学校では27示されており、平成20年告示の学習指導要領と同様の内容となっています。児童、生徒の学習状況を考慮して、音楽における働きと関わらせて理解し、活用できるように取り扱うことが合わせて記述されています。小学校段階の学びを土台として、中学校段階の学びが展開されます。

4. 小学校音楽科〔共通事項〕の指導

　新学習指導要領では、指導計画の作成と内容の取扱い1 (1) において示しているように、題材など内容や時間のまとまりを見通して、そのなかで育む資質・能力の育成にむけて、児童、生徒の主体的、対話的で深い学びの実現を図ることになります。その際には、教材研究[5] が不可欠となります。歌唱、器楽、鑑賞に関する活動のなかで曲想と音楽の構造との関わりについて気づくことや、音楽づくりにおいて、音やフレーズのつなげ方や重ね方の特徴を理解する際など、音楽を特徴づけている要素や音楽の仕組みについて、よく整理しておく必要があります。

　例として、過去の小学校学習指導要領（音楽）で示されてきた鑑賞教材について述べます。L. アンダソン[6] 作曲の《おどる子ねこ》（第1学年）では、猫たちがワルツを踊る場面について、子どもたちが曲を聴きながら実際にリズムにのって体を動かして、曲の仕組みを感じ取り、学びを深めていく、などが考えられます。また、宮城道雄[7] 作曲の《春の海》（第6学年）では、楽曲の構造と楽曲の表している情景、箏と尺八のそれぞれの演奏が表している内容、箏と尺八の音の重なりについて学びを深めること、箏と尺八で演奏された《春の海》とフルートとハープで演奏された《春の海》を比較して、日

本の旋律について考える、などが考えられます。また、C.サン・サーンス作曲の組曲「動物の謝肉祭」から《白鳥》（第4学年）では、チェロの奏でる旋律が印象的ですが、同じ組曲に所収されている《亀》《象》《森の奥のカッコウ》などの楽曲は、どのような曲想で、どのような楽器が主として演奏しているか、楽器の音色や速度、音の高低、反復に着目して比較しながら鑑賞する、などが考えられます。音楽を形づくっている要素について、学ぶ内容を焦点化し、継続的に学びを積み重ねていくことも大切です。

5．障害のある児童の音楽科指導（p.234、241参照）

　小学校　指導計画の作成と内容の取扱い1（7）、及び中学校　指導計画の作成と内容の取扱い1（5）において、障害のある児童、生徒について、学習活動を行う場合に生じる困難さに応じた指導内容や指導方法の工夫を計画的、組織的に行うことが新たに示されました。特別支援学校学習指導要領解説 総則等編（幼稚部・小学部・中学部）や教科書解説等で、知的障害教育における音楽科教育の意義、段階的な指導内容、具体的な指導方法について再確認、整理しておくことなども必要となると考えられます。

　〔共通事項〕は音楽科の学習を行ううえで、鍵となるきわめて重要な内容です。指導を行っていく際には、評価[8]とも密接に関わることになります。児童、生徒1人ひとりが豊かな音楽活動を行い、知識や視野を広げ、技能を高めていくためには、1人ひとりの学習状況をより深く理解し、これまで学んできた内容をしっかりと捉え直すこと、1つひとつの学びを丁寧に積み重ねていくこと、既に学んだ内容と、新しく学ぶ内容を関連付けていくことなどが大切になります。

注）

1）「幼稚園教育要領、小・中学校学習指導要領の改訂のポイント

https://www.mext.go.jp/content/1421692_1.pdf　（2020年1月10日アクセス）」

2）「幼稚園、小学校、中学校、高等学校及び特別支援学校の学習指導要領等の改善及び必要な方策などについて（答申）

https://www.mext.go.jp/b_menu/shingi/chukyo/chukyo0/toushin/__icsFiles/afieldfile/2017/01/10/1380902_0.pdf　（2020年1月10日アクセス）」

3）文部科学省『小学校学習指導要領（平成29年告示）解説　音楽編　平成29年7月』東洋館出版社、2018、pp.6-7.

4）音楽科、芸術科（音楽）における教育のイメージ（4月26日版）

https://www.mext.go.jp/b_menu/shingi/chukyo/chukyo3/069/siryo/__icsFiles/afieldfile/2016/06/08/1371890_3.pdf（2020年1月10日アクセス）

5）文献等をとおして楽曲の分析や指導法の検討などを行うとともに、実際に授業を行う教室等で、教師自身が歌う、楽器を演奏する、旋律を作る、音楽を鑑賞するなかで検討を進めることなども非常に重要です。

6）「特集Ⅱ　鑑賞曲でおなじみアンダソンってどんな人？」『教育音楽　小学版』音楽之友社、2014年3月、pp.31-36参照。さまざまな文献などをとおして、教師自身の視野を広げておくことも重要です。

7）千葉潤之介編『新編　春の海　宮城道雄随筆集』岩波書店、2015、pp.40-48「春の海」のことなど、pp.133-138 春の海　参照。

8）国立教育政策研究所『評価規準の作成、評価方法等の工夫改善のための参考資料【小学校　音楽】』教育出版、2011、国立教育政策研究所『評価規準の作成、評価方法等の工夫改善のための参考資料【中学校　音楽】』教育出版、2011、国立教育政策研究所『評価規準の作成、評価方法等の工夫改善のための参考資料【高等学校　芸術（音楽）】』教育出版、2012参照。

第4節　指導計画の作成と内容の取扱い

　ここでは、小学校学習指導要領（音楽編）にある「指導計画の作成上の配慮事項」と「内容の取扱いと指導上の配慮事項」の記述に沿って、小学校音楽科授業を進めるうえで配慮すべき事項について補足します。

1. 指導計画作成上の配慮事項
1) 主体的・対話的で深い学び
　資質・能力の育成に向けて、題材などの内容や時間のまとまりを見通しながら、主体的・対話的で深い学びの実現に向けた授業改善を行っていくことが重要とされています。各題材の指導計画を行う際、その題材における児童にとっての「主体的な学び」、「対話的な学び」、「深い学び」がそれぞれどのようなことを指すのかを明確にしておく必要があります。例えば、「主体的な学び」は、子どもたちが主体的に学びたい活動や内容となっているのか等、「対話的な学び」は、対話する対象は何であるのか、対話の姿とはどのようなものなのか等、「深い学び」は、題材のなかで何をどのように活用していくことなのか等、具体的な児童の姿を想定しておくことが重要です。

2) 音楽的な見方・考え方
　学びの深まりの鍵となるのが、音楽的な見方・考え方です。ここでは、音楽的な見方・考え方を働かせることができるような効果的な指導の手立てを工夫することが重要となります。例えば、小学校2年生において、いろいろな音に耳を傾け、音楽の仕組みの働きが生み出す面白さを仲間とともに感じ取ることができるようにすることをねらいとした題材を実践する場合です。音や音楽を、音楽を形作っている要素とその働きの視点で捉え、捉えたことを関連付けて考えるという、音楽的な見方・考え方の働きを、「問いと答え」という仕組みに焦点化して育もうとする際、「問いと答え」などの音楽の仕組みを、「まねっこ」、「おいかけっこ」、「一対みんな」、「いっしょに」などの言葉に置き換えて共通理解を図り、それらを表現のヒントとして視覚化します。そうすることで、音楽の仕組みを知覚しながら表現したり聴きあったりすることができる手助けとなります。また、聞こえてきた音を模倣したり、音と体の動きを連動させて表現したりすることを通して、音楽的感覚を磨いていくことができます。このように、効果的な指導の手立てを工夫していくことが重要です。

3) 幼児期の終わりまでに育ってほしい姿との関連
　学校段階等間の接続における幼児期の教育と小学校教育との接続については、幼児期の終わりまでに育ってほしい姿を手がかりとし、育っている子どもの姿を見取っていくことができます。これらは、幼児期の教育を通して育まれた資質・能力が、5歳児の後半に現れるだろう姿として示されているものです。小学校では、それらの姿を手がかりとして、経験のつながりや資質・能力のつながりを意識して子どもたちを捉えていくことが必要です。例えば、音楽科においては、幼児期の終わりまでに育ってほしい姿の「豊かな感性と表現」との関連が考えられます。「豊かな感性と表現」とは、「心を動かす出来事などに触れ感性を働かせるなかで、様々な素材の特徴や表現の仕方などに気付き、感じたことや考えたことを自分で表現したり、友達同士で表現する過程を楽しんだりし、表現する喜びを味わい、意欲をもつようになる」と記されています。このように、幼児期にふさわしい在り方で育っている子どもの姿を大切にしたうえで、その姿を小学校1年生の授業において生かしていくような指導が必要です。1年生

の初めの音楽の時間には、幼稚園ではどのような音を見つけたり、何の楽器を使って遊んだりしたのか、子どもたちの経験を聴くことから始めてもよいでしょう。生活科で春を見つけるという学習と、音楽科で春の音楽に親しむような学習とを結びつけることもできるでしょう。合科的な学習を取り入れながら、教科間の連携を密にしていくことで、子どもたちの学びがつながっていくことが期待できます。

2. 内容の取扱いと指導上の配慮事項

1) 音や音楽によるコミュニケーションの充実

　音楽科の授業においては、音楽科の特質に応じた言語活動の充実を図るということが重要であり、言葉によるコミュニケーションが本来の目的ではないということは言うまでもありません。例えば、鑑賞の活動において、気付いたことや感じ取ったことを言葉で共有したり、ワークシートに記入をしたりすることで活動が終結してしまうことがあります。言葉による共有やワークシートの活用は、言語活動の充実において大切なことではありますが、それだけで終わってしまうと、音楽科の授業の本質を欠いた活動になってしまいます。音や音楽を聴いて、気付いたり感じ取ったりしたことを共有した後に、再度音楽を聴くなどの活動を取り入れることによって、豊かな音楽活動の充実に繋がっていくことでしょう。

　また、集団で歌を歌ったり楽器を演奏したりする行為自体は、子どもたち同士が共感することで成り立っているものであり、音楽表現そのものが音や音楽によるコミュニケーションそのものであると言えるでしょう。つまり、子どもたちは音楽表現をするなかで、音や音楽を介してコミュニケーションを図っているのです。ですから、言葉によるコミュニケーションを重視するあまり、子どもたちの音楽表現の場を奪ってしまうような活動にならないよう、留意が必要です。

2) 音楽との一体感、想像力を働かせること

　児童が音楽との一体感を味わうことができるようになるための活動例として、音楽に合わせて歩いたり、動作をしたりするなどの体を動かす活動を取り入れることが大切であることが示されています。このような活動を行う際には、学年や児童の実態に合わせることに留意しなければなりません。さらに、単に体を動かすのではなく、〔共通事項〕に示されている要素や仕組みを、体を動かす視点として関連付けていくことが大切です。また、想像力を働かせて音楽と関わる場合にも、〔共通事項〕を手がかりとしてイメージを広げていくことによって、音楽を全体的な見通しをもって捉えることができるようになります。

3) さまざまな感覚を働かせること－ICT機器の活用－

　2020年度から小学校プログラミング教育が全面実施となりました。それに伴い、ICT機器をいかに活用していくかが各学校の急務課題となっています。児童がさまざまな感覚を働かせて学習をすることは、ICT機器の活用にも深く関連しています。

　平成30年11月に文部科学省から出された「小学校プログラミング教育の手引き（第2版）」において、音楽科における学習活動の指導例が次のように示されています。

> （音楽　第3学年～第6学年）
> 　様々なリズム・パターンの組み合わせ方について、このようにつくりたいという思いや意図をもち、様々なリズム・パターンの面白さに気付きながら、プログラミングによって試行錯誤することをとおして、まとまりのある音楽をつくります。

（学習の位置付け）

　音楽づくりの題材において、プログラミングによってまとまりのある音楽をつくった後、つくった音楽を実際に自分たちで表現し、それぞれの表現のよさを認め合う学習が想定されます。

（学習活動とねらい）

　様々なリズム・パターンを組み合わせて、まとまりのある音楽をつくるという課題を設定し、プログラミング言語又は創作用ソフト等を用いて音楽づくりをすることが考えられます。

　この指導例では、器楽の技能や読譜などの能力に関係なく、無理なく音楽づくりの学習に取り組むことができると期待されています。また、この過程では、自分のつくった音楽を視角的に捉えることが可能となり、聴覚だけに頼らず、視覚や様々な感覚を働かせていくことができます。

　小学校プログラミング教育を各教科等の内容を指導するなかで実施する場合には、各教科等での学びをより確実なものとすることに留意しなければなりません。

主要参考文献

・文部科学省『小学校学習指導要領（平成29年告示）解説　音楽編』。

第3章 学習指導計画

第1節 学習指導計画−二本立て方式に基づいて−

1．学習指導計画の意義

1) 音楽科における計画の重要性

　教育は、人間個人の成長と発達を促し、それによって社会全体が維持・発展することをめざした営みです。特に、公教育である学校教育では、国の教育方針に基づいて、一定の年齢層の児童・生徒に対して一定の期間、人格形成を図る教育が実施されます。学校は、このような人間社会の発展を目的とする機関です。そして、そこで行われる教育は意図的な活動であり、組織的、計画的であることが重視されます。計画的であるとは、個々の授業が有機的につながり、発展的、系統的に学習が進められることを意味しています。

　音楽科も学校の教科の1つですから、計画的に実施されることは当然です。しかしながら、従来の音楽科指導では、ややもすると計画性に欠ける実践が多く見られました。音楽科では、子どもが学習する直接の対象（教材）として、「楽曲」が設定されることが多いために、多くの先生方は、「何の曲を教えようかな」という意識で計画をたてる傾向にあります。曲だけに注目してしまうために、教育目標や教育内容との関連が希薄になり、結果として、単に曲を羅列しただけの計画になってしまうのです。また、学芸会などの各種行事で演奏発表するために多くの授業時間数をあて、音楽科の授業が「ステージで見せるための練習時間」になってしまうことも多々見られます。このような学校現場の状況をみると、音楽科では、「計画的であること」を特に強く意識する必要があると言えましょう。子どもの人格形成のうえで音楽科が貢献するためには、教師が「計画的であること」を意識し、適切な学習指導計画をたてることが重要になってきます。

2) 学習指導計画とはなにか

　ある教育目的に沿って、文化から教育内容を選定し組織・配列したものを、一般に「教育課程」と呼んでいます。学校における教育課程は、学校教育の目的や目標を達成するために、教育内容を生徒の心身の発達に応じて、授業時数との関連において総合的に組織した学校の教育計画です。この、学校の教育計画である教育課程を、より具体的に展開したものが学習指導計画になります。そこには、どの時期に、どのような内容を、どのような教材を用いて、何時間かけて指導するかが、明示されます。

　学習指導計画には、年間指導計画、学期指導計画、月間指導計画、題材ごとの指導計画など、1年間にわたる計画から数時間の授業の計画までさまざまなものがありますが、一般に、「指導計画」というときには、年間指導計画のことを指す場合が多く、学校の学習指導計画のなかでは中心的な位置を占める計画であると言えます。

3) 年間指導計画をたてる際の留意点

　年間指導計画立案の際には、子どもの実態に基づいて彼らの成長にとって必要な力を分析し、学習指

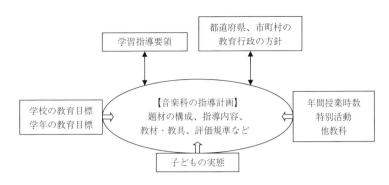

図3−1 音楽科の指導計画と相互関連させる事項

導要領や地域の教育施策、学校全体の目標、各教科や特別活動などとの相互関連を図りつつ、音楽科の指導内容と教材からなる題材を、構成し配列していきます（図3−1）。

　ここでは、音楽科の年間指導計画を構想する際の留意点について、述べていきます。

(1)　学校の教育目標や研究課題などと関連づけて計画がたてられていること

　年間指導計画は、言うまでもなく、教育目標を達成するための、年間を通しての実践的な学習や活動についての計画です。したがって、前年度の計画をそのまま用いたり、無批判に他校の計画を模倣したりするべきではなく、それぞれの学校全体の教育目標を適切に具体化したものでなくてはなりません。また、学校の教育目標と深く関わる、地域（都道府県や市町村）の教育施策の動向にも配慮することが大切です。

(2)　各教科や特別活動などの教育内容と相互関連を図ること

　他の教科の単元構成や教材配列との関連を図ることで、児童の学習活動が断片的になったり、むだな重複があったりすることを避けることができます。また、子どもの生活経験の発展は、季節や行事と関係することが多いので、各教科の教育内容や特別活動などと関連づけて音楽科の指導計画をたてることは効果的な方法になります。

　音楽科のなかだけで指導内容を考えるのではなく、学校の教育課程全体のなかでの音楽科の指導内容を考えていきます。音楽科の場合、表現的活動を含む図画工作科や体育科との関連、歌詞や言葉のリズム性などから国語科との関連は容易です。音楽の背景に目を向ければ、社会科、生活科との関連も図ることができます。さらには、音楽の素材としての「音」へ着目することで理科と関連させたり、音楽づくりの方法に確率を使用して算数科と関連させる実践も可能です。また、学芸会や運動会、地域の行事などとも関連させて子どもの学習活動が複合的な経験となるように、適切な指導内容の設定に配慮します。

(3)　発展的、系統的な学習指導ができるような計画であること

　すべての子どもに、音楽活動を行う力を獲得させるためには、音楽活動の基礎的能力を育成しなければなりません。そのためには、児童の発達段階の特性を十分に考慮して計画をたてる必要があります。年間を通して、児童の生活経験のなかで音楽的興味・関心がどのように発展していくかを予想しつつ、指導内容を発展的に構成、配列していきます。また、音楽的な基礎能力を確実に育成するために、6年間を見通した系統的な指導計画が重要になります。

(4)　学校内の施設・設備の利用や、学校外の各種機関などを計画的に活用すること

　視聴覚室や視聴覚機器、コンピュータ室、学校図書館、多目的スペースなどを利用することで、音楽

科の授業の可能性が広がります。普通教室や音楽室だけでなく、学校内の施設・設備を積極的に利用することで、他教科や特別活動などとの関連を深める契機にもなります。また、地域の音楽公共施設を利用したり、音楽文化活動団体を招聘したりするなど、学校外の施設・団体なども大いに活用するように指導計画を構想することで、子どもに多様な音楽経験を用意することが可能になります。

2. 二本立て方式による系統的な基礎学習

1) [共通事項] と「基礎」の重視

　学習指導要領に示されている [共通事項] は、表現と鑑賞の両領域の活動を通して指導されるべき内容です。それは、音楽を特徴づけている要素や音楽の仕組みであり、具体的には、音色、リズム、速度、旋律、強弱、音の重なり、調、フレーズ、反復、呼びかけとこたえ、音楽の縦と横の関係などを指しています。これらを聴き取り、その働きによって生み出される音楽的な面白さやよさを感じ取ること、また、音楽に関する用語や記号等を音楽活動と関連づけながら理解することなどが、[共通事項] として設定されています。

　2008（平成 20）年の学習指導要領改訂で [共通事項] が登場したことは、音楽の基礎的能力の育成に重点が置かれたことを意味しています。1977（昭和 52）年の改訂以降、音楽活動の素地としての「愛好する心情」を重視してきた学習指導要領でしたが、2008（平成 20）年の改訂で音楽的能力の基礎の重視を鮮明にしたことは、「音楽学習が主体」の授業を重視するようになったことを意味しています。

　従来、音楽科の授業は、「表現や鑑賞の音楽活動そのものが主体」となる傾向が強かったと言えます。ある曲を歌うことや奏でることが目的になっている授業や、いわゆる名曲を聴くことが目的になっている授業などがそれにあたります。このような傾向の原因として、音楽学習の場では直接音楽に触れる体験が基本となっていることが考えられます。音楽活動そのものが主体となる授業では、そこで展開される表現や鑑賞の活動によって、充実した音楽体験の実現は図られるのですが、一方で、どのような音楽的能力を、子どもが獲得したのかについては、曖昧にされてしまう場合が多かったと言えます。

　音楽活動を主体と考える見方に対して、音楽科の授業を、「表現や鑑賞の音楽活動を通して、音楽について学習することが主体」であると考える見方も、以前から繰り返し主張されてきました。[共通事項]の設定は、従来曖昧にされる傾向にあった、音楽活動を通して獲得されるべき**音楽的能力や「音楽学習を主体」とする授業の考え方**を、明確に位置づけたものであると言えるのです。このことは、2017（平成 29）年改訂の現在の学習指導要領にも引き継がれています。

2) 二本立て方式の授業

　音楽の基礎の重視は、共通教材が設定された 1958（昭和 33）年の学習指導要領や、歌唱・器楽・創作・鑑賞の 4 領域の基礎的指導として「基礎」領域が設定された 1969（昭和 44）年の学習指導要領にも、見ることができます。特に、「基礎」領域が登場した前後の 1960 年代から 70 年代にかけて、基礎指導をどのように充実させるかが音楽教育の中心的課題でした。民間教育団体においても、日本教職員組合の教育研究全国集会（以下、教研集会）において系統的な基礎指導の提案がなされ、教研集会の芸術教育部会のリーダー的存在であった「音楽教育の会」で、わらべ歌を出発点とする系統的な基礎指導の研究が盛んに行われました。その研究のなかから、1963（昭和 38）年第 12 次教研鹿児島大会において、「教科書二本立て案」による系統的教材づくりの試みとして、「わらべ歌音組成によるソルフェージュ」が提案されました。「二本立て」が生まれた背景には、子どもの「表出」を「表現」の段階に高めるには技術が必要であり、技術が新たな「表出」を生み出す、という園部三郎の系統的基礎指導についての論

が存在します。特に次の文は「二本立て」を進める際に、いつも引用されていた一文です。

「現代の子どもたちの生命力に訴えるような歌曲を選んで『歌曲集』をつくり、それによって子どもたちのう
たうよろこびを刺激する。また他面では、二音歌、三音歌、四音歌のリズムや拍子その他の諸要素を考慮しな
がら系統的な教科書を作る、それによってどの子どもにもやさしく、たのしみながら音を身につけさせていく
ことを考えている。この面では、わらべ唄を通じて、日本音楽の伝統的諸要素をしだいに理解させ、また、そ
れによって音を身につけさせていこうというのである。つまり、歌曲集と系統的学習の教科書という二本立て
を提案したいのである。」[1]

　このような、園部の「教科書二本立て案」に基づいて、「A：今までに獲得した表現力を駆使して、
あらゆる音楽を豊富に体験する　B：音を自覚的にとらえ、自由自在に駆使する能力を系統的に育てる」
という、2 つの学習を柱とした音楽指導が提案されました。
　1966（昭和 41）年に、岐阜県の小学校で開発され、西日本の多くの学校で実践された「ふしづくり
一本道」も、基礎学習としてのふしづくりと、教科書教材を中心とした表現や鑑賞の活動の、2 つの学
習を並列させる二本立ての授業になっています。基礎指導としてのふしづくりは、30 段階 102 のステッ
プ[2] を、小学校 6 年間で系統的に学習できるように構成されており、ほぼ毎時間の授業で、約 10 ～ 15
分間ずつ創作を中心とした活動が設定されています。表 3 - 1 の指導案例にみられるように、題材・目
標と計画・ねらい・学習活動の指導案の各項目は、2 つの学習活動に分けて記述され、目標から学習の
展開まで、2 つの学習が並立した授業構造になっていることを示しています。

表 3 - 1　ふしづくりを導入した第 2 学年の指導案例[3]

題材	○教材‥‥‥‥‥‥《たぬきのたいこ》 ○ふしづくり‥‥‥3 音のふしのリレー（一本道 14 段階）	
目標と 計画	1．3 拍子の拍の流れにのって、《たぬきのたいこ》を楽しく表現するためのくふうができる。 　　　　　　　　　　　　　　　　　　　　　　　　　　　　　　20 分を 4 回計画 　○歌おぼえ、リズム唱、手拍子、タクト‥‥‥‥‥‥‥‥‥‥‥‥‥‥‥（1） 　○タクト、けんばんハーモニカ、リズム伴奏、合う音、階名唱‥‥‥‥‥‥（2） 　○アンサンブル‥‥‥‥‥‥‥‥‥‥‥‥‥‥‥‥‥‥‥‥‥‥‥‥‥‥（1） 2．2 拍単位のリズム変奏したふしのリレーができる。　　　　　15 分を 8 回計画	
本　　　時　　　案		
ねらい	○コーナーあそびをして、たのしく歌ったり演奏したりできる。（2 回目） ○♪♩♪、♩．♪のリズムを使ったふしのリレーや、合う音づけができる。	
学　習　活　動	指　導　上　の　留　意　点	
1．歌あそびをする。 2．すきな歌を歌う。 3．ふしづくり 　○ゆびあそびをする。 　○かちまけあそびをする。 　○発表する。 4．《たぬきのたいこ》 　○コーナーあそびをする。 　○発表する。 5．次時の学習を知る。	○たのしいふんいきを作り学習の順序と内容を話し合わせる。 ○指揮や伴奏を代わりあって、目あてをもってのびのびと歌わせる。 ○当番の子の楽器のふしを階名唱しながら、指あそびをさせる。 ○♪♩♪のリズムで即興的なリレーでふしを作らせ、合う音づけをさせる。 ○よくひびきあっているかを観点として聴かせ、意見を言わせる。 ○ 5 つのコーナーをまわらせ、結果を自己採点させる。 ○十分できなかったコーナーは次時にまわす。 ○最後のコーナーで練習したことを発表させ、気のついたことを言わせる。	

3．二本立て方式による年間指導計画の作成

　1960年代から70年代にかけて提案され実践されてきた二本立ての授業実践は、音楽の基礎的能力の確実な育成に向けた取り組みでした。今日、［共通事項］の登場によって、再び音楽の基礎への注目が高まり、子どもが基礎的能力を獲得できるような指導計画をたてることが要請されています。そこで、ここからは、先人の取り組みを活かして、二本立て方式による指導計画について考えていきましょう。

1）年間指導計画作成の手順

　これまで述べてきたように、二本立て方式の授業は、教科書教材を中心とした表現や鑑賞の学習活動の「A学習」と、音楽の基礎を系統的に学ぶ「B学習」の2つの学習が並置された構造をもっています。

表3－2　二本立て方式

【音楽科の目標】
　表現及び鑑賞の活動を通して、音楽的な見方・考え方を働かせ、生活や社会の中の音や音楽と豊かに関わる資質・能力を次のとおり育成することを目指す。
(1)　曲想と音楽の構造などとの関わりについて理解するとともに、表したい音楽表現をするために必要な技能を身に付けるようにする。
(2)　音楽表現を工夫することや、音楽を味わって聴くことができるようにする。
(3)　音楽活動の楽しさを体験することを通して、音楽を愛好する心情と音楽に対する感性を育むとともに、音楽に親しむ態度を養い、豊かな情操を培う。

【第5学年及び第6学年の目標】
(1)　曲想と音楽の構造などとの関わりについて理解するとともに、表したい音楽表現をするために必要な歌唱、器楽、音楽づくりの技能を身に付けるようにする。
(2)　音楽表現を考えて表現に対する思いや意図をもつことや、曲や演奏のよさなどを見いだしながら音楽を味わって聴くことができるようにする。
(3)　主体的に音楽に関わり、協働して音楽活動をする楽しさを味わいながら、様々な音楽に親しむとともに、音楽経験を生かして生活を明るく潤いのあるものにしようとする態度を養う。

学期	題材名	題材のねらい	時数	主な教材（共通教材を含む）	ア 歌唱表現についての知識や技能を得たり生かしたりしながら、曲の特徴にふさわしい表現を工夫し、どのように歌うかについて思いや意図をもつこと。	イ 曲想と音楽の構造や歌詞の内容との関わりについて理解すること。	ウ㋐ 範唱を聴いたり、ハ長調及びイ短調の楽譜を見たりして歌う技能	ウ㋑ 呼吸及び発音の仕方に気を付けて、自然で無理のない、響きのある歌い方で歌う技能	ウ㋒ 各声部の歌声や全体の響き、伴奏を聴いて、声を合わせて歌う技能	器楽ア 器楽表現についての知識や技能を得たり生かしたりしながら、曲の特徴にふさわしい表現を工夫し、どのように演奏するかについて思いや意図をもつこと。
2学期	きれいなひびきで	人の声やいろいろな楽器の音色の特徴を感じ、響きを生かして美しい表現ができるようにする。	5	《星の世界》ピアノ五重奏曲《ます》				◎	○	
	音楽で宇宙を表そう	曲の構成に工夫して星のイメージを表現する。	5	《星の歌》	○	○				
	音の重なりを感じて	旋律と低音や和音がつくる音の響きのよさを感じ取って表現しようとする。	6	《茶色の小びん》《故郷の人々》				○		◎
	曲の気分をとらえて	曲の気分や全体的な曲想を感じ取って表現を工夫する。	4	《冬げしき》《朝の気分》	◎			○		

A学習とB学習は性質が異なるために、指導計画の際の考慮すべき点も違ってきます。ここでは2つの学習別に、年間指導計画の手順に沿って検討していきます。

(1)　音楽の基礎学習の作成

　[B学習] 既存の体系（「ふしづくり一本道」など）を利用するのではなく、音楽の基礎的能力を身につける系統的な学習を新たに作成する場合、学習全体の体系と各段階の内容を検討しなければなりません。例えば、次の①から④のような発想で作成して行きます。

　①音楽の基礎的能力として、具体的にどのような能力を育成するのかを明確にします。

　②その能力の構造や要素を分析します。その能力を獲得するために必要な条件は何か、能力を形成している各要素の関係はどうかなど、を考えます。

による年間指導計画の例

表現											鑑賞		B学習「ふしづくり一本道」による
器楽					音楽づくり								
イ		ウ			ア		イ		ウ		ア	イ	
(ア)曲想と音楽の構造との関わり	(イ)多様な楽器の音色や響きと演奏の仕方との関わり	(ア)範奏を聴いたり、ハ長調及びイ短調の楽譜を見たりして演奏する技能	(イ)音色や響きに気を付けて、旋律楽器及び打楽器を演奏する技能	(ウ)各声部の楽器の音や全体の響き、伴奏を聴いて、音を合わせて演奏する技能	(ア)即興的に表現することを通して、音楽づくりの様々な発想を得ること。	(イ)音を音楽へと構成することを通して、どのように全体のまとまりを意識した音楽をつくるかについて思いや意図をもつこと。	(ア)いろいろな音の響きやそれらの組合せの特徴	(イ)音やフレーズのつなげ方や重ね方の特徴	(ア)設定した条件に基づいて、即興的に音を選択したり組み合わせたりして表現する技能	(イ)音楽の仕組みを用いて、音楽をつくる技能	鑑賞についての知識を得たり生かしたりしながら、曲や演奏のよさなどを見いだし、曲全体を味わって聴くこと。	曲想及びその変化と、音楽の構造との関わりについて理解すること。	
												◎	自由なリズムでふしをつくり、階名抽出 記譜：ステップ63
					○	◎							合う音探し：ステップ64〜65
		○	○	◎								○	短調のふしづくり：ステップ66〜67
											○	○	短調のふしづくり：ステップ68

47

③子どもが能力を獲得するに到るまでの過程を細かく分け、易しいものから難しいものへと進むように、段階・ステップを設定します。子どもの興味・関心や発達段階、認知的特性に配慮しつつ、各段階、各ステップの具体的課題を作成します。

④各段階、各ステップに必要な時間を設定します。

(2) 目標と内容の確認

[A学習] 学習指導要領に示されている音楽科の目標、学年の目標、内容をそれぞれ確認します。教科目標（上位目標）－学年目標（中位目標）－内容（下位目標）の関係を把握し、小学校6年間の音楽科指導の系統性を意識しつつ、計画をたてようとしている当該学年の目標と内容を理解します。このとき、内容を見つめながら、具体的な題材についての大まかなアイディアなども思いめぐらしていきます。

[B学習] 当該学年が、B学習の体系のどの段階・ステップにあたるのか、確認します。B学習は独自の系統的体系をもっているので、A学習の指導計画上の位置づけに左右されることなく設定することが可能ですが、教科学習の一部分として展開されるので、あらかじめ学習指導要領に示されている目標や内容でB学習と関連する箇所を確認しておきます[4]。

(3) 指導内容の設定

[A学習] 目標と内容の関係を確認した後、指導内容を設定します。設定の際には、学校の教育目標、学校行事、地域の実状、子どもの実態や発達段階などを考慮しつつ、各学年の年間授業時数に基づいて、検討していきます。どの時期にどのような内容をどの位の時間で設定するかを検討し、指導内容のばらつきがないようにバランス良く設定していきます。A学習でどのような内容をどの位の時間で設定するかによって、B学習の時間設定が変わってきます。二本立て方式は、2つの学習を並立させるので、設定条件が相互に連動してくることを念頭に置くことが大切です。

(4) 題材の構成

[A学習] 確定した指導内容に基づいて、具体的な題材を構成していきます。「題材」は、「単元」とほぼ同義で使用され、学習指導の目標、内容を組織づけた指導の単位であり、年間指導計画の編成の単位でもあります。題材を構成する要素として、指導目標、指導内容、教材、指導の展開、評価規準などが挙げられます。

A学習の具体的な題材の構成方法には、「**主題による題材構成**」と、「**楽曲による題材構成**」があります。主題による題材構成は、さらに、①音楽的なまとまりによる構成　②生活経験的なまとまりによる構成に分けることができます。題材構成の方法によって、音楽授業への考え方が異なってきます。A学習の題材設定に際しては、各題材構成方法の特徴を把握し、適切に題材を設定するようにします。

題材構成によって、題材のねらいを明確にし、指導内容を確かに学べる教材を選択します。この教材には、学習指導要領で設定されている共通教材を含めることも重要です。さらに、指導の展開を考えつつ時数を設定し、同時に評価規準も設定します。題材が構成されていくと、各時の授業のおおまかな流れが見えてきます。年間指導計画には各時の授業レベルの情報は記述しませんが、綿密な指導計画をたてようと多方面から検討することによって、具体的な指導場面が予想できるようになるのです。

最後に、各題材間の関係やB学習との連絡を考慮して微調整を行い、年間指導計画にまとめます。

[B学習] A学習の題材構成が具体化するにしたがって、B学習の計画も確定していきます。B学習の時間を十分にとりたい場合も、A学習との兼ね合いで、調整して行きます。実際には、2つの学習は並立しており、A学習とかかわりなく、B学習は系統的に段階・ステップを進んでいくことが多いのですが、2つの学習の関連を図ることができる箇所は積極的に関連させていくとよいでしょう。B学習で身につけた音楽の基礎的能力を、A学習の活動で発揮して音楽経験を深めていくことは、二本立て方式

の理想的な姿と言えます。

　以上のような手順で二本立て方式の指導計画を作成します。表3－2は、従来の題材構成（A学習）にふしづくり（B学習）を加えて作成した年間指導計画の例です。

2)　二本立て方式による年間指導計画作成上の課題

(1)　適切なB学習を設定すること

　B学習は、音楽の基礎的能力を確実に獲得することを目的としている学習であり、系統的、発展的学習として体系化されていなければなりません。二本立て方式の前提として、しっかりとしたB学習が設定できるかどうかは、極めて重要です。

(2)　子どもの音楽的興味・関心を重視した学習を展開すること

　B学習は、音楽の基礎的能力を分析し、段階的に体系化したものであり、システマティックな性質の学習であると言えます。それは、必ずしも子どもが楽しく学べる内容とは限りません。無味乾燥な学習にならないように、遊びの要素を加味したり、教材の選択・開発を工夫したりするなど、子どもが楽しく学べる指導を探求することが大切です。

(3)　基礎的能力の状況を確認すること

　二本立て方式によって、基礎的能力がどの程度身についているのかを、常に確認していくことも重要です。年間指導計画は固定されたものではありません。学習指導の状況に応じて修正していくことが大切で、そのためには、学習指導の結果をたえず確認していくことが不可欠になります。B学習における評価が常に有効に機能するような工夫が必要であると言えるでしょう。

注

1)　園部三郎、山住正己『日本の子どもの歌』岩波書店、1962、pp.204-205。
2)　第5章第4節「ふしづくりの教育」の授業の実際－心をみがく音楽教育、「ふしづくり指導計画一覧表」同第5節「ふしづくりの教育」の活用例pp.106-115を参照。
3)　千成俊夫編著『達成目標を明確にした音楽科授業改造入門』明治図書、1982、pp.131-132。
4)　学習指導要領には基礎的能力について具体的に記述されていないためにB学習との関連を図ることはやや困難ですが、多少ともB学習と関連させることができる箇所を、学習指導要領の内容のなかに確認しておくとよいでしょう。

主要参考文献

文部省編『小学校音楽指導資料　指導計画の作成と学習指導』教育芸術社、1991。
日本教職員組合編『私たちの教育課程研究　音楽教育』一ツ橋書房、1969。
奥田真丈『教育学大全集27　教育課程の経営』第一法規、1982。
千成俊夫編著『達成目標を明確にした音楽科授業改造入門』明治図書、1982。
山本弘『誰にでもできる音楽の授業－ふしづくりの音楽教育紙上実技講習－』明治図書、1981。
山本弘原著、関根朋子編『"ふしづくり"で決まる音楽能力の基礎・基本』明治図書、2005。

第2節　学習指導案

1. 低学年（第1学年）の学習指導案

1) **題材名**　せんりつで　よびかけあおう
2) **題材の目標**
　　①曲想と、呼びかけとこたえなど音楽の構造との関わりに気づくとともに、思いに合った表現をするために必要な歌声や発音に気を付けて歌う技能、発想を生かした表現をするために必要な、設定した条件に基づいて、即興的に音を選んだりつなげたりする技能を身につける。【知】【技】
　　②旋律、強弱、呼びかけとこたえなどを聴き取り、それらの働きが生みだすよさや面白さを感じ取りながら、聴き取ったことと感じ取ったこととの関わりについて考え、曲想を感じ取って表現を工夫し、どのように歌うかについて思いをもったり、音遊びを通して音楽づくりの発想を得たり、曲の楽しさを見いだして曲全体を味わって聴いたりする。【思】
　　③旋律の呼びかけ合いに興味をもち、音楽活動を楽しみながら主体的・協働的に歌唱や音楽づくり、鑑賞の学習活動に取り組み、さまざまな活動を通して呼びかけ合う表現に親しむ。【態】
（本題材において思考・判断のよりどころとなる主な音楽を形づくっている要素：**旋律**、強弱、音色、**呼びかけとこたえ**）

3) **指導計画（6時間）**
　　第1次　《やまびこ　ごっこ》の曲の特徴を捉えた表現を工夫して歌ったり、まねっこあそびをしたりする。（2時間）
　　第2次　個人でつくった旋律を呼びかけとこたえの仕組みを用いて、友達とつなげて音楽をつくる。（2時間）
　　第3次　旋律が呼びかけ合う面白さを感じ取りながら、《こうしんきょく》を聴く。（2時間）

4) **本時の学習（第1次　第1時）**
(1)　**目標**：〔旋律、強弱、呼びかけとこたえ〕をよりどころにして、《やまびこ　ごっこ》の曲想と音楽の構造や歌詞の表す情景や気持ちとの関わりについて気づくとともに、気づいたことを生かして表現を工夫し、どのように歌うかについて思いをもつ。

○学習内容　・学習活動	◇教師の働きかけ　◆評価規準
【B学習】10分 ○歌で挨拶をする。 ・「心　合わせ　歌おうよ――――――」「心　合わせ　歌おうよ」など、最後の音の長さをクラス全員でそろえて歌う。 ○まねっこリズム遊びをする。 ・1人ずつ、4分の4拍子、4拍分のリズムを手で打って試しながらつくる。 ・2人組でまねっこ遊びをする。 ・1人ずつリズムを発表し、クラス全員がリズムだけでなく、強弱もまねる。 【A学習】35分 ○〔旋律、強弱、呼びかけとこたえ〕をよりどころにして、《やまびこ　ごっこ》の曲想と音楽の構造や歌詞の表す情景や気持ちとの関わりに気づく。 ・範唱を聴き、気づいたことを発表する。 ・呼びかけ役を交代しながら、交互唱をする。 　例：指導者とクラス全員、児童Aとクラス全員、グループに分かれて、呼びかけ役を交代する。 ○《やまびこ　ごっこ》の曲想と音楽の構造や歌詞の表す情景や気持ちとの関わりに気づいたことを生かして表現を工夫し、思いをもつ。 ・グループで、交互唱の部分について、山に向かって呼びかける様子や呼びかけとこたえの特徴を捉えて表現を工夫する。 　例：やまびこ役は、遠くから聞こえるように、呼びかけの声よりも少し弱めでまねる。呼びかけの声をだんだんと強くする。 ・グループごとに発表して、表現の工夫を見つけ合ったり、見つけた表現の工夫をクラス全員で試したりする。 ・学習を振り返り、わかったことや次時に工夫してみたいことをグループで話し合い、クラス全員に伝える。	◇児童が順番に指揮をして、最後の音の長さを決めるようにすることにより、主体的に取り組む気持ちを高める。 ◇リズム・ボックスの音楽を流し、拍にのってつくるようにする。 ◇手で打っていない時にも拍を感じ取るように助言する。 ◇児童A→全員→児童B→全員、というように、まねてつなぐようにする。 ◇児童の気づきを、呼びかけ（人間）とこたえ（山びこ）に分けて板書し、視覚的支援をする。 ◇呼びかけの歌い方もまねるように助言する。 ◆曲想と旋律、強弱、呼びかけとこたえなど音楽の構造との関わり、曲想と歌詞の表す情景や気持ちとの関わりについて気づいている。【歌唱　知①　発言内容、行動観察】 ◇やまびこ役が、よく聴いてまねするように助言する。 ◇人間役を順番に交代するように声かけする。 ◇呼びかける側の人間役の強弱を工夫する等、表現の仕方をいろいろ試すように助言する。 ◇拡大楽譜に工夫したことを書きこんで整理する。 ◆旋律、強弱、呼びかけとこたえなどを聴き取り、それらの働きが生み出すよさや面白さを感じ取りながら、聴き取ったことと感じ取ったこととの関わりについて考え、曲想を感じ取って表現を工夫し、どのように歌うかについて思いをもっている。【歌唱　思①　発言内容、行動観察、演奏聴取】

2. 低学年（第2学年）の学習指導案

1) 題材名　ひょうしを　かんじて　リズムを　うとう

　　　教材　《いるかは　ざんぶらこ》

2) 題材について

　本題材は3拍子の流れにのって歌ったりリズムを打ったりして、音楽の基礎的な力（拍の流れ）を身につけさせるものである。ここでは楽器を使ってリズム伴奏を工夫する活動を取り入れる。

　主教材《いるかは　ざんぶらこ》は3拍子の楽曲である。ほとんどのフレーズが4分休符からスタートすることから、1拍目にエネルギーを感じて2,3拍目を歌うことによって、3拍子の流れを感じ取ることに適している。

3) 題材の目標

　3拍子の流れにのって、歌ったりリズム伴奏を工夫したりして、3拍子の音楽を楽しむことができる。

4) 本時の学習

(1)　目標：3拍子の流れ（強弱弱）を感じ取り、リズムを打つことができる。

(2)　展開

学　習　活　動	時間	○教師の指導・支援　★評価
【B学習】 1. ドレミの練習をする。 (1) ドレミ体操をしながら歌う。 　　《かっこう》《ドレミのうた》 (2) 音あて遊びをする。 　　1拍～3拍（3音のときはド・レ・ミの3音を使う。 【A学習】 2. 今日の学習のめあてを知る。	10分 35分	○読譜力の基礎を培うために、毎時間10分程度のB学習を行う。 ○音高と階名を結びつけておぼえられるように、音高に合わせた身振りをつけて既習曲を歌うようにする。 ○音の長さを保てるようにキーボードを使う。 ○基準になる音として「ド」の音を鳴らしてから始める。1拍・2拍はド～ソ、3拍はド～ミの音を使って聴音をする。
《いるかは　ざんぶらこ》に合うように、がっきをえらんでリズムをうちましょう。		
3. リズム伴奏を工夫して歌い合わせて楽しむ。 (1) 拍を手で打ちながら歌う。 (2) ペアでリズム伴奏（トン・タン・タン）の楽器を選ぶ。 (3) 選んだ楽器を紹介する。 (4) リズム伴奏と合わせて歌う。 4. 本時の振り返りをする。		○3拍子の曲であることを感じ取らせるために、既習曲の《かっこう》《メヌエット》と歌い比べる活動を取り入れる。 ○子どもと話し合いながら、楽器選びの視点を示す。 　☆3拍子のまとまりを感じて！ 　☆流れにのって歌えるリズム伴奏にする。 　☆歌い出しの休符は大事！ ○「なぜ、その楽器を選んだか。」理由を問うことで、3拍子の流れ（強弱弱）に合っていることを認識できるようにする。 ★3拍子の流れ（強弱弱）を感じ取り、リズム伴奏を打つことができたか。（観察） ○ペアや全体で歌い合わせて楽しむことができるようにする。 ○振り返りシートに、楽しかったこと・できたこと・ともだちのよかったところを書き込み、次時への学びにつなぐ。

3. 中学年（第3学年）の学習指導案

1）題材名　ふしをつくって演奏しよう

2）題材の目標

　音を聴き合ってふしをつくったり即興的に表現したりする活動を通して、いろいろな音を選択したり組み合わせたりすることができるようにする。

3）題材計画

　第1次　ふしづくりをしよう・・・・・・・・・・・・・・2時間

　第2次　ふしに合う音を探そう・・・・・・・・・・・・・1時間（本時）

　第3次　ふしに合うリズムをつけて演奏しよう・・・・・・2時間

4）本時の目標

　つくったふしに合う音を即興的に演奏して探す活動を通して、音楽づくりの発想を得るとともに、それらを生かして演奏することができる。

5）本日の活動

児童の活動	教師の働きかけとねらい　★評価
【B学習】 1. ふしづくりをする。 　①なまえよびあそびをする。 　②ふしのリレーをする。 　③まねぶきあそびをする。	1. ①～③の活動を継続的に取り入れることで、音楽の基礎的能力を身につけられるようにする。 ・拍の流れにのって即興的にふしをつくったり、リコーダーでふしのまねぶきをしたりして、本時の内容に迫る活動を取り入れる。
【A学習】 2. 好きな歌を歌う。 　既習曲《パフ》を歌う。	2. 音楽の学習に向かう気持ちを高め、みんなで伸び伸びと歌うことができるようにする。
3. 前時に用いた音高（ソラシドレ）で4小節のふしを即興的につくって演奏し、グループで1つのふしを決める。 【用いた音高】 【グループで決めたふしの例①】	3. 用いる音高を限定することで、児童が分かりやすい条件に基づいて音楽づくりを行うことができるようにする。 ・グループ内でつくったふしを真似したり、つなげたりして遊ぶことを楽しんだのち、グループのふしを1つ決めるよう伝える。
4. グループで決めたふしに合う音がありそうだという期待をもち、本時のめあてを設定する。 　つくったふしに合う音を探して演奏しよう。	4. 合う音をつけると、ふしに深まりが生まれ、より曲らしくなることを、実際の演奏を通して味わわせ全体で共通理解を得た後、グループで決めたふしに合う音を探して演奏するという、本時の学習の見通しをもつことができるようにする。 ※【ふしづくりの教育の第17段階64ステップ：つくったふしに「合う音」とリズム伴奏づけ】につながる学習として設定する。
5. 音を出して試したり、グループ内で聴き合って確かめたりして、リコーダーで合う音を探す。合う音で用いる音高を（ミファソ）に限定する。 【合う音に用いた音高】 【ふしの例①に合う音の例】	5. ふしに合う「ひびき合う音」をグループで聴き合って探すことができるようにする。 ・合う音が見つかりにくいグループには1つの保続音を選ぶように促す。 ・聴く人を交代してみんなで確認して進めていくよう促す。 ★互いに音を聴き合い、即興的に音を出しながら演奏することができる。
6. グループでつくった演奏を全体で交流する。 ・○グループは、合う音が私のグループと似た感じがするな。	6. それぞれのグループがつくった演奏を聴き合うことで、自分のグループとの違いを感じられるようにする。 ・合う音の並びを確かめられるよう、つくったふし（グループのワークシート）を掲示しておく。
7. 今日のアンコールを決め、そのグループの作品を全体で演奏する。 ・自分たちのつくったものをみんなが演奏してくれてうれしかったな。 ・□グループの演奏は、こんなひびきになっていたんだな。	7. アンコールのグループの演奏を再度聴き、その旋律を全員で歌ったり演奏したりして、共有できるようにする。 ・どのグループにも毎時間アンコールが回るように続けていく。 ・実際に別のグループの旋律を音に出してみることで、違いや良さを感じることができるようにする。

4. 中学年（第4学年）の学習指導案

1) 題材名　「曲の気分を感じとろう」　　教材:《山の魔王の宮殿にて》（グリーグ作曲）

2) 題材の目標
- 短い旋律を転調して歌ったり、鍵盤ハーモニカで転調して演奏したりすることができる。【B学習】
- 速度や強弱、調性などを変化させ、変化させることによる面白さを感じ取ることができる。【A学習】
- 自分のアイデアと比べながら原曲の速度や強弱、調性などの変化を聴き取り、作曲の工夫を見つけ、曲が表す気分を感じ取ることができる。【A学習】

3) 題材計画（全4時間）
第1時　お話につけられた音楽を聴いて、様子を思いうかべよう・・・・・・・・・・・・・・・1
第2時　くりかえされるせんりつをふいてみよう・・・・・・・・・・・・・・・・・・・1
第3時　せんりつをどのようにくりかえしたらいいか考えてみよう・・・・・・・・・1（本時）
第4時　自分たちとグリーグのアイデアをくらべて聴いてみよう・・・・・・・・・・・1

4) 本時の目標
　主な旋律の繰り返し方を工夫し、速度や強弱、調性などを変化させたことによる感じの違いの面白さを感じ取ることができる。

5) 学習展開

学 習 活 動	指 導 の 意 図 と 手 だ て	評 価
1.【B学習】《朝のあいさつ》を転調して歌う。	○《朝のあいさつ》の始まりの音をよく聴いていろいろな調で歌わせ、調を変えることへの意識づけをし、転調に慣れさせる。	
2.【A学習】《山の魔王の宮殿にて》の旋律を繰り返して演奏する。	○何度も同じ旋律を繰り返すばかりでは単調であることを感じ取らせ、何を変化させたらよいかを考えさせる。	
せんりつをどのようにくりかえしたらいいか考えてみよう	
3. グループでどのように繰り返したらよいかを考え、アレンジして演奏する。	○よいアイデアで変化させている子を紹介し、考える時のヒントにさせる。 ○《朝のあいさつ》の調を変えて何度も歌ったことを思い起こさせ、調を変えて演奏するアイデアを活用できるようにする。	
4. アレンジした演奏を発表し合い、それぞれのよさに気づく。	○楽曲の元になっている劇「ペール・ギュント」の絵本を思い起こさせ、同じ旋律でも強弱や速さを変化させるとどのような感じがするかを感じ取らせ、伝え合わせる。	○強弱や速度、調性などを変化させたことによる感じの違いを感じ取ることができているか。（発言、ワークシート）
5. 次時のめあてを確認する	○次時は、自分たちの演奏と比べながらグリーグが作曲した曲を最後まで鑑賞することを伝える。	

5．高学年（第5学年）の学習指導案

1）題材名　日本の音楽に親しもう　～わたしの民謡づくりを通して～

教材曲A 《ソーラン節》 北海道民謡　　教材曲B 《かりぼし切り歌》 宮崎県民謡

2）題材とその指導

・本題材は、民謡を鑑賞することを通して感じ取った音楽の特徴を基に歌づくりを行うことで、子どもたちが日本の音楽に親しみをもてるようにしていく。第一次では、拍やリズム、歌い方に着目して民謡を聴き分ける活動を設定し、鑑賞した曲が民謡の中でも仕事をするときに歌われた歌であることを押さえる。その後、自分たちが日常している作業を歌にすることを共有する。第二次では、日本音楽特有の七五調を基に、自分たちがしている作業が分かる詩に五音音階の音を当てはめて歌いやすい旋律をつくることでまとまりのある音楽にしていく。

・指導にあたっては、【B学習】として本授業時間冒頭に「ふしづくりの教育」の段階17・ステップ61～64に取り組む（p.113参照）。本時は、つくった歌を見直す活動において歌詞となる言葉の抑揚に着目し、どのような音やリズムを選択するかということについて子どもたちが試行錯誤しながら音を音楽へと構成していけるようにする。

3）題材の評価規準

評価の観点	ア　知識・技能	イ　思考・判断・表現	ウ　主体的に学習に取り組む態度
題材の評価規準	曲想及びその変化と、音楽の構造との関わりについて理解している。設定した条件に基づいて、即興的に音を選択したり組み合わせたりして表現している。	五音音階を知覚し、それらの働きが生み出す特質や雰囲気を感受しながら、知覚したことと感受したこととの関わりについて考え、どのように音楽をつくるかについて思いや意図をもっている。	民謡の音楽的な特徴に関心をもち、音楽活動を楽しみながら主体的・協働的に音楽づくりの学習活動に取り組もうとしている。

4）指導計画（全6時間）

次	時	主な学習活動【学習A】	【学習B】	評価
第一次	1	・民謡と既習曲を比較聴取し、民謡の特徴に気づく。（拍感がある曲とない曲、五音音階、歌い方など）また、実際に仕事や作業をしている動画を視聴する。	5音リレーでまとまった旋律づくりを行う。（基本のリズムで）	観点ア観点ウ
	2	・教材曲A・Bの歌詞に着目し、どのような内容かを知り、歌い方に生かして歌う。	5音リレーでまとまった旋律づくりを行う。（リズムを変化させて）	観点ア観点ウ
第二次	3	・教材曲Aの七五調の形式を生かし、日常している作業が分かる詩（7775）をつくる。（例：教室の床　毎日拭くよ　ごーしごしごし　ピカピカだ）	5音の旋律を♩のリズムで記譜する。	観点イ観点ウ
	4	・つくった詩に音をつけて歌の旋律をつくる。伴奏として一定のリズムの繰り返しの旋律を合わせ、まとまりのある音楽にする。	5音の旋律を即興的につくって友達とつなげたり記譜したりする。	観点イ観点ウ
	5	・民謡も言葉の抑揚に合わせた音が用いられていることを知り、自分がつくった歌の旋律やリズムを見直し、誰でも歌いやすい歌にする。	グループで5音の旋律をつなげ、リズム伴奏をつけて演奏する。	観点イ観点ウ
第三次	6	・つくった民謡を発表したり友達どうしで歌い合ったりして、お互いの表現のよさを認め合う。	↓	↓

5）本時の学習（5/6時）

（1）**目標**：言葉の抑揚を基に旋律やリズムを見直し、歌いやすい民謡をつくることができる。

（2）**展開**

学習活動	教師の支援○と評価★
【B学習】1．グループで5音の旋律をつなげ、リズム伴奏をつけて演奏する。	○旋律の動きの図を提示する（↗上がる、↘下がる等）。また、拍がずれないよう一定の速さで拍を鳴らす。
【A学習】2．学習のめあてをもつ。　自分の民謡を見直して、誰でも歌いやすい民謡にしよう。	
3．誰でも歌いやすい民謡とはどういうことなのか考える。	○教材曲Aが歌いやすいのは、概ね言葉の抑揚に合わせて無理のない音がついていることを確認し、視覚化して示す。（例：「沖のカモメに」の部分）
4．学んだことを生かして自分の民謡の旋律やリズムを見直して歌いやすい民謡にする。	
5．本時、分かったことや表現を見直す際に気をつけたことを振り返り、記録する。	★言葉の抑揚に着目して音を選び直したり歌いやすいようにリズムを変化させたりしているか、観察やワークシート、振り返りから評価する。

54

6. 高学年（第6学年）の学習指導案

1）題材　和音の音をつなげて旋律づくりをしよう

2）題材の目標

　　・ハ長調のカデンツの響きを感じ取り、歌声やリコーダーで表現することができる。【B学習】

　　・ハ長調の和音の構成音とリズムを組み合わせて旋律を創作することができる。【A学習】

3）指導計画（全3時間）

時	【A学習】の内容	【評価の観点】〈評価の方法〉
第1時	和音進行が生み出す響きの美しさを味わいながら、ハ長調Ⅰ－Ⅳ－Ⅴ－Ⅰのカデンツに含まれる音と提示されたリズムを用いて旋律をつくる。	【主体的に学習に取り組む態度】【知識・技能】〈ワークシート〉
第2時（本時）	ハ長調Ⅰ－Ⅳ－Ⅳ－Ⅰの和音進行に合う旋律をつくり、演奏して確かめ、その改善を試みる。	【思考・判断・表現】〈演奏聴取〉〈ワークシート〉
第3時	つくった旋律を互いに演奏し合ったり聴き合ったりして、作品を完成させる。	【知識・技能】〈演奏聴取〉〈ワークシート〉

4）本時の目標

　　Ⅰ－Ⅳ－Ⅳ－Ⅰの和音進行がもたらす響きを生かした旋律づくりをする。

5）学習展開

学習活動	教師の働きかけ	【評価の観点】〈評価の方法〉
【B学習】（10分）　ハ長調のカデンツを歌ったりリコーダーで演奏したりする。	○和音の響きとその変化を味わうために、ハ長調のカデンツの階名視唱及びリコーダー視奏を行う。	
【A学習】（35分）1. 和音の移り変わりを確かめる。	○Ⅰ－Ⅳ－Ⅳ－Ⅰの和音進行を歌ったりリコーダーで演奏したりして、その響きを味わう。	
2. 和音パートにある音をつなげて旋律をつくる。（1）譜表のリズムで（2）他のリズムで	○はじめに　　　　　　　　　　　　　のリズムで旋律をつくり、リコーダーで演奏する。○次に、いくつかのリズムを提示し、それらと和音の構成音を組み合わせて旋律をつくる。○【B学習】を生かし、同じ和音でも用いる構成音によって音の動きが変わることに気づかせる。○つくった旋律を低音パートに合わせて演奏する。友達同士で聴き合い、よさを見つけ、改善を試みる。	【思考・判断・表現】〈演奏聴取〉〈ワークシート〉
3. 振り返りをする。	○次時は作品を完成させることを知らせる。	

第3節　音楽科の評価

　音楽科の評価は、子どもが教科の目標および学年の目標を日々の学習活動を通してどのように実現しているのか、また授業を通してどのような音楽性や音楽的学力が形成されているのかを把握するだけでなく、その後の学習活動を方向づけたり、指導計画を改善することを目的としています。本節では、音楽科の評価の観点と、その手立てについて解説します。

1. 新学習指導要領における音楽科の評価の観点
　現在の小学校における評価は、一定の集団における相対的な位置づけによる相対評価ではなく、目標に準拠した、いわゆる絶対評価によって行われます。以下に、それぞれの特徴を説明します。

➢　相対評価：相対評価は、「集団に準拠した評価」といわれ、「学年や学級などの集団においてどのような位置にあるかを見る評価」のことを指します。
➢　絶対評価：絶対評価は、「目標に準拠した評価」といわれ、「学習指導要領に示す目標がどの程度実現したか、その実現状況を見る評価」のことを指します。

　さて、児童1人ひとりの音楽的学力の獲得を保障するために、評価は重要な役割を担っています。評価を通じた児童の実態や学習活動の把握は、その後の学習内容の方向づけや指導改善に繋がっていきます。このような「目標に準拠した評価」を行うためには、それによって「児童に獲得させたい学力（評価の観点）」だけでなく、その手段を明確にしておく必要があります。ここではまず、新学習指導要領における学習評価の観点について説明します。

1）新学習指導要領における学習評価の枠組み
　新学習指導要領における学習評価の基本的な考え方は、平成31年1月21日文部科学省中央教育審議会初等中等教育分科会教育課程部会「児童生徒の学習評価の在り方について（報告）」において示されています。新学習指導要領では、各教科等の目標や内容が「知識及び技能」、「思考力、判断力、表現力等」、「学びに向かう力、人間性等」の資質・能力の3つの柱で再整理されました。これに伴い各教科の学習評価の観点も「知識・技能」「思考・判断・表現」「主体的に学習に取り組む態度」に改められました。音楽科の場合は、これまでの「音楽への関心・意欲・態度」「音楽表現の創意工夫」「音楽表現の技能」「鑑賞の能力」の4観点から、「知識・技能」「思考・判断・表現」「主体的に学習に取り組む態度」の3観点に改められたということになります。

　現在、各教科の評価については、学習状況を分析的に捉える「観点別学習状況の評価」と、これらを総括的に捉える「評定」の両方について、学習指導要領に定める目標に準拠した評価として実施するものとされており、観点別学習状況の評価や評定には示しきれない児童生徒1人ひとりのよい点や可能性、進歩の状況については、「個人内評価」として実施するものとされています[1]。また、「観点別学習状況の評価」については、観点ごとに3段階（ABC）で評価し、「評定」については5段階（小学校は3段階。小学校低学年は行わない）で評価することになっています。

　このように新学習指導要領において再整理された評価の3観点は、音楽科としての観点と学年別（1・2年生、3・4年生、5・6年生）の観点で構成されています（表3－3参照）。各観点において学年ごとの表現は変わりませんが、高学年になるほど身につける音楽性がより深く・広いものになっていくこと

表3－3　小学校音楽科の評価の観点及びその趣旨

観点		第1学年及び第2学年の評価の観点とその趣旨	第3学年及び第4学年の評価の観点とその趣旨	第5学年及び第6学年の評価の観点とその趣旨
知識・技能	音楽科としての趣旨	・曲想と音楽の構造などとの関わりについて理解している。 ・表したい音楽表現をするために必要な技能を身に付け、歌ったり、演奏したり、音楽をつくったりしている。		
	学年別の観点の趣旨	・曲想と音楽の構造などとの関わりについて気付いている。 ・音楽表現を楽しむために必要な技能を身に付け、歌ったり、演奏したり、音楽をつくったりしている。	音楽を形づくっている要素を聴き取り、それらの働きが生み出すよさや面白さ、美しさを感じ取りながら、聴き取ったことと感じ取ったこととの関わりについて考え、どのように表すかについて思いをもったり、曲や演奏の楽しさを見いだし、音楽を味わって聴いたりしている。	音や音楽に親しむことができるよう、音楽活動を楽しみながら主体的・協働的に表現及び鑑賞の学習活動に取り組もうとしている。
思考・判断・表現	音楽科としての趣旨	音楽を形づくっている要素を聴き取り、それらの働きが生み出すよさや面白さ、美しさを感じ取りながら、聴き取ったことと感じ取ったこととの関わりについて考え、どのように表すかについて思いや意図をもったり、曲や演奏のよさなどを見いだし、音楽を味わって聴いたりしている。		
	学年別の観点の趣旨	・曲想と音楽の構造などとの関わりについて気付いている。 ・表したい音楽表現をするために必要な技能を身に付け、歌ったり、演奏したり、音楽をつくったりしている。	音楽を形づくっている要素を聴き取り、それらの働きが生み出すよさや面白さ、美しさを感じ取りながら、聴き取ったことと感じ取ったこととの関わりについて考え、どのように表すかについて思いや意図をもったり、曲や演奏のよさなどを見いだし、音楽を味わって聴いたりしている。	音や音楽に親しむことができるよう、音楽活動を楽しみながら主体的・協働的に表現及び鑑賞の学習活動に取り組もうとしている。
主体的に学習に取り組む態度	音楽科としての趣旨	音や音楽に親しむことができるよう、音楽活動を楽しみながら主体的・協働的に表現及び鑑賞の学習活動に取り組もうとしている。		
	学年別の観点の趣旨	・曲想と音楽の構造などとの関わりについて理解している。 ・表したい音楽表現をするために必要な技能を身に付け、歌ったり、演奏したり、音楽をつくったりしている。	音楽を形づくっている要素を聴き取り、それらの働きが生み出すよさや面白さ、美しさを感じ取りながら、聴き取ったことと感じ取ったこととの関わりについて考え、どのように表すかについて思いや意図をもったり、曲や演奏のよさなどを見いだし、音楽を味わって聴いたりしている。	音や音楽に親しむことができるよう、音楽活動を楽しみながら主体的・協働的に表現及び鑑賞の学習活動に取り組もうとしている。

文部科学省「各教科等・各学年等の評価の観点等及びその趣旨（小学校及び特別支援学校小学部並びに中学校及び特別支援学校中学部）」pp.14-15（https://www.mext.go.jp/component/b_menu/nc/__icsFiles/afieldfile/2019/04/09/1415196_4_1_2.pdf）（2020/01/09 確認）より筆者作成。

からも、教師は目の前にいる子どもの発達段階を考慮するだけでなく、6年間の学習を見据えながら評価の内容を考えることが求められるといえるでしょう。

2）各観点の概要と評価の留意点

各観点は、どのようなことに留意して評価を行う必要があるのでしょうか。

①　「知識・技能」の評価について

「知識・技能」の評価は、各教科等における学習の過程を通した知識及び技能の習得状況について評価を行うだけでなく、それらをこれまでに身につけた知識及び技能と関連づけたり活用したりするなかで、他の学習や生活の場面でも活用できる程度に概念等を理解したり、技能を習得したりしているかについて評価するものです[2]。

音楽科で求められる「知識」とは、児童が音楽を形づくっている要素などの働きについて理解し、表現や鑑賞などに生かすことができるような知識を指しています[3]。つまり、曲名や、音符、休符、記号や用語の名称などの知識のみを指すものではなく、児童1人ひとりが、体を動かす活動などを含むよう

な学習過程において、音楽に対する感性などを働かせて感じ取り、理解したものであり、個々の感じ方や考え方等に応じて習得されたり、新たな学習過程を通して更新されたりしていくもの[4]であると考えられています。これらを踏まえて、音楽科で理解させるべき知識として、曲想と音楽の構造などとの関わり[5]と示されており、このような知識をこの観点では評価していくことになります。

また、音楽科における「技能」とは、歌を歌う技能、楽器を演奏する技能、音楽をつくる技能を指しています[6]。表現領域の歌唱、器楽、音楽づくりの活動においては、複数の技能が位置づけられており、例えば歌唱では、聴唱や視唱などの技能、自然で無理のない歌い方で歌う技能、声を合わせて歌う技能が示されています[7]。これらの技能は表したい音楽表現、すなわち思いや意図に合った表現などをするために必要となるものとして位置づけられており[8]、これらのことを考慮しながら評価を行う必要があります。

② 「思考・判断・表現」の評価について

「思考・判断・表現」の評価は、各教科等の知識及び技能を活用して課題を解決する等のために必要な思考力、判断力、表現力等を身につけているかどうかを評価するものです[9]。

音楽科においては、「思考力、判断力、表現力等」の育成に関する目標として「音楽表現を工夫することや、音楽を味わって聴くことができるようにする」[10]と示されています。したがって、表現領域では、「歌唱や器楽の学習においては、曲の特徴にふさわしい音楽表現を試しながら考えたり、音楽づくりの学習においては、実際に音を出しながら音楽の全体のまとまりなどを考えたりして、どのように表現するかについて思いや意図をもつこと」[11]が求められます。また、鑑賞領域では、音楽によって喚起された自己のイメージや感情を、曲想と音楽の構造との関わりなどと関連させて捉え直し、自分にとっての音楽のよさや面白さなどを見いだし、曲全体を聴き深めていける力の育成が求められます[12]。これらの実現をこの観点によって評価することになります。

③ 「主体的に学習に取り組む態度」の評価

前に述べたように、「学びに向かう力・人間性等」には、「主体的に学習に取り組む態度」として観点別評価を通じて見取ることができる部分と、そうした評価には馴染まないものを「個人内評価」として見取る部分があります[13]。つまり、「各教科等の『主体的に学習に取り組む態度』に係る評価の観点の趣旨に照らして、知識及び技能を獲得したり、思考力、判断力、表現力等を身につけたりするために、自らの学習状況を把握し、学習の進め方について試行錯誤するなど自らの学習を調整しながら、学ぼうとしているかどうかという意思的な側面を評価することが重要」[14]です。

2. 音楽科における評価の設定と実施方法
1) 評価の設定

では、実際に学習活動のなかでどのように評価を設定し、実施するのでしょうか。まず、具体的な内容を述べるまえに、評価計画について触れておきたいと思います。評価計画とは、題材の目標を実現するために学習内容および学習活動に関連づけた具体的な評価の指針です。評価計画を作成する際には、評価の観点によって示された子どもに身につけさせたい力をより具体的に示した「評価規準」と、評価規準で示した力がどれくらい習得できたかを測るための「評価基準」を設定する必要があります。また「評価規準」では、「題材の評価規準」と「学習活動に合わせた具体的な評価規準（本時の評価規準）」を設定し、評価の観点ごとに示されます。一方「評価基準」では、「評価規準」への到達度を文章表記を併

用して、3段階（A：十分満足できる、B：おおむね満足できる、C：努力を要する）で示します。もちろん、このような評価は児童の学習改善だけではなく、教師の指導改善という目的も有しており、例えば「B」と評された児童が「十分満足できる」状況に到達できるよう、授業の見直しや改善を行う必要があります。

2）評価の実施方法

　次に、音楽科での評価方法について紹介をします。新学習指導要領の評価の観点が、「知識・技能」「思考・判断・表現」「主体的に学習に取り組む態度」の3つの観点で示されていることは前に述べましたが、それぞれの観点ではどのような評価方法を用いることができるのでしょうか。評価といってもその方法は多岐に渡ります。例えば、ペーパーテスト、実技テスト、観察法、学習カードやワークシート、作品法、演奏の発表などがあります。以下に、各評価方法と留意点について述べます。

①「知識・技能」に関する評価方法と留意点

　「知識・技能」を評価する方法としては、ペーパーテストや実技テストが挙げられます。ペーパーテストについては、事実的な知識の習得を問う問題と、知識の概念的な理解を問う問題とのバランスに配慮するなどの工夫改善を図ることが大切です。また、実技テストについては、児童生徒が文章や言葉による説明をしたり、自分自身の演奏だけでなく他者の演奏を聴取したりするなど、実際に知識や技能を用いる場面を設けるなどして、多様な評価方法を適切に取り入れていくことが考えられます[15]。

②「思考・判断・表現」に関する評価方法と留意点

　「思考・判断・表現」を評価する方法としては、ペーパーテストのみならず、論述やレポートの作成、発表、グループでの話合い、作品の制作や表現等の多様な活動を取り入れたり、それらを集めたポートフォリオを活用したりするなどが挙げられます[16]。「『思考・判断・表現』を評価するためには、教師は『主体的・対話的で深い学び』の視点からの授業改善を通じ、児童生徒が思考・判断・表現する場面を効果的に設計した上で、指導・評価することが求められる」[17]といえます。

③「主体的に学習に取り組む態度」に関する評価方法と留意点

　「主体的に学習に取り組む態度」を評価する方法としては、「ノートやレポート等における記述、授業中の発言、教師による行動観察や児童生徒による自己評価や相互評価等の状況を、教師が評価を行う際に考慮する材料の1つとして用いることなど」[18]が挙げられます。その際、児童生徒の発達の段階や1人ひとりの個性を十分に考慮しながら、「知識・技能」や「思考・判断・表現」の観点の状況を踏まえたうえで、評価を行う必要があります[19]。

　「主体的に学習に取り組む態度」の評価をするためには、「単に継続的な行動や積極的な発言を行うなど、性格や行動面の傾向を評価するということではなく、各教科等の『主体的に学習に取り組む態度』に係る観点の趣旨に照らして、知識及び技能を習得したり、思考力、判断力、表現力等を身につけたりするために、自らの学習状況を把握し、学習の進め方について試行錯誤するなど自らの学習を調整しながら、学ぼうとしているかどうかという意思的な側面を評価することが重要」[20]であるといえます。

　評価の妥当性を確保するためには、学習の目標と評価の間に適切な関連があり、それぞれが対応するものとして行われなければなりません。また、評価方法が評価の対象の資質や能力を適切に把握するものであることも大切です。特に、目には見え難い音楽の感受や情意面を評価する際には、学習の目標及

び内容と対応したより明確な評価規準を設定し、評価方法を工夫することが大切です。そして、評価が指導の改善に繋がることは前述しましたが、評価を通して、教師が指導の過程や評価方法の見直しを行い、より効果的な指導が行えるよう指導の在り方について工夫改善を図っていくことが重要になります。

　また、それぞれの観点別学習状況の評価を行っていくうえでは、児童生徒の学習状況を適切に評価することができるよう授業デザインを考えていくことも必要不可欠です。特に、「主体的に学習に取り組む態度」の評価に当たっては、児童生徒が自らの理解の状況を振り返ることができるような発問の工夫をしたり、自らの考えを記述したり話し合ったりする場面、他者との協働を通じて自らの考えを相対化する場面を設けたりするなど、「主体的・対話的で深い学び」の視点からの授業改善を図るなかで、適切に評価できるようにしていくことが重要です[21]。

　最後に、さまざまな評価を行うなかで、教師には、子どもたちが行っている学習にどのような価値があるのかを認め、子ども自身がその意味に気づくことができるよう留意する必要があります[22]。つまり、学習の成果を的確に捉え、指導の改善を図るだけでなく、子どもたち自身が自らの学びを振り返って次の学びに向かうことができるようにすることが大切なのです[23]。また、個々の授業のねらいをどこまでどのように達成したかだけではなく、子どもたち1人ひとりが以前の学びからどのように成長しているか、より深い学びに向かっているかどうかを捉えられる視点も必要であり[24]、そのために、教師は学習評価の質を高めることができる環境づくりを行うことが大切であるといえます[25]。

注

1) 文部科学省　中央教育審議会　初等中等教育分科会　教育課程部会「児童生徒の学習評価の在り方について（報告）」p.6、https://www.mext.go.jp/component/b_menu/shingi/toushin/__icsFiles/afieldfile/2019/04/17/1415602_1_1_1.pdf（2020/01/10 確認）

2) 同書 p.7。

3) 文部科学省「小学校学習指導要領（平成29年告示）解説」p.12、https://www.mext.go.jp/component/a_menu/education/micro_detail/__icsFiles/afieldfile/2019/03/18/1387017_007.pdf（2020/01/10 確認）

4) 同上。

5) 同上。

6) 同上。

7) 同書 pp.12-13。

8) 同書 p.13。

9) 前掲書（1）p.8。

10) 前掲書（3）p.13。

11) 同上。

12) 同上。

13) 前掲書（1）p.9。

14) 同書 p.10。

15) 同書 p.8。

16) 文部科学省国立教育政策研究所教育課程研究センター『「指導と評価の一体化」のための学習評価に関する参考資料　小学校音楽』p.9、令和2年3月、https://www.nier.go.jp/kaihatsu/pdf/hyouka/r020326_pri_ongak.pdf（2020/04/01 確認）

17) 同上。

18) 同書 p.10。

19）前掲書（1）p.13。

20）前掲書（16）pp.9-10。

21）前掲書（1）pp.13-14。

22）文部科学省「次期学習指導要領等に向けたこれまでの審議のまとめ（第1部）」p.59、https://www.mext.go.jp/content/1377021_1_1_11_1.pdf（2020/01/10確認）

23）同書 p.56。

24）同上。

25）前掲書（22）。

Column　同音連打

　学校教育の現場でピアノを弾くときには、第8章第1節に記されているように、児童の歌唱を支援するように演奏することが重要です。できるだけ児童の歌唱に即して演奏しなければなりません。その際の問題点の1つに、同音連打があります。同音連打とは、同じ音高を、つまり、同じ鍵盤を2回以上続けて演奏することです。その際に、大きな問題が生じます。例えば、《きらきら星》を演奏してみましょう。

　演奏を注意深く聴いてみましょう。同音が次のようになっていませんか。

　右手で演奏する旋律線が問題です。子どもは、「キーラーキーラーひーかーるーー・・・」と歌います。ところが、楽譜のピアノは、「キ ラーキ ラーひ かーるーー・・・」と演奏しています。これが同音連打の問題点です。

　なぜ楽譜のような演奏になるのでしょうか。第1の同音から第2の同音へ移る際に、「指をあげる動作」と「指で鍵盤を打つ動作」が、別々の2つの動作になっていませんか。ピアノは、指で鍵盤を打つと、ハンマーが弦を打ち、発音します。指がそのまま鍵盤を押さえている間は、音は鳴り続けます。ところが、指が鍵盤から離れるとダンパーが弦を押さえて振動を止め、音を消します。最初の「指をあげる動作」で、指が鍵盤を離れると、ピアノの構造上、音はそのタイミングで消えてしまいます。

　では、どうすれば子どもが歌うように演奏できるのでしょうか。同音連打の際に、「指をあげる動作」と「指で鍵盤を打つ動作」の間隔を短くすることです。つまり、第2拍の直前まで第1音を保持し続けて（鍵盤から指を離さないで）、第2拍に「指をあげる動作」と「指で鍵盤を打つ動作」を同時に（1つの動作として）行うのです。練習してみましょう。この同音連打の問題点を克服できれば、あなたのピアノ演奏のテクニックは、1つ上の段階に到達することになるでしょう。

第4章　音楽の授業づくりと教師力

第1節　主体的・対話的で深い学び

　「主体的・対話的で深い学び」は、平成29年度に学習指導要領を改訂するにあたり、授業改善のキーワードとなる言葉として提唱されました。「主体的・対話的で深い学び」について論じるまえに、「主体的・対話的で深い学び」とほぼ同意義で用いられる「アクティブ・ラーニング」の意義[1]を踏まえておく必要があるでしょう。「アクティブ・ラーニング」は、学びの量とともに、質や深まりが重要であり、子どもたちが「どのように学ぶか」についても光を当てる必要があるとの認識のもとに議論されてきており、そのために有効とされた「課題の発見・解決に向けた主体的・協働的な学び」を意味しました。しかしながら、子どもが活動しているというだけの表面的な学びとなってしまう事例が見られ、指導法が一定の型にはまってしまうことが懸念されました。そこで、改めて「主体的・対話的で深い学び」と文言を変え、子どもたちが生涯に渡って能動的に学び続けるようにするための「アクティブ・ラーニング」の3つの視点「主体的な学び」「対話的な学び」「深い学び」を強調し、特に「深い学び」であることに留意すべきとされました。

　「主体的・対話的で深い学び」は、授業改善の視点として用いることが、その本質です。3つの視点が意味するところを押さえ、音楽科の授業改善に役立てていきましょう。また、文部科学省教育課程部会芸術ワーキンググループによる「芸術ワーキンググループにおける審議の取りまとめ[2]」（以下、報告書）による実践の具体も合わせて紹介していきます。

1.　主体的な学び

　音楽活動は元来、教師が活動するだけでなく、子どもたち自身が活動するという意味では主体的です。しかし、音楽科で特に留意しなければならないのは、活動をしていても何を学ばせたのかが教師側も曖昧であり、子どもたちも自覚していないという「活動あって学びなし」の状況でしょう。この状況は、「アクティブ・ラーニング」という用語だけが1人歩きしている時に危惧されたことでもあります。音楽科において、子どもたちがもっている感性をもってすれば、ただ単に歌ったり楽器を触ったりするだけでも子どもたちは楽しみを見いだしてしまう反面、楽しかったという感想に終始することは避けたいものです。ここでいう「主体的な学び」の具体として挙げられているのが、子どもたち自身が見通しをもって学習し、授業の最後には自らの学びを振り返り、次に生かしていこうとするという一連の流れです。教師主導ではなく、子ども自身が目的をもって活動し、自らの学びをメタ認知していくことをめざしていきたいものです。つけさせたい力を明確に設定しながらも、子どもに「取り組みたい」という思いを起こさせる目標を子どもと一緒に考えて設定するなど、自然な流れで目標を示すことは、教師にとって高めていきたい指導力の1つです。

　また、報告書では、「主体的な学び」の実現のために重要とされていることとして、2つの指導法が挙げられています。第1は、体を動かす活動を取り入れるなどして、音楽によって喚起されるイメージや気持ちの変化に気づかせることです。第2は、イメージや気持ちの変化を振り返り、音や音楽が自分

の気持ちにどのような影響を及ぼしたのかを考えることです。

2．対話的な学び

　学校教育における音楽活動は、クラス全体で歌ったり、演奏したりすることが一般的ですが、「対話的な学び」は、単に複数人で音楽を奏でている状況のことではありません。ここでいう対話の例は、3つ挙げられています。第1は、子どもどうしの対話、第2は教師と子ども、そして第3は、先哲の考え方です。いうまでもありませんが、音楽科の特性上、対話は言葉によるものだけでなく、音、身体の動きも含有します。1人では得られなかった視点で、互いの学びを共有、共感しながら、自らの学びを広げ、深めていくことが、めざすべき「対話的な学び」です。この前提にあるのは、1人ひとりの感じたこと、考えたことであり、個人の学びが重要となります。また、人と共有、共感するためには、自分だけが分かっていればよいのではなく、客観的な理由が必要です。教師は、子どもたちが音楽の用語を正しく用いて、聴き取ったことや感じ取ったことを言語化していく手助けをしていくことが求められます。

　第3の例に挙げられた「先哲の考え方」との対話とは、音楽科の場合、音楽を作っている作曲家・演奏家の思想、価値観、そして文化的な背景を含む可能性もあります。音楽を通して、音楽の裏側に存在する人々に想いを巡らせ、我々が今もっている感性や価値観と照らし合わせることは、時に驚いたり、共感したりしながら、自らの学びを広げ、深めていくことに効果的でしょう。教師が「対話的な学び」を視点に授業を振り返る時、授業の展開そのものを改善することに加え、教材研究に立ち戻ることも必要です。

3．深い学び

　子どもが活動しているだけの表面的な学びを避けたいという「深い学び」の背景を考えると、活動ありきの音楽科においても、題材のなかに思考・表現・判断する場面を設定することが求められているということです。技能に特化した1時間であったとしても、子どもに何を考えさせるのか、子どもに何を問うのかという軸をもちたいものです。しかし、求められている「深い学び」は、何をもって「深い」というのでしょうか。

　報告書では、「深い学び」の実現のために重要なこととして、聴き取ったことや感じ取ったことを比較したり、関連づけたりするという具体が示されています。手立てとして、聴き取ったこととイメージに関わることを分けて板書することも示されています。また、学びの「深まり」の鍵として整理されたのが、各教科の特質に応じた「見方・考え方」です[3]。その教科に存在する独自の「見方・考え方」を働かせ、それを鍛えていくことが学びの質を深めていくと考えられました。"どのような視点で物事を捉え、どのような考え方で思考していくのか"という音楽科の「見方・考え方」は、小学校学習指導要領（平成29年告示）解説によると「音楽に対する感性を働かせ、音や音楽を、音楽を形作っている要素とその働きの視点で捉え、自己のイメージや感情、生活や文化などと関連付けること[4]」とされています。音楽を漠然と表現したり鑑賞したりするのではなく、「音楽のこの部分を聴くと、なぜ楽しい気分から落ち着いた気分に変わるのだろう。（急に遅くなって、速度が変化したからかもしれない。）」と問うなどして、音楽を形づくっている要素に着目させ、感覚的側面と分析的側面を結び付けていくというような例が、現状における音楽科の「深い学び」の認識であるといえます。

　今後、各教科において、各教科独自の見方・考え方を軸に置きつつ、「主体的・対話的で深い学び」という質的な意味について更なる議論が進むことでしょう。音楽科においても、本稿に掲載している具体例を最善の指導法として決めつけることなく、どのような指導法がよいのかを教師1人ひとりが考え

続け、実践し、振り返るという不断の研究が求められています。

引用参考文献

1）文部科学省「資料 1 教育課程企画特別部会 論点整理 2. 新しい学習指導要領が目指す姿」pp.10-11
　https://www.mext.go.jp/b_menu/shingi/chukyo/chukyo3/siryo/attach/1364316.htm （2020/01/03 確認）
2）文部科学省「芸術ワーキンググループにおける審議の取りまとめ」
　https://www.mext.go.jp/b_menu/shingi/chukyo/chukyo3/069/sonota/__icsFiles/afieldfile/2016/10/12/1377096_1.pdf
　（2020/01/03 確認）
3）文部科学省「新しい学習指導要領の考え方－中央教育審議会における議論から改訂そして実施へ－」p.24
　https://www.mext.go.jp/a_menu/shotou/new-cs/__icsFiles/afieldfile/2017/09/28/1396716_1.pdf）（2020/01/03 確認）
4）文部科学省「小学校学習指導要領（平成 29 年度告示）解説 音楽編」東洋館出版社、2018、p.10。
　・文部科学省「次期学習指導要領等に向けたこれまでの審議のまとめ（第 1 部）」
　（https://www.mext.go.jp/content/1377021_1_1_11_1.pdf）（2020/01/03 確認）

第2節 音楽科授業を支える教師力アップ－新人教師のために－

　多くの新人教師（本論では、未知の現実に初めて接する1年目教師とします）は、教育現場でさまざまな困難に遭遇し、理想としていた授業を展開することができず、「リアリティ・ショック」[1]を受けると言われています。しかしながら、新人教師はそのようなネガティブな体験だけをするのではありません。リアリティ・ショックを克服し、力量を備え、大きく成長していく者が多数存在していることもまた、たのもしい事実なのです。ただ最近では、「職員室はどうやら新人も、中堅も、年配も思いや悩みをなかなか打ち明けられない場所になっている」（村山・氏岡　2005、p.11）ことが指摘されており、新人教師が同僚にアドバイスをもらえる機会が減ってきているのが現状です。このような状況を踏まえるとき、音楽科においても新人教師がさまざまな困難を克服して力量を形成するための支援策を提示することは、緊要な課題であると言っても過言ではないでしょう。

　そこで本論では、小学校音楽科において、新人教師がさまざまな困難を克服して力量を形成する事例をあげ、それを基にして教師力アップのヒントをご紹介することとします。

1．小学校音楽科において新人教師はどのような困難に遭遇し、それを克服しているのか

1）遭遇する困難の分類

　私は以前、3名の新人教師（3名とも教壇に立って12か月目の教師。教師A：2年生の学級担任で音楽科授業も担当。教師B：2年生〜6年生を担当する音楽専科。教師C：全学年を担当する音楽専科）にインタビューし、彼らがどのような困難に遭遇しているかを調査しました。その結果、小学校音楽科で新人教師が遭遇する困難として、以下のようなものが浮かび上がってきました。

　A：教材選定に関する困難：教育目標に迫るには、どのような曲を選定するとよいのか分からないなど、主に曲の選定に関する困難

　B：子どもの状況が予想と違う・読めないという困難：子どもの状況を予想・把握できない、想定外の子どもの状況に困惑するなどの困難

　C：音楽の指導法を知らないことに起因する困難：リコーダーのタンギングの指導法、裏拍のとらせ方など、音楽の指導法に関する知見・技術の不足に起因する困難

　D：授業の進め方に関する困難：授業の最初に既習曲を歌って導入とするのか否か、鍵盤ハーモニカの個別指導と全体指導の時間的バランスをどうするのかなど、授業の進め方のバリエーションの確立に関する困難

　E：自己の音楽的能力に関する困難：うまくピアノ伴奏できないなどの自己の音楽的能力に関する困難

　F：自己の授業のあり方に迷うといった困難：自己の授業は何に主眼をおいてどのようにありたいのかといった迷い、授業のクオリティーに対する反省など、自己の音楽科授業に対するとまどいに起因する困難

　G：障害児への指導に関する困難：立ち歩く、勝手に楽器をならすなどの障害児への対応が分からないといった困難

　H：評価に関する困難：評価規準・基準などが曖昧で、どのように評価してよいのか分からないといった困難

　ここに示した困難は、新人期に陥りやすい傾向として参考にしていただくとよいでしょう。ただしA〜Hの困難すべてに、3名とも共通して遭遇したのではありません。3名が共通して遭遇した困難は、

「B：子どもの状況が予想と違う・読めないという困難」、「D：授業の進め方に関する困難」、「F：自己の授業のあり方に迷うといった困難」の3つでした[2]。そこで、これら3つの困難に焦点を当てて、事例を通してさらに詳細を見ていくこととします。

2）困難の実際と克服する営み　－事例を通して－

⑴「子どもの状況が予想と違う・読めないという困難」を克服しようとした事例

　子どもの状況が予想と違う・読めないという困難について、教師Cは次のように述べています。

　「特に1学期間は、（楽器演奏に関して子どもたちが）ああもうこれくらいでできたんだ（演奏できるようになったんだ）と思ったら、次の瞬間にはできなくなっていたり、私の予測とはだいぶ違ったところがあって……」。

　教師Cは、子どもの音楽的な能力や発達がことごとく自分の予想と違っていて、できることが毎時間あるいは瞬間ごとに変わることにとまどい、状況把握をするのにとても困ったそうです。とりわけ技術指導の多い音楽科において、「子どもが今何をしたいと思っているのか」「どこでつまずいているのか」といった状況を教師自身が把握できないことは、的確な教授行為[3]を生み出せないという問題にもつながっており軽視することはできません。このような状況把握の困難に関して、木原（2007、p.34）は次のように述べています。「目の前の子どもの意欲や理解の状況を把握して即時に適切な意思決定をする柔軟で個性的な教授行為が、初任教師の達成困難な課題とされている」。

　木原の指摘する「初任教師の状況把握や意思決定における困難」に関しては、筆者らも過去の研究（竹内・高見2004）において指摘してきたのですが、教師Cの事例もそれに当てはまるものと言えるでしょう。

　それでは教師Cは、どのようにしてその困難を克服しようとしたのでしょうか。教師Cは、小学生の実態に関してあまりにも無知であったことが困難の生じた原因であると反省し、子どもを知ろうと努力したのです。授業中には、子どもがどこまでの技術を身につけているのかを個別に確認し、その状況把握に努めたそうです。また、授業前後にも子どもと頻繁に会話をし、彼らの好きな音楽のジャンルやピアノなどの音楽経験にもアンテナをはるように心がけました。このような営みのなかで、子どもの能力や発達を授業中あるいは日常的に把握しようとする教師の姿勢こそが、音楽科授業を支える生命線であることに気づいたといいます。

　別の事例をご紹介します。教師Bは次のように述べています。

　「（子どもたちは）もう平気で楽譜破りますね。これに関してはもう正直、もうなんか、あきれてしまうぐらい……。楽器も傷だらけですし、木琴なんかガンガンガンガンしますし……。」

　音楽に向き合ううえで、楽器や楽譜を大切にすることを当然のこととして行ってきた教師Bは、子どもの乱暴な振る舞いが信じられなかったのです。教師の抱いていた理想とかけ離れた子どもの実態に、とまどいを覚えています。このことに関して、佐藤（1989、pp.175－176）は次のように述べています。「自分と同質の文化集団の範疇で育ってきた若い教師は、学校文化に反抗的な子どもたちと対面したとたん、なすすべもなく殻を閉ざして、子どもたちとの共通の接点を失ってしまうのだろう（筆者要約）」。子どもと教師が心を開き合って表現活動することが極めて重要となる音楽科授業において、子どもとの接点を失うことは教師にとって致命的とも言えることでしょう。

　しかし教師Bは、佐藤の指摘のような状況に陥ることなく、困難を克服しようとしました。彼は殻を閉ざしてしまうのではなく、子どもに真正面から向き合い、自ら楽譜を大切に扱い愛着をもって使う姿を見せ続けました。すなわち、好ましくない子どもの実態を絶対に認めず、そこから目をそむけず、

矯正するべく身をもって指導を続けたのです。その一方で教師Bは、「教科書に掲載されているような曲を好まない」という自己と異質な子どもの実態はあっさり認めているのです。このクラスの子どもは、Jポップやロックなどを好む者が多く、あるプロ野球チームの応援歌をどなるように歌って盛り上がり、教師Bの提示する教科書の曲にはまったく興味を示さなかったといいます。このような状況で、教師Bは子どもの好みの音楽を認めつつ、自己の提示する教科書の曲にも興味をもたせるために、次のような取り組みをしました。教師Bの言葉を続けて紹介します。

「子どもの前で、彼らの好きなドラムをたたいたんです。すると子どもが、『へぇー』という感じで……。また、子どもの好きなあらゆるジャンルのCDを音楽室において、いろんな機会にかけました。子どもが『この先生、自分たちの好きな音楽を理解してくれる。よしそれなら、先生が薦める音楽でも授業を受けようか』といった気持ちになってくれて（筆者要約）。」

この取り組みから教師Bは、「子どもの音楽を理解しようとすることは、子どもが教師の提示する音楽で授業を受けようとする態度に結実する」ということに気づいたといいます。あわせて教師Bは、この2つの例にあるように、子どもの実態として認めないことと認めることの見きわめの重要さを思い知ったのです。

(2)　「授業の進め方に関する困難」を克服しようとした事例

教師Aは、次のように述べています。

「実際、教育実習いった時も国語、算数とか（の授業）は観せてもらう機会がすごくあったけど、音楽っていうのは観てないなと思って…。実際自分がやるとなって、一体どういう流れで進んでいくんやろうと（思った）。45分の流れって、どんなんかなぁと……。はじめ悩みました。」

筆者の経験からも、教育実習において観察できる授業や実習生に課せられる研究授業の教科は、国語科・算数科が多く、音楽科であることが少ないということは、うなずける事実といってよいでしょう。これは、音楽科の時数が少ないことや、得意として実践できる教師の数が少ないことに起因すると考えられます。

そこで教師Aは、4月当初から同僚の授業をたくさん観たといいます。観るだけでなく、数多くの質問を投げかけアドバイスも受けています。そして、同僚のさまざまな授業の流し方を追試し試行錯誤した末、自分のクラスの実態に合う方法を残していったのです。そうすると、3学期頃には、ある程度の授業の流れがつかめたといいます。また、音楽科という教科の特質上、授業は先輩教師それぞれのやり方や雰囲気が大きく異なっていたために、自身の個性やカラーを出して実践すればよいことに気づいたといいます。

別の事例として、教師Cは次のように述べています。

「音楽だから、感性豊かに子どもに任せて自由に発言させようとしたら、とめどなく発言が続き、悪ふざけする子や聴いていない子が現れるなど、けじめのない授業になってきた。発言だけでなく歌でも同様の現象が起こる（筆者要約）。」

この発話で教師Cは、「授業ルーチン」[4]の確立が困難であることを問題にしています。授業ルーチンを確立するには、ある程度の経験と力量が要求されるので、新人教師にとってそれが困難であることは、至極当然のこととしてとらえることができるでしょう。

そこで教師Cは、音楽科特有の聴く態度、発言の仕方といった側面から授業ルーチンの確立に努めました。授業ルーチンの確立とともに、子どもに自由に任せるところと教師がリードして指導するところのちょうどよいバランスを意識するようになったといいます。

(3)　「自己の授業のあり方に迷うといった困難」を克服しようとした事例

　自己の授業のあり方に関して、教師 B は次のように述べています。

　「楽しさを第 1 に考え、毎時間爆笑が起こるような音楽ショウのような授業になってしまっていた。授業のねらいに到達するよりも『あー楽しかった』だけで終わってしまっていて、これは funny であって interesting になっていないのでは、と悩むようになった。」

　以上の発話から、教師 B は、「授業のねらいに迫り、その内容や技能を習得させること」と「音楽の楽しさを味わわせること」の 2 点を 1 時間の授業に同時に盛り込むことの難しさに悩んでいることが分かります。このように、楽しみながら、かつ音楽科のねらいや内容に迫り技能を習得させていくことの難しさに、1 年目の時点から気づき始める教師も多いのです。

　そこで教師 B は、自己の教材研究不足をその原因ととらえ、楽しい授業のなかにワークシートなどを導入し、ねらいにも迫れるような工夫をしました。そのような取り組みのなかで、ねらいはもちつつも強制にならず、楽しく多様な音楽を認め合えるような授業の大切さに気づくようになったといいます。

　別の事例として、教師 A は次のように述べています。

　「楽しんではいるけど、音楽的技能や内容を身につけさせる授業になっているのか？と迷う。」

　教師 A は、いまだに楽しいだけの音楽になってしまっているといいます。そして、それをのり越えるための方法については模索中だそうです。これは当然のことでしょう。なぜなら、この困難は、音楽科に携わる全教師の永遠の課題であると考えられるからです。模索中であったとしても、教師 A が自らの授業のあり方を問い続けている姿にこそ、成長の鍵が隠されているのでしょう。

2.　音楽科における教師力アップのためのヒント

　ここでは、先に紹介した事例から得られた示唆を基にして、「音楽科における教師力アップのためのヒント」を 6 点ご紹介します。

1)「子どもの状況把握に基づいた教授行為の重要性を認識する」

　目の前の子どもの状況を把握して、それに適した教授行為を即時に生み出すことはとても重要なことです。とりわけ音楽科では、「どこまで技術が定着したかを判断する瞬間的な音の聴き分け」、「子どもが活動に対して心を開き没頭しているか否かといった見きわめ」、「子どもの歌う（演奏する）姿勢、表情など、身体的所作の見きわめ」など、多様な鑑識力が教師に要求されます。そのために、刻々と変化する子どもの瞬間的な状況を 1 つたりとも見逃すまいとする姿勢が重要となります。すなわち、授業を進めながらも子どもの状況の細部までをとらえられるような、いわば観察者としての授業者になれるような訓練を積むことが大切でしょう。この前提として、子ども全員の音楽的能力、興味・関心の対象など、多くの情報を事前に把握しておくことも重要です。

2)「理想とかけ離れた子どもの実態・自己と異質な子どもの実態に遭遇したとき、『認めないこと』と『認めること』の瞬間的な見きわめを大切にする」

　リコーダーで楽器をたたく、楽譜を破るなどの子どもの実態をキャッチしたときは、当然ながらそれを認めることはできません。たとえ長い時間がかかろうと、指導し改善させていく必要があります。一方で、「教科書に掲載されているような曲を好まない」というような子どもの実態が、たとえ自己（教師）と異質なものであったとしても、それは認めていく必要があるでしょう。なぜなら、音楽にはさまざまなジャンル、スタイルが存在し、それに対する嗜好、価値観なども人それぞれ千差万別であるからです。

　この２つの例のように、子どもの実態として認めることと、認めないことの「規準」を明確にしておくことが極めて重要と言えるのです。新人教師はこの「規準」が不明確であったり、ぶれたりするので失敗をすることが多いのです。自由で多様性を孕む音楽を扱う授業であるがゆえに、子どもは多様な実態を教師にさらけ出してきます。そこで大切なことは、教師が子どもの実態に対して心を閉ざすことなく、その本質を見きわめ、明確な規準に照らし合わせて判断しようとする姿勢であると言ってよいでしょう。

3) 「メンターを活用して『授業の進め方』を試行錯誤する」

　メンターとは「経験を積んだ専門家」のことで、新人教師にとっては先輩の同僚、指導教員らを指します[5]。教師Ａのように、メンターである同僚の教師に質問して自己の授業の流れを模索することは、新人教師の成長の糧となると言えるでしょう。

　しかしながら、筆者の知る多くの教師は、「音楽科は授業展開についてアドバイスできる教師が少ない教科である」ことを指摘しています。さらに、教師Ａは、「音楽科は、国語科、算数科に比べ教育内容、指導方法が校内の全教師に意識されていないような気がする。できなくてもいいような雰囲気もある（筆者要約）」と述べています。このような指摘を踏まえると、①校内のすべての教師が音楽科の存在意義を再確認すること、②校外にもメンターを求めること、の２点に配慮して新人教師の力量の形成を図る必要があると言ってよいでしょう。

4) 「音楽科特有の授業ルーチンを模索する」

　今回調査した新人教師が言うように、音楽科は授業を成立させることが難しい教科です。授業ルーチンの側面から考えてもそれは明らかです。例えば、授業中教師は「音を出して表現するとき」と「音を出さずに聴くとき」の切り替えを、子どもに何度も要求します。しかもこの切り替えは、威圧的でなく明るい雰囲気を伴うものでなければ、楽しい音楽科授業など到底望むことはできません。このような切り替え、すなわち授業ルーチンの確立には高度な力量が要求され、新人教師には極めて難しいことでしょう。

　このことに関して、緒方（2009、p.105）は次のように述べています。「音楽科の授業は、他教科と比して、授業の成立という点において非常に脆弱な性質を有しています」「経験の浅い教師の場合には、自立しきれていない多数の子どもを抱えながら、全員いっせいに歌わせたり、聴かせたりすることは容易なことではありません」「さらに難しいことは、音楽科授業では和やかで豊かな音楽教室の雰囲気や学習活動も求められるので、教師が威圧的嫌悪的な手法だけによって短絡的に授業を営むことは極力避けなければなりません」。

　緒方の指摘は、音楽科において授業を展開させる難しさを物語っています。新人教師は、子どものノリのよさや和やかな雰囲気、ワンパターンに陥らないバリエーションなどを保ちつつも、授業にけじめや切り替えを生じさせるといった、音楽科特有の授業ルーチンを常に模索する必要があるのです。

5) 「自己の音楽科授業のあり方を省察し続ける」

　今回ご紹介した教師は３名とも、楽しみながらかつ音楽科のねらいや内容に迫り技能を習得させていくことの難しさに、１年目の時点から気づき始めていました。３名とも、自らの音楽科授業を省察することによって、そのあり方に疑問を抱きどのように改善すればよいのか試行錯誤を繰り返したのです。このように新人教師にとっては、「利那に興味・関心をひくだけの短絡的な楽しさ」と「技能や感性の

高まりに伴う実のある楽しさ」の違いを中心にして、自らの授業を省察する姿勢が重要であると言っても過言ではないでしょう。

　また、このような「自己の音楽科授業のあり方に対する考え方」は、「音楽科授業観」と呼ぶことも可能でしょう。先にも述べましたが、「音楽科授業観」の模索は新人教師に限ったものではなく、すべての世代の教師にも当てはまる「永遠のテーマ」なのではないでしょうか。

6)「『困難』を『成長のためのレッスン』ととらえる」

　ここまで、新人教師の遭遇する「困難」とか「リアリティ・ショック」といったネガティブな響きをもつ言葉を用いてきました。しかしながら、今回ご紹介した新人教師は3名ともネガティブな態度をとることなく、困難をのり越えようと試行錯誤し、何らかの気づきを得て自らを成長させていました。このような新人教師たちの姿を目のあたりにするとき、遭遇する「困難」の正体は、じつは「困難」などではなく、「成長のための大切なレッスン」というポジティブな営みであると確信できるのです。

　今回の3名の新人教師には、たとえ「困難」に遭遇しようとも、それを「大切なレッスン」に変換しのり越えようとする「若さゆえのたくましさ」を感じることができました。すなわち、上の1)～5)に示した具体的な方法が成功するか否かは、「困難」を「大切なレッスン」と変換して考えられるような、ポジティブな精神状態がその鍵を握っているのです。

注

1)「リアリティ・ショック」とは、「夢に描いていた教育現場と現実のそれとのギャップの大きさから受ける衝撃」のことです。音楽科におけるリアリティ・ショックに関しては、拙論（高見　2008）をご参照ください。
2)「B：子どもの状況が予想と違う・読めないという困難」、「D：授業の進め方に関する困難」は、ケーガンが40件の研究をレビューして提唱した「初任教師の特徴（Kagan, D.M., 1992, pp.129-169)」と、佐藤が示した「初任教師の抱える問題点（佐藤　1989、pp.178-180）」を基盤に、吉崎が指摘した「新人教師の困難（吉崎　1997、pp.24-29）」と合致しています。したがってこの2つの困難は、音楽科においても新人教師が避けては通れないものと捉えて間違いはないでしょう。また、「F：自己の授業のあり方に迷うといった困難」は、先行研究との合致に関しては不明ですが、筆者の研究において立場の違う3人の教師が共通して遭遇したと述べているために、取り上げることとしました。
3)「教授行為」とは、藤岡によって次のように定義されています。「発問、指示、説明から始まって、教具の提示や子どもの討論の組織におよぶ、現実に子どもと向き合う場面での教師の子どもに対する多様な働きかけとその組み合せのことである」（藤岡　1987、pp.178-179）。
4)「授業ルーチン」とは、吉崎によって次のように定義されています。「授業ルーチンとは、授業が持つ認知的複雑さを軽減するために、教師と子どもとの間で約束され、定型化された一連の教室行動のことである」。教育現場では、授業ルーチンを「学習ルール」と呼ぶことも多くあります。吉崎は授業ルーチンを確立することが新人教師にとっての発達課題であるとし、教科ごとの授業の進め方を確立することの重要性を提唱しています。しかしながら、それが紋切り型でパターン化されすぎないようにバリエーションをつけることも重要であるとしています（吉崎　1997、pp.25-29）。
5)「メンター」に関しては、木原の論文（木原　2007）に詳しく記載されています。

引用・参考文献
・藤岡信勝「教材を見直す」『岩波講座　教育の方法3　子どもと授業』岩波書店、1987、pp.178-179.
・Kagan, D. M., Professional growth among preservice and beginning teachers. *Review of Educational Research*, 62（2），

1992, pp.129-169.

・木原成一郎「初任者教師の抱える心配と力量形成の契機」『学びのための教師論』勁草書房、2007、pp.29-55。

・村山士郎、氏岡真弓『失敗だらけの新人教師』大月書店、2005。

・緒方満「小学校音楽科教師からの幼児音楽教育への提言−音楽科教育の現状と課題を交えて−」『幼児の音楽
　教育法−美しい歌声をめざして−』ふくろう出版、2009、pp.102-107。

・佐藤学『教室からの改革−日米の現場から−』国土社、1989。

・高見仁志「新人教師は熟練教師の音楽科授業の『何』を観ているのか−小学校教員養成への提言−」『音楽教
　育実践ジャーナル』Vol.5、No.2、2008、pp.63-72。

・竹内俊一、高見仁志「音楽科教師の力量形成に関する研究−教師による『状況把握』を中心として−」『兵庫
　教育大学研究紀要』第25巻、2004、pp.115-123。

・吉崎静夫『デザイナーとしての教師、アクターとしての教師』金子書房、1997。

第3節　ドレミあそび・ドレミ練習

　音楽科では、基礎的な表現の能力を児童に育成することが重要です。基礎的な表現の能力とは、聴唱・視唱の能力、聴奏・視奏の能力、および楽譜についての理解を含むものです。これらの音楽能力が具体的にどのような能力を指すのかについては次の項で説明しますが、最初に以下の点を述べておきたいと思います。これらの音楽能力は、児童の音楽活動をより発展的で様式化されたものに高めるために、児童に育成しておくことがとても大切な能力であると考えられます。なぜなら、児童は、学年が上がるにつれて、2部あるいは3部合唱、大編成による大規模な合奏、オリジナル曲の創作・記譜、および楽譜を見ながらの鑑賞など、つまり高学年児童にふさわしいレベルの本格的な音楽活動を行うことになるわけですが、それらの音楽活動を児童が能動的に十分に展開していけるかどうかは、この基礎的な表現の能力をどの程度しっかりともち合わせているかどうかにかかっているからです。また、将来、児童が、ピアノなどの楽器を演奏してみたい、あるいは本格的な合唱団に所属して歌いたいなどという思いを芽生えさせたときにも、その思いの実現をより円滑に推進することにつながるでしょう。

　本節の前半部分では、音楽科において聴唱・視唱、聴奏・視奏の能力を育成することの意義についてさらに詳細に解説するつもりです。なぜなら、これまでの我が国の音楽科教育の経緯をふまえると、「なぜ、聴唱・視唱の能力、聴奏・視奏の能力、および楽譜についての理解を児童に指導しなければならないのか」という点に関して、教師が十分に理解を深めておくことがとても重要であると考えられるからです。つまり、これまでの音楽科教育では、この点に関する理解が多くの教師たちに不十分にしか得られなかったために、基礎的な表現の能力を育成することの重要性は認められながらも、実績をあげることがきわめて困難であった、と筆者は考えています。

　本節の後半部分では、児童に基礎的な表現の能力、すなわち聴唱・視唱の能力、聴奏・視奏の能力を育成するための初期段階の指導方法として、「ドレミあそび・ドレミ練習」を紹介します。この方法は、毎回の授業で継続的に実践する必要があるものですが、1回の所要時間は5分でよく、指導内容は教師にも児童にも無理なく取り組めるものです。この方法を2、3回実践すれば、教師は多くの児童が「C4・D4・E4」からなる簡易な音パターンを聴唱できたり視唱できたりする姿を目の当たりにできるはずです。すなわち教師は、実践を開始した早い段階のうちに、その実践の効果を実感できるでしょう。

1.　聴唱・視唱、聴奏・視奏の能力を育成することの意義

　小学校学習指導要領でも、聴唱・視唱の能力、および聴奏・視奏の能力を育成することが音楽科の教育内容として示されています。聴唱・聴奏の能力とは、音楽を聴覚的にとらえ、自己の内面において音符や階名などの音価・音高に関する楽典的記号と結び合わせて把握し、階名唱・楽器演奏によって再生できる音楽能力です。ただし、聴唱には、階名唱ではなく歌詞を付けて歌う歌唱も含まれます。視唱・視奏の能力とは、楽譜に示された音価・音高に関する記号（音符・休符など）を視覚的にとらえ、自己の内面において把握し、階名唱・楽器演奏によって再生できる音楽能力です。

　おそらく、多くの読者が、聞こえてくる旋律を模倣して母音唱することであればまだしも、階名を付けて聴唱できる音楽能力を学習指導要領が求めていることに驚かれるのではないでしょうか。実際、吉富ら（2008）は、347名の中学1年生を対象とした音楽能力の実態調査を行い、一般的な中学1年生、すなわち音楽科授業を唯一の音楽学習の機会とする中学1年生の階名による聴唱の能力、および視唱の能力が非常に低いことを明らかにしています。このような実態は必ず改善されねばならない課題であり、音楽科教育において聴唱・視唱の能力、および聴奏・視奏の能力を育成することはきわめて重要である、

と筆者は考えています。ここでは、その理由について以下に示す2つの視点から説明します。

1) 児童の音楽活動を自立へと導くために

　例えば、音楽科授業を唯一の音楽学習の機会としてきた児童・生徒が、基礎的な表現の能力の1つである楽譜を読む力を、どの程度もち合わせているでしょうか。吉富らの調査結果からみても、おそらく悲惨な状況であると推測できます。「楽譜など読めなくてもいい」という考えは明らかな誤りです。なぜなら、楽譜が読めないと、丸暗記で歌を覚えてカラオケはできるものの、未知の曲を自ら開拓することや高次の音楽活動に携わることはできない、ということになるからです。実際の授業で言えば、教師自らの示範や指導用CDを丸ごと繰り返して聴くことによって歌えるようにはなるものの、それ以外の、例えば今習っている教科書教材曲の、次ページに載っている次時に習うであろう教材曲については、歌詞に関することを除き、予習も自習もまったく不可能ということになるのです（山本1968）。したがって、児童の音楽学習や音楽活動は、常に教師待ちの受け身の状態にならざるを得ないのです。つまり言い換えるならば、児童は、自立した音楽活動ができないままにおかれてしまっているのです。

　逆にそのような児童とは対照的に、未知の歌を楽譜から読み取り、すなわち楽譜に記された音高やリズムなどの音楽情報を自ら読み取って無伴奏で独唱できる児童が存在します。そのような児童は、合唱の際には、教師の手を借りずに自ら練習を行い、全体練習では他のパートにつりこまれることもなく、よりよい合唱表現の完成という高い目標をもちながら能動的に合唱できます。さらに、注目すべき点として彼らの音楽活動には聴唱・視唱できる能力、聴奏・視奏できる能力の使用がしばしばみられるのです。しかし残念ながら、このような望ましい音楽活動を行っている児童は、少数であるとともに、音楽の習い事などの経験者であることの方が圧倒的に多いというのが実態です。

　すべての児童の音楽活動を自立したものに導くためには、楽譜を読む力を含めた聴唱・視唱、聴奏・視奏の能力の育成は音楽科教育の責務であり、重要な指導内容であると筆者は考えています。

2) 豊かで実りある音楽活動を実現するために

　音楽科は、平成10年の学習指導要領の改訂によって、大幅に授業時数が削減されました。実際に、週2回に満たない授業時数での実践、ときには祝日や学校行事によって次の授業まで2、3週間も待たねばならないという状況での実践を余儀なくされています。この状況と、音楽科の指導すべき教育内容の多さ・幅広さとの双方を重ね合わせてみたとき、とりあえず教材曲を歌わせたり、演奏させたりするだけで精一杯である、という授業の現状も容易に想像できるところです。そのようななか、教師には、じっくりと落ち着いて読譜指導をすることや、聴唱・視唱、聴奏・視奏の能力を育成することなどの時間的余裕も精神的な余裕も生じにくいと察せられます。もちろん、筆者は音楽教育関係者の1人として音楽科授業時数が適切な時数に改善されることを強く望んでいますが、しかし、ここで次のように考えることもできないでしょうか。もし児童が聴唱・視唱、聴奏・視奏の能力を身につけていれば、現在の合唱や合奏の授業で莫大な時間が費やされる譜読みや音取りなどを短時間で終了させることが期待できるのです。そうなれば、多くの教師が最も力を注ぎたいと考えている、音取りなどを終えた後の、よりよい合唱や合奏を奥深く追求するための活動時間の保障にもつながることでしょう。つまり、聴唱・視唱、聴奏・視奏の能力を育成すること、このことは豊かで実りある音楽活動の実現につながるものである、という明るい見とおしを教師はもつことができるのです。

2. 聴唱・視唱、聴奏・視奏の能力を育成する授業づくり

1) 授業づくりの構想

　さて、聴唱・視唱、聴奏・視奏の能力の育成は、1年生のときから、体系的・継続的に行われねばなりません。さらに、通常の歌唱学習や器楽学習とは切り離し、その育成に特化し、そのための専用の音楽教育プログラムを用意して実践する方が効果が高いと思われます。そのプログラムの実践は、授業時間45分のうちの5分を充てれば十分です。残りの40分は、それぞれの学校における年間指導計画に基づく通常の授業を行えばよいのです。つまり、「二本立て方式」で授業を構成するということです。この「二本立て方式」については、本書第3章第1節において詳細に述べられています。

　聴唱・視唱、聴奏・視奏の能力は、人の内面における心理的側面の音楽能力と、歌唱・楽器演奏技法などの生理的側面の音楽能力との双方に従属しています。ここで言う専用の音楽教育プログラムとは、心理的側面の音楽能力、とりわけ音高に関する音楽能力の育成を目的としたものです。このプログラムは、教師が音楽教育用に意図的に作った課題を児童に提示し、その課題を児童が繰り返して練習していくものであり、したがって筆者は、このプログラムをエクササイズアプローチによる音楽教育プログラムとも呼んでいます。しかし本書では、児童にも学習する内容が把握しやすいように、このプログラムを「ドレミあそび・ドレミ練習」として紹介します。

　プログラムの内容は、例えば、音パターンの階名聴唱・階名視唱を中心とした活動からなるものです。音パターンの階名聴唱とは、基本的に、3つの連続した4分音符と1つの4分休符で構成された音型を、教師が何らかの演奏によって提示し、児童がその演奏を聴いて一定のテンポで同期し階名唱するものであり、音パターンの階名視唱とは、教師が音パターンを構成する3つの4分音符を拡大音階楽譜で指示棒を用いて指し示し、児童がそれをとらえて階名唱するものです。したがって、このプログラムでは、児童は聴覚的にも視覚的にも常に音高と対峙させられるために、児童の音高に関する音楽能力の成長を見込むことができます。すなわち、児童の音高に関する音楽能力を体系的に伸長させるには、このプログラムを実践することが有効であると考えています。

2) ドレミあそび・ドレミ練習の実際

　ここから、筆者が、実際に小学生に対して行った授業実践に基づいて、そのなかからドレミあそび・ドレミ練習の実例をいくつか紹介します。

⑴ 音パターンの階名聴唱

　「ド・レ・ミ（C4・D4・E4）」の3音、および「ソ・ラ・シ（G4・A4・B4）」の3音による音パターンの階名聴唱をさせるものです。（課題とした3音による音パターン：「ミレド」「ドミレ」「レドミ」「ミドレ」「ソラシ」「ラソラ」「ソシラ」「ソラソ」「ラソシ」）

　この学習は、1年生から十分に行うことができます。むしろ、1年生のうちに徹底してこの階名聴唱の学習を行い、早い時期に聴覚を通した音高に関する音楽能力の育成を図る方がよいでしょう。

　教師による音パターンの提示は、正しい音高を児童が明確に聴き取ることのできる、正確に調律されたピアノ、電子ピアノなどで行います。テンポは、児童に提示する音高をじっくり聴かせるために、♩＝60ぐらいの遅めに設定します。このテンポにのって途切れることなく「提示→全員で聴唱」をくり返していきます。慣れてきたら、全員で数回行った後に、1人ずつ順番に聴唱させることもぜひ取り入れるべきです。このことによって、個々の児童の習得状況がわかると同時に、児童の大きな自信につながります。この学習で最も教師が配慮すべきことは、児童が音パターンを集中して聴き取ることのできる環境を整えることです。静謐なムードのなかで学習を行うことが、着実な成果をあげることにつながります。

　ここに紹介した音パターンのうち、3音のすべてが順次進行である場合には、多くの児童がすぐに正確に聴唱できるようになります。しかし、3度の跳躍が含まれる場合には、しばらくの間は不正確な聴唱になることが見受けられます。その場合には、順次進行と跳躍進行の音パターンを適宜織り交ぜるなどの工夫によって、跳躍進行の音パターンも早い時期に克服できるようにするとよいでしょう。

　ここでは、連続する「ド・レ・ミ（C4・D4・E4）」の3音、および連続する「ソ・ラ・シ（G4・A4・B4）」の3音の音パターンを紹介しています。しばらくたって、これらの階名聴唱が安定して行えるようになれば、徐々にその他の音高も増やしていき、小学校段階のうちに1オクターブ内の8つの音高の階名聴唱ができるようにしたいものです。

(2)　音パターンの階名視唱

　階名視唱は、階名聴唱にある程度慣れてから開始します。階名視唱は、クラス全員の子どもが大きくはっきりと見える拡大音階楽譜（C4からC5までの1オクターブの音階が4分音符で示されている）を用意します。最後列の子どもにも十分に見える大きさが必要です。その楽譜上の音符を教師が指示棒で指し示し、子どもに階名視唱をさせます。まず、1オクターブの音階をゆっくりしたテンポで「ドレミファソラシド」と視唱させます。そして、階名聴唱と同じ要領で、3音からなる音パターンを指示棒で示しながら、視唱させます。音高が不安定になったら中断して、ピアノなどで正しい音高を示し、再確認させてからやり直します。この階名視唱で重要なことは、子どもの視線が常に拡大音階楽譜上から離れないように注意することです。児童が楽譜を見ずに、周りの声に合わせて歌っているようであれば、この学習は意味がありません。

(3)　「ドレミ」あるいは「ソラシ」の3音を使った「音パターン」を創作させて階名唱

　これは、「ある児童に音パターンを即興で創作させる→それをその児童に階名唱させる→その他の全員で階名唱する」というものです。音パターンの創作は、1人ずつ順番に交代しながら行っていきます。「音パターン」の階名聴唱・階名視唱に加えて、この学習を取り入れることには、次のような意味があります。それは、自分自身で選んだ音高を組み合わせて1つの音パターンを創作するという作業が、児童の音高に関する音楽能力をより強固なものへと促進するからです。つまりこれは、児童の内面において音高と階名がしっかりと結びつくような指導方法の工夫の1つと言えます。この即興による階名唱によって、児童が音高と階名とを正しく一致させているかどうかを教師は常に把握できます。

(4)　その他

　児童は、3年生からリコーダー奏法を学習します。まず、「ソ・ラ・シ（G4・A4・B4）」（左手だけで演奏）の3音から始めます。この時期を利用して、先ほど述べた音パターンの創作と同様に、児童にこの3音による音パターンを創作させ、リコーダーで演奏させます。そしてその他の児童にリコーダーで聴奏させます。この活動も、音パターンの創作は1人ずつ順番に交代しながら、リレー形式で行っていきます。他にも、聴音などの「書くことによる学習」も十分可能です。最初は、教師のピアノ演奏で提示される音パターンを聴いて、配付されたワークシート上に記された「カタカナの階名」のなかからあてはまる階名を即座に選んで、それを丸で囲む活動でもよいと思います。慣れてきたら、5線紙のワークシートを配付して4分音符で書かせます。このような聴音の書き取り学習は非常に効果があります。

主要参考文献
・山本弘『音楽教育の診断と体質改善』明治図書、1979。
・吉富功修他「中学校における音楽科の学力を確かなものとする教育プログラムの開発（1）－中学校入学時の音楽学力の実態を中心として－」『広島大学　学部・附属学校共同研究紀要』第36号、2008、pp.145-154。

第4節　特別な教育的ニーズのある児童を含む音楽科指導

　2007年に特別支援教育が学校教育法に位置づけられ、障害のある児童のみならず、教育上特別な支援を必要とする児童が在籍するすべての学校において、1人ひとりの教育的ニーズに応じた教育が実施されることになりました[1]。さらに日本は、2014年に「障害者の権利に関する条約」を批准し、インクルーシブ教育システムの構築に向けて歩みを進めています[2]。

　このような状況において、小学校の音楽科では、特別な教育的ニーズのある児童を含む授業をどのように考えていけばよいでしょうか。本節では、児童の多様なニーズに応じた音楽科指導を考える際のポイントを解説します。

1.　児童の多様な教育的ニーズに応じた指導

1)　どの児童にもできるだけわかりやすい授業づくり

　アメリカの応用特別支援技術センター（CAST）が提案した「学びのユニバーサルデザイン」に関するガイドラインが紹介され、日本でも、能力や個性についての多様なニーズを満たすためのさまざまな学習方法を用意する授業のあり方が注目されているところです。

　新井・藤原（2015）は、特別な教育的ニーズのある児童（学校では話すことがほとんどない児童など）を含む小学校の通常の学級における音楽科の授業で、「授業のユニバーサルデザイン化」の視点をもとに、絵カードを用いた感情のアウトプット支援、話し合いの視覚化を取り入れた鑑賞の授業を試みています。その結果、学級全体の児童の感受に関する語彙数が増加し、語彙の質にも変化が見られ、特別な教育的ニーズのある児童を含む多様な実態の児童たちの学び合いが促されたと報告しています[3]。阪井・酒井（2018）は、音楽科におけるユニバーサルデザインによる授業づくりの工夫や授業プランを具体的に示しています[4]。これらの事例を参考にして、まずは、どの児童にもできるだけわかりやすい授業づくりを試みてみましょう。

2)　学びの過程で想定される困難さに対する指導の工夫

　特別な教育的ニーズのある児童への指導では、どの児童にもできるだけわかりやすい授業づくりを試みたうえで、個に応じて学びの過程で想定される困難さに対する指導の工夫を行うことが大切です。

　2017年に告示された小学校学習指導要領では、各教科等における「指導計画の作成と内容の取扱い」の「1 指導計画作成上の配慮事項」に、「(7) 障害のある児童などについては、学習活動を行う場合に生じる困難さに応じた指導内容や指導方法の工夫を計画的、組織的に行うこと。」（本書 p.234 参照）という項目が新たに加わり、解説において、各教科等の学びの過程で考えられる困難さに対する指導の工夫の意図、手立ての例が新たに示されるようになりました。音楽科については次の2例が挙げられています[5]。これらの例を参考にして、個に応じて学びの過程で想定される困難さに対する指導の工夫を考えてみましょう。

・音楽を形づくっている要素（リズム、速度、旋律、強弱、反復等）の聴き取りが難しい場合は、要素に着目しやすくなるよう、音楽に合わせて一緒に拍を打ったり体を動かしたりするなどして、要素の表れ方を視覚化、動作化するなどの配慮をする。なお、動作化する際は、決められた動きのパターンを習得するような活動にならないよう留意する。

・多くの声部が並列している楽譜など、情報量が多く、児童がどこに注目したらよいのか混乱しやすい場合は、拡大楽譜などを用いて声部を色分けしたり、リズムや旋律を部分的に取り出してカードにしたりするなど、視覚的に情報を整理するなどの配慮をする。

3) 障害の状態や特性、心身の発達段階などに応じた指導の工夫

障害のある児童の指導では、個々の障害の状態や特性、心身の発達段階などを把握し、これらの実態に応じた指導の工夫を行うことが大切です。

「教育支援資料」には、「視覚障害、聴覚障害、知的障害、肢体不自由、病弱・身体虚弱、言語障害、情緒障害、自閉症、学習障害、注意欠陥多動性障害」[6]のある子どもについて、障害種ごとに、「教育的ニーズ」、「教育の場と提供可能な教育機能」、「必要な指導内容の例」、「合理的配慮の観点」などが示されています[7]。「教育支援資料」に示された内容や、障害や発達に関する最新の報告を参照して、児童の実態に応じた指導を考えてみましょう。

2017年に告示された小学校学習指導要領では、特別支援学級に在籍する児童や通級による指導を受ける児童について、個別の教育支援計画や個別の指導計画を作成することが義務づけられました[8]。授業者が通常の学級の担任である場合は、特別支援学級の担任や通級による指導を担当する教員と連携して、個別の指導計画に示された内容を共有した上で、児童の実態に応じた指導を考えていく必要があります。

2. 特別支援学級における教育課程の編成

障害のある児童は、特別支援学級に在籍している場合もあります。特別支援学級では、特に必要な場合は、特別の教育課程を編成することができます。2017年に告示された小学校学習指導要領では、特別支援学級における特別の教育課程の編成に関わる基本的な考え方が新たに示されました。各教科については、次のように示されています[9]。

児童の障害の程度や学級の実態等を考慮の上、各教科の目標や内容を下学年の教科の目標や内容に替えたり、各教科を、知的障害者である児童に対する教育を行う特別支援学校の各教科に替えたりするなどして、実態に応じた教育課程を編成すること。

知的障害のある児童を対象とした指導では、実態に応じて、特別支援学校（知的障害）の音楽科の目標や内容を設定することがあります。目標設定の手続きについては、小学校学習指導要領解説総則編に示された「各教科の目標設定に至る手続きの例」[10]を参照してください。知的障害のある児童に教育を行う特別支援学校の音楽科では、小中学校等の各教科との連続性・関連性を踏まえたうえで、発達段階別に独自の目標と内容が示されています。小学部1段階は「表現」（音楽遊び）と「鑑賞」（音楽遊び）、小学部2・3段階は「表現」（歌唱・器楽・音楽づくり・身体表現）と「鑑賞」の枠組みで目標と内容が示されています[11]。

特別支援学級に在籍する知的障害のある児童の指導を考える際に、児童の実態から必要な場合には、特別支援学校（知的障害）の学習指導要領を熟読して、指導目標や指導内容を考えてみましょう。

3. 交流及び共同学習

インクルーシブ教育システムの構築に向けて歩みを進めている日本において、現在の学校システムでは、特別支援学校と小学校における学校間、小学校内の特別支援学級と通常の学級における学級間など

で「交流及び共同学習」が実施され、障害のある子どもと障害のない子どもの学習に関する実践が積み重ねられている状況です。

「交流及び共同学習ガイド」には、特別支援学校小学部に在籍する児童A（病弱・身体虚弱、知的障害）が、自身が住んでいる地域にある小学校の児童たちと、音楽科の授業で「交流及び共同学習」（居住地校交流）を行った事例が紹介されています。まず、特別支援学校と小学校の教員が事前打ち合わせを行い、両校の児童の実態について共通理解を図っています。そして、特別支援学校では、児童Aに当日の音楽科の授業に関する事前学習が行われています。小学校では、児童Aの実態に応じた机や椅子、教材（歌詞やリズムで使用する箇所のみ大きく分かりやすくしたもの、拡大手本、楽器の写真カード）などが用意され、特別支援学校の教員が小学校の児童たちに事前授業を行い、児童Aの特別支援学校での普段の様子を伝えています。その後、児童Aと小学校の児童たちは、歌唱や器楽の活動を共に楽しむことができたと報告しています[12]。

藤原（2019）は、中学校の事例ではありますが、特別支援学級担任が特別活動の授業で行った、特別支援学級の生徒Bと通常の学級（交流学級）の生徒たちの音楽づくりを用いた「交流及び共同学習」を紹介しています。生徒B（知的障害）は特別支援学級で音楽づくりに関する事前学習を重ねたうえで、通常の学級で生徒たちに音楽づくりの方法を教え、グループで音楽をつくる活動に取り組んでいます。図形楽譜を用いた音楽づくりの活動では、図形を媒介にすることで言語コミュニケーションが容易になり、生徒Bは通常の学級の生徒たちと楽しく関わりながら音楽をつくることができたと報告しています[13]。

「交流及び共同学習」の機会が得られた場合には、これらの事例を参考に授業を考えてみましょう。

注及び引用

1）文部科学省（2007）「特別支援教育の推進について（通知）」

https://www.mext.go.jp/b_menu/shingi/chukyo/chukyo3/044/attach/1300904.htm

2）文部科学省（2012）「共生社会の形成に向けたインクルーシブ教育システム構築のための特別支援教育の推進（報告）」では、「インクルーシブ教育システムにおいては、同じ場で共に学ぶことを追求するとともに、個別の教育的ニーズのある幼児児童生徒に対して、自立と社会参加を見据えて、その時点で教育的ニーズに最も的確に応える指導を提供できる、多様で柔軟な仕組みを整備することが重要である。小・中学校における通常の学級、通級による指導、特別支援学級、特別支援学校といった、連続性のある『多様な学びの場』を用意しておくことが必要である。」とされています。

https://www.mext.go.jp/b_menu/shingi/chukyo/chukyo3/044/attach/1321669.htm

3）新井栞・藤原志帆（2015）「小学校における授業のユニバーサルデザイン化－音楽鑑賞学習に焦点をあてて－」『学校音楽教育研究』19、pp.146-147。

4）阪井恵・酒井美恵子（2018）『音楽授業のユニバーサルデザイン　はじめの一歩』明治図書。

5）文部科学省（2018）『小学校学習指導要領（平成29年告示）解説音楽編』東洋館出版、p.122。

6）2020年1月現在、文部科学省が作成している資料では「自閉症、学習障害、注意欠陥多動性障害」の名称が使用されています。障害の名称や診断基準などの詳細は、DSM-5（日本精神神経学会監修（2014）『DSM-5精神疾患の分類と診断の手引』医学書院など）を参照してください。

7）文部科学省（2013）「教育支援資料」https://www.mext.go.jp/a_menu/shotou/tokubetu/material/1340250.htm

8）文部科学省（2018）『小学校学習指導要領（平成29年告示）解説総則編』東洋館出版、pp.112-115。

9）同前書、p.108。

10）同前書、p.110。

11）文部科学省（2019）『特別支援学校学習指導要領解説各教科等編（小学部・中学部）』開隆堂出版、pp.139-184。

12）文部科学省（2019）「交流及び共同学習ガイド」pp.28-29。

　　https://www.mext.go.jp/a_menu/shotou/tokubetu/__icsFiles/afieldfile/2019/04/11/1413898_01.pdf

13）藤原志帆（2019）「知的障害のある子どもの友人との関わりを広げる音楽づくり」『音楽教育研究ハンドブック』音楽之友社、p.151。

第5節　行動分析からみた音楽科の授業づくりのテクニック

1. 音楽科の授業を成立させる難しさ

　第4章第1節にも述べられているように、音楽科の授業を成立させることは他の教科よりも難しいと言われています。その原因として、吉富ら（1999）は音楽科の授業がもつ3つの特質が要因であると述べています。

　第1に、「音」を用いて授業を実施することです。音楽はいわゆる「時間芸術」と呼ばれるように、次の瞬間には消える「音」というものを教材として用いて、その微細な変化を表現・鑑賞することによって、他の教科にはないより鋭敏な感覚が養われます。しかし、その一方で、私語や物音などの非楽音（表現・鑑賞する音楽に関係のない音）が少しでも生じると、その微細な変化を感じ取ることはまったく困難になるでしょう。つまり、音楽科は非楽音によって授業成立が妨げられやすいと言えます。したがって、その非楽音を生じさせないように、教員は教室内の規律を保つことが必要となります。

　第2に、授業内容は統一された表現活動が主に占めていることです。歌唱、器楽、音楽づくりといった表現活動を通して、それぞれの子どもが感じたことや思い描いたことを「音」として表すことによって、音楽特有の面白さや音楽表現する喜びを感じることができます。また、それを作曲者や教員、また子ども同士が示した統一した方法で表現できるほど、いい換えれば、より高い水準の演奏が実現できるほど、その音楽や表現方法・分野のもつ美しさや素晴らしさをいっそう感じることができるでしょう。

　しかし、その表現活動は子ども自身の意欲に依存する部分が大きいと言えます。例えば、教員が統一した表現や一定の水準の演奏に導くことができなければ、その音楽への興味や積極的な表現はどんどん失われていくでしょう。また、逆にそれらを求めるがあまり、必要以上に厳しく指導を行えば、子どもは委縮してしまい、主体的に表現することを控えるような状況にもなりかねません。このように、教員は子どもを意欲的に表現できるようにうながしながら、一定の水準の音楽表現を実現させる必要があると言えます。

　第3に、子どもが一斉に同じ水準・方法で活動を行うことが多いことです。音楽科の授業内容の中心である表現活動を実際に授業のなかで実施するには、同じ曲を一斉に演奏するのが最も効率的であることは言うまでもありません。そして、そのことによって、他の教科では味わうことのできない一体感や達成感を感じることができるでしょう。しかし、演奏しようとする意欲に乏しい子どもや音楽の能力が追いつかずに演奏することが難しい子どもがいたとしても、一斉に演奏しているだけに教員はその子どもに気づきにくく、また気づいたとしても授業全体の進行を優先するがあまりにその子どもを「無視」せざるをえないときがあるのも事実です。また、その子どもはその演奏によって、一体感や達成感を感じること、音楽への興味や演奏できる能力が高まることは難しいでしょう。つまり、音楽科では子ども全員に授業の目標を達成させるための専門性がいっそう必要であると言えます。

　以上の3つの特質がそれぞれ要因となって、音楽科の授業を成立させることを困難にしています。しかし、同時にこれらの特質は音楽特有の魅力であり、音楽科の存在意義の大きな部分を占めると考えます。したがって、これらの特質を子どもに味わわせるために、上記の困難さは確実に克服する必要があるでしょう。つまり、他の教科以上に授業を成立させるための知識・技術・経験が必要であると言えます。言い換えれば、音楽そのもの（教科）の専門性だけでなく、音楽科教育（教職）の専門性を高めることがたいへん重要です。

2．なぜ、行動分析？

　前項では、音楽科の授業を成立させることが他教科よりも難しい原因について、3つの特質から述べましたが、以下の2点に集約できると考えます。第1は、子どもを意欲的に音楽活動に取り組ませながら、教室内の規律を守る必要があることです。第2に、一斉に行う活動のなかで、できるだけ短い時間・期間に子ども全員に対して授業の目標を達成させる必要があることです。

　これらは、ある意味で一見相反することを同時に実現することを意味してします。例えば、前者においては、子どもを意欲的に取り組ませようとすると、ときには私語や物音が大きくなるでしょう。一方、それらの非楽音の発生を防ぐために厳しく何度も注意すれば、子どもの意欲は損なわれていくでしょう。また、後者においては、一斉に行う活動で子ども全員に対して授業の目標を達成させるためには、長い時間・期間が必要となるでしょう。しかし、それでは子どもの興味や集中力が続かず、意欲も低下する一方でしょう。このように、一見相反することを同時に実現することは極めて難しいと言わざるをえません。

　これらのことを実現するための方法として、これまでは「経験」といったものが重視されてきたように思います。また、近年では、いくつかの「ノウハウ」をまとめた書籍も販売されています。しかし、そのいずれにしてもこれらを体系的に学習することは少々難しく、最終的には各教員の「資質」や「力量」として片づけられてきたのではないかと考えます。そこで、これらを体系的に学習する方法として、本節ではスキナー（Skinner, B. F. 1904 ～ 1990）というアメリカの心理学者が確立した「行動分析（behavior analysis）」を取り上げます。

　行動分析とは、人間の行動に焦点をあて、その行動を分析することによって、その原因を環境という側面から検討し、その環境を変えることによってその行動を変えていくという心理的手法の1つです。現在、障害児教育、生徒指導、医療、スポーツなどではもちろんのこと、教科教育においても幅広く活用されています。

　行動分析に着目する理由はさまざまありますが、主に以下の2点が挙げられます。第1に、行動の原因を環境に特定することから、子ども自身を原因にすることなく、状況の改善を試みることができます。つまり、行動分析によって、吉富ら（1999）の著書の副題にもあるように、「教師が変われば子どもが変わる」という教育を行ううえでの基本的な考え方とも言えるものをめざし、そして実現できると考えたからです。第2に、行動分析では行動する人間の脳の機能、感情・思考、能力・性格については分析対象としないことから、心理学・生理学などの専門的な分野を学んだことのない人でも理解・応用することができることに加えて、行動のみに焦点をあてるシンプルな手法であるだけに、授業を行ううえで判断に迷った際の指針になると考えたからです。

3．音楽科の授業づくりにおける行動分析のテクニック

1）行動を分析する方法

　行動分析では、行動は「レスポンデント行動（respondent behavior）」と「オペラント行動（operant behavior）」の2種類に大別されます。レスポンデント行動とは、例えば食べ物を口に入れたときに唾液が出る、目に何か入りそうになったときにとっさに目をつむるなどといった、意図とは無関係に起きる行動です。一方、オペラント行動とは、それ以外の意図をもった自発的な行動です。授業で生じる学習行動は後者のオペラント行動にあたることから、本節ではこちらを取り扱うことにします。

　オペラント行動は、生じた行動（behavior）（「反応」とも呼ばれます）に先行する手がかり・条件（antecedent）（「先行刺激」や「弁別刺激」とも呼ばれます）、行動の後に起こった結果・帰結（consequence）（「随伴刺激」とも呼ばれます）という（英語の頭文字をとって）「ABCモデル」（「三項随伴性」とも呼

ばれます）として分析することができます。なお、手がかり（A）は、「～するとき」（時間）、「～で」（場所）、「～を／に」（物・人）、「～のように」（方法）などにあたります。また、結果（C）は「～をする／される」、「～になる」、「～が起きる」などにあたります。

　分析の具体例として、音楽科の授業における子どもの適切な行動（「オン・タスク」と呼ばれます）と不適切な行動（「オフ・タスク」や「問題行動」と呼ばれます）の両方について、下記のように示しました。適切な行動については、①「教員の話を注意深く聴く」ことは「授業の内容を理解できる」ことによって、②「（リコーダーを）姿勢を正して演奏する」ことは「（リコーダーを）上手に演奏することができる」ことによって、それらの頻度が増していくように思われます。一方、不適切な行動については、上記と同じように、①「隣の子どもと話す」ことは「（教員の話を聴くよりも）楽しい気持ちになる」ことによって、②「（リコーダーを）肘をついて演奏する」ことは「（肘をつかずに演奏するよりも）楽である」ことによって、それらの頻度が増していくように思われます。したがって、例えば、不適切な行動（B）が生じないように、「教員が話すとき／リコーダーを演奏するとき」に事前に注意をうながすなどといった"手がかり（A）を変えることによって"行動（B）を変える方法、もしくは「（教員の話を聴くよりも）楽しい気持ちになる／（肘をつかずに演奏するよりも）楽である」状態にならないように、その不適切な行動が生じたときに毅然と注意するなどといった"結果（C）を変えることによって"行動（B）を変える方法を検討する必要があるでしょう。つまり、このように行動を分析することによって、不適切な行動を適切な行動に改善する（行動分析では「変容する」と言います）方法を客観的に検討することが可能となります。

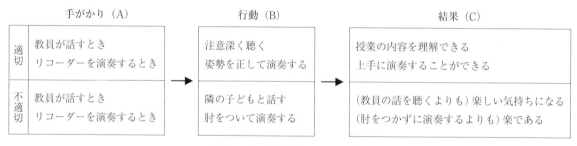

図4－1　行動の ABC モデル

2）オペラント条件づけの基本的な原理

　適切な行動、不適切な行動にかかわらず、前述のような ABC モデルが安定して生じること、いい換えれば、オペラント行動が学習されることを「オペラント条件づけ（operant conditioning）」といいます。このオペラント条件づけでは、行動（B）と結果（C）との関係（「随伴性」と呼ばれます）が重要となります。つまり、結果（C）によって行動（B）の増減が決定されるという考え方であり、いい換えれば、行動（B）が繰り返されるかどうかは結果（C）しだいであるということになります。

　オペラント条件づけには、4つの基本的な原理があります。まず、結果（C）の後に行動（B）が増加した場合、そのことを「強化」といいます。その際、特定の刺激（この場合は「強化刺激」や「正の強化子」と呼ばれます）が与えられた場合には「正の強化」、特定の刺激（この場合は「嫌悪刺激」や「負の強化子」と呼ばれます）が取り除かれた場合には「負の強化」といいます。一方、結果（C）の後に行動（B）が減少した場合、そのことを「罰」といいます。その際、特定の刺激（この場合は「嫌悪刺激」や「負の強化子」と呼ばれます）が与えられた場合には「加罰」（「正の罰」とも呼ばれます）、特定の刺激（この場合は「強化刺激」や「正の強化子」と呼ばれます）が取り除かれた場合には「消去」（「負の罰」とも呼ばれます）といいます。なお、それらを表に表すと、下記のとおりになります。

表4－1　オペラント条件づけの基本的な原理

		結果（C）	
		刺激が与えられる	刺激が取り除かれる
結果（C）の後の 行動（B）	増加	正の強化 （強化刺激）	負の強化 （嫌悪刺激）
	減少	加罰 （嫌悪刺激）	消去 （強化刺激）

（　）は与えられる／取り除かれる刺激の種類

(1)　正の強化

　正の強化とは、行動（B）の後に強化刺激が与えられることによって、その行動が増加することです。下記の例のように、正の強化では「誉める」（「承認する」と呼ばれます）という行為が最もよく用いられているように思います。子どもを意欲的に音楽活動に取り組ませるために、非常に効果的な方法です。

　しかし、この例であれば、子どもが「正確な音高で歌う」ことができたときに的確に誉めないと、「不正確な音高で歌う」といったこちらの意図しない行動が増加する恐れも十分にあるので、教員の正確な観察力が問われるでしょう。

　また、適切な行動が生じた直後にすぐに承認することが重要です。行動分析では、60秒以内に承認しないと効果が薄いと言われています。このことから考えると、承認することが遅ければ、子どもは別の行動が承認されたと勘違いしてしまうことも懸念されるので、十分に注意することが必要でしょう。

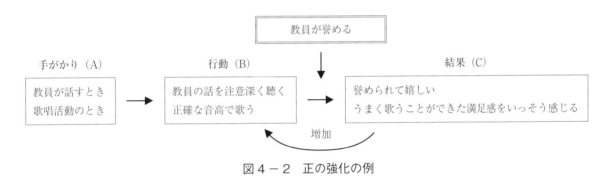

図4－2　正の強化の例

(2)　負の強化

　負の強化とは、行動（B）の後に嫌悪刺激が取り除かれることによって、その行動が増加することです。下記は適切な行動が増加する例となりますが、よく陥りがちな例としては、「教員の話を注意深く聴く」のではなく「前を向く（だけで教員の話を聴いていない）」、「正確な音高で歌う」のではなく「歌ったふりをする」という行動だったとしたら、間違って不適切な行動を強化することになってしまいますので、くれぐれも注意が必要でしょう。

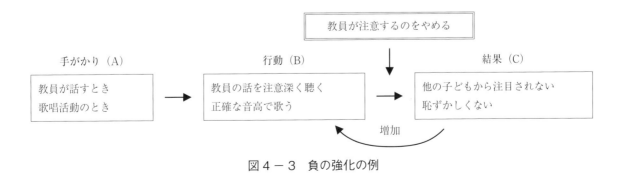

図4－3　負の強化の例

(3) 加罰

　加罰とは、行動（B）の後に嫌悪刺激が与えられることによって、その行動が減少することです。このように、加罰では「注意する・叱る」（「否認する」と呼ばれます）という行為が最もよく用いられているように思います。行動分析では、不適切な行動を減少させるには、加罰が最も有効であると言われています。また、教室内の規律を守るためや授業の目標を達成させるためには、否認することも必要であることは言うまでもありません。しかし、これをやみくもにやり過ぎてしまうと、それらは実現できたとしても、実際の子どもがまったく意欲的でないということも少なくありません。したがって、承認することをできるだけ多く行い、否認することは最後の手段とし、かつ必要最小限に留めることが重要でしょう。

　また、否認する際、その子どもの人格までを否定することはくれぐれも避けないといけません。前述のように、行動分析では「行動」のみに焦点をあてることから、否認する際もその「行動」だけを否認するように心がけましょう。

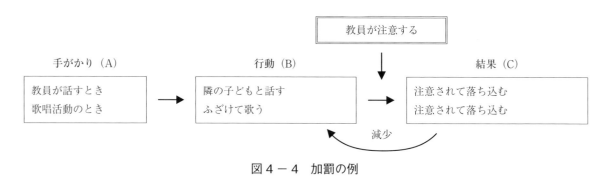

図4－4　加罰の例

(4) 消去

　消去とは、行動（B）の後に強化刺激が取り除かれることによって、その行動が減少することです。下記の例のように、教員から注意されることによって教員や他の子どもから注目されることが嫌悪刺激ではなく強化刺激であることも少なくないので、その場合には不適切な行動であっても注意せずに無視することも必要でしょう。

　なお、消去を行った直後に、一時的に不適切な行動が急激に増加する「バースト」といった現象が起きることもあります。しかし、消去を続けていれば、その不適切な行動はしだいに減っていくことがほとんどであるので、ときには我慢することも重要でしょう。

　また、消去を行っている際、適切な行動をしている子どもを承認することによって、それを見た不適切な行動をしている子どもがときおり適切な行動を真似ることも少なくないように思います。その時を見逃さずに承認すると、その不適切な行動も改善していくでしょう。

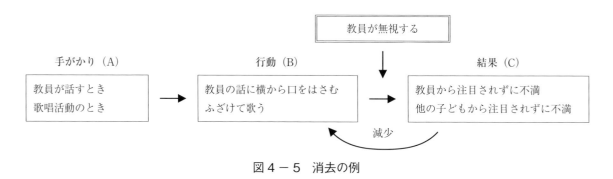

図4－5　消去の例

3）オペラント条件づけの原理を用いて行動を変容する技法

　行動分析には、前述のオペラント条件づけの基本的な原理を用いて行動を変容する技法が数多く確立されているので、ここで音楽科の授業に活用できるものをいくつか紹介したいと思います。

⑴　分化強化

　「分化強化」とは、ある特定の行動だけを強化して、それ以外の行動を消去することです。加罰や消去の問題点として、不適切な行動は減少されるものの、それだけでは適切な行動は学習されないことが挙げられます。そこで、同時に適切な行動を強化することによって、不適切な行動を減少させながら適切な行動を増加させることが可能となります。なお、経験豊富な教員はこのような方法を自然に行っているように思います。したがって、大いに活用できる実践的な方法と言えるでしょう。

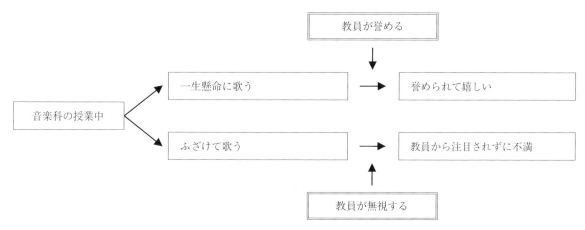

図4－6　分化強化の例

　また、分化強化のなかには、不適切な行動と同時に行うことのできない適切な行動を強化する「非両立行動分化強化」というものがあります。例えば、私語をすることと歌うことやリコーダーを演奏すること、後ろや横を向くことと指揮や黒板を見ることがそれにあたります。ともすると、前者のような不適切な行動ばかりを否認しがちですが、後者のような適切な行動を増加させることができれば、不適切な行動は自然に減少していくでしょう。ただし、子どもにとって、不適切な行動の強化刺激よりも適切な行動のそれの方が効果的でなければ、この方法はうまくいかないので、ここで紹介した他の技法を活用するなど、そのために何らかの工夫をこらす必要があります。

　その際、「～をしてはいけない」や「～しないで」といった言い方を「～をして」や「～したら…」などの別の言い方に言い換えようと考えるのがよいでしょう。例えば、「話をしてはいけない」を「口を大きく開けて歌って」、「後ろ／横を向かないで」を「全員が黒板に書かれている歌詞を見たら伴奏を始めます」などが例に挙げられます。子どもはきっと前者よりも後者の方を肯定的に受け入れることができるように思いますが、いかがでしょうか？

⑵　プロンプト・フェイディング

　「プロンプト・フェイディング（prompt-fading）」とは、まずは適切な行動をうながすために付加的な刺激（「プロンプト」と呼ばれます）を与えていき、もしその行動が形成されたら、今度はその刺激を徐々に減らしていくことによって、最終的にはその刺激がなくてもその行動が形成されるように導く方法、言い換えれば自発的にその行動が生じるように導く方法です。付加的な刺激には、①言語的プロンプト（言葉による指示、声かけ）、②視覚的プロンプト（ジェスチャー、楽譜、図など）、③モデリング（適切な行動を真似て示す）、④身体的プロンプト（身体的な接触や誘導を伴うもの）などが挙げられます。

音楽科の特性上、「音」を用いて授業を実施することから、③モデリングが非常に効果的です。したがって、教員には子どもの手本となる程度の演奏技術は少なくとも必要であると言えるでしょう。

　音楽科の授業でプロンプト・フェイディングを活用する場面としては、伴奏や指揮などが挙げられます。音楽科の授業では、子どもの演奏し始める箇所を示すことはもちろんのこと、技術的なこと（「音楽的予備行動」と呼ばれます）や音楽的なこと（「音楽的行動」と呼ばれます）、ときには規律に関すること（「社会的行動」と呼ばれます）にいたるまでを伴奏・指揮をしながら指示・注意することが多いと思います。しかし、子どもがそれを指示・注意されずに演奏できるようになることが達成すべき目標であることは言うまでもありません。そこで、子どもがその指示・注意のとおりにできるようになったら、その注意・指示を続けるのではなく、意識的・計画的にその指示・注意を徐々に減らしていくことによって、その目標に着実に近づけていくことができるでしょう。

（3）シェイピング

　「シェイピング（shaping）」（「継時近接法」とも呼ばれます）とは、現時点で達成可能な行動を目標に設定して、その行動ができるようになったら、目標となる行動を少しずつ難しいものにしていき、最終的な目標となる行動を形成する方法です。なお、失敗やミスといった誤反応が生じないように目標となる行動の難しさを細かく設定してシェイピングしていく方法を、「無誤学習（errorless learning）」と言います。このような方法を行うことによって、確実に適切な行動が生じることから、たくさん承認することができるでしょう。したがって、意欲の低い子どもや自信のない子どもに特に有効です。

　音楽科の授業で活用する場面としては、新しい曲を練習する活動が挙げられます。例えば、歌唱活動の場合、その新曲を練習する方法として、①楽譜のリズムに合わせて音高を伴わずに歌詞を読む、②歌詞をつけずにラララ／階名で歌う、③歌詞をつけて歌うなどといった方法がよくとられると思いますが、これがまさにシェイピングと言えます。また、器楽活動において、例えば譜例4－1の楽譜をリコーダーで演奏する場合、まず譜例4－2のように簡単に演奏できる程度の音符を抜き出して練習して、それができるようになれば、続いて譜例4－3のように音符を少し増やして練習して、そして最終的に譜例4－1を練習すると、必要以上につまずかずに演奏できるようになるでしょう。

例1

譜例4－1

例2

譜例4－2

例3

譜例4－3

（4）チェイニング

　「チェイニング（chaining）」（「行動連鎖法」とも呼ばれます）とは、複数の行動を伴うものを学習する場合、それぞれの行動を一定の順序で徐々に形成していく方法です。例えば、子どもがピアノの前に

集まって歌う場合、①ピアノの前で私語をせずに整列する（社会的行動）、②歌うために適切な姿勢をとる（音楽的予備行動）、③しっかりと声を出して歌う（音楽的行動）、④楽譜や教員の音楽的な指示をもとに歌う（音楽的行動）などといった複数の行動を連鎖させる必要があります。そこで、①の行動から順番に形成していくと、連鎖中の行動が1つ前の行動を強化する結果（C）になるとともに、1つ後の行動を促す手がかり（A）にもなって、一挙に適切な一連の行動が形成されることも少なくありません。

なお、チェイニングによって主に適切な社会的行動や音楽的予備行動を形成することは、本章第1節に書かれてある授業ルーチンを確立することと言い換えることもできるように思います。つまり、授業ルーチンが確立することによって、教員は音楽的行動のチェイニングだけに専念できることから、自ずと教育効果が高まることは言うまでもないでしょう。したがって、社会的行動や音楽的予備行動のチェイニング＝授業ルーチンの確立は非常に重要と言えます。しかし、それは特に経験の少ない教員では非常に難しいことでもあるので、そのときにこそ、これまでに述べた行動分析のテクニックを活用すべきであると考えます。

以上のように、行動分析からみた音楽科の授業のテクニックを述べてきましたが、その1つひとつは特に目新しいものではなく、よく目に／耳にするほか、実際に用いられているものばかりだったと思います。また、特に経験豊富な教員は、これらのテクニックを無意識のうちに適切に用いていることも多いように思います。したがって、1つひとつの原理・技法は取るに足らないものですが、実際の授業ではこれらのものを組み合わせて用いることによって、子どもや教員に必要以上の負担を課すことなく、①子どもを意欲的に音楽活動に取り組ませながら、教室内の規律を守ること、②一斉に行う活動のなかで、できるだけ短い時間・期間に子ども全員に対して授業の目標を達成させることができると考えます。

ただ、紙面の都合上、ごく簡単に述べるに留めました。したがって、これを読んでいるみなさんがそれぞれで具体的な応用例を考えてみてほしいと思います。また、もし行動分析に興味があれば、下記の参考文献はもちろんのこと、それらよりもやさしい一般向けの書籍も数多く販売されていますので、それらを参考にするのもよいでしょう。そして、「教師が変われば子どもが変わる」の精神で積極的に創意工夫に励んでくれることを願っています。

主要参考文献

小林重雄監修　山本淳一・加藤哲文編（1997）『応用行動分析学入門－障害児・者のコミュニケーション行動の実現を目指す－』学苑社。

杉山尚子ほか（1998）『行動分析学入門』産業図書。

吉富功修ほか（1999）『音楽教師のための行動分析－教師が変われば子どもが変わる－』北大路書房。

第6節　保・幼・小の連携－小１プロブレムの克服－

1．小１プロブレムとは何か

　小１プロブレムとは、小学校１年生の児童が、学級のなかで、話をじっと聴いたり座っていたりすることができずに授業が成立しない状況になるなど、学校生活に適応できないために起きる問題行動を指します。

　主には、幼児期の遊び中心の生活から小学校入学によって学習スタイルが一変することが原因と考えられています。近年ではこのような状況から、各地で、就学前にアプローチカリキュラム、就学後にスタートカリキュラムなどの幼小接続期カリキュラムが取られるようになっています[1]。

　ここでは、主に授業にかかわるものとして、学習スタイルについて考えていきましょう。小１プロブレムの克服を授業から考えることは、子どもの様子から授業を見直すことにつながります。小１の問題だけでなく、授業全般における教師力にかかわる問題だと言っていいでしょう。

2．乳幼児期の音楽活動

1）保育内容「表現」における音楽活動

　幼稚園における教育課程の基本方針は、文部科学省告示の「幼稚園教育要領」に、保育所における保育の基本方針は、厚生労働省告示の「保育所保育指針」に示されています。また、幼保連携型認定こども園の教育課程等は、内閣府・文部科学省・厚生労働省の共同告示により、「幼保連携型認定こども園教育・保育要領」に示されています。そして現在、それらのそれぞれには、保育内容として、「健康」「人間関係」「環境」「言葉」「表現」の5領域が提示されています[2]。音楽に関係する活動は、「表現」領域にまとめられています。

　「領域」のとらえ方は、「教科」の枠組みとは異なります。「教科」が学問・文化の体系から導き出された縦割りの区分であるとすると、「領域」は、生活全般のなかから得ていくことがのぞましい体験から便宜的に分けた、いわば幼児期独自の横割りの区分であると言えます。現行の5領域の指導においては、子どもの発達を多面的にとらえ、1人ひとりの子どもに寄り添って遊びを豊かにすることが求められています。

　したがって、「表現」の領域に音楽に関係する活動があるからといって、「教科」指導のミニチュア版を行うことがねらわれているわけではありません。乳幼児期には無意識的な表現、未分化な表現も多く見られます。多様な表現を乳幼児の生活全般から個にそって読み取り、環境を設定して伸ばしていこうというとらえ方がされています。

　しかし、就学前教育が、小学校の教育とまったく関連がないわけではありません。乳幼児期は、小学校以降の教育の基礎を培うところですから、保幼小の教育のつながりは、保幼側からも、あるいは小学校側からも見ていく必要があります。上で述べた、幼小接続期カリキュラムなどは、そのような必要性から生まれたものです。「音楽」という教科は「表現」の能力にかかわってつながりを見ていくことが重要でしょう。ただ、小学校以上の場合には、各能力をねらいとして設定して学習活動を組織するのに対して、就学前は、子どもがそれぞれに活動を楽しみ、その結果として身についていく、というとらえ方であることは理解しておかなければならないでしょう。

2）乳幼児期の音楽活動

　保育のなかでは、いろいろな場面で音楽が用いられています。ねらいも、音楽にかかわるねらいが直

88

接めざされる場合もありますが、音楽にかかわる活動を通して他の活動のねらいの達成がめざされるもの、他の活動のねらいの補助として音楽のねらいが示されているものなど、他領域と関連して示されることが多くあります。このようなねらいは、先述のように乳幼児期の活動を多面的に見ていくという考え方から生じています。

　また、乳幼児の音楽表現は、楽曲を再表現していくということに限りません。子どもが音という素材そのものを遊んでいる姿も将来の音楽表現の土台として見ていきます。こういった面から、例えば、「おもしろいこと見つけたよ "ねえきいて！"」「またしたい　友だちと一緒に "もういっかいしよう"」[3]といった、課題探求型の活動も行われるようになってきています。

3．小1プロブレムを克服する教師力

　子どもにとって、乳幼児期の生活と小学校の学習環境は大いに異なります。自由に動き回ることができない、活動の時間に45分という区切りがある、個々ではなく集団の活動が多いなど、少し考えてみても幾つも出てきます。上記のように、ねらいの方向性が異なれば、それにともなって学習スタイルも異なります。

　異なった環境に1年生がなじんでいくためには、音楽科ではどういう授業運営が必要でしょうか。

1）指示の観点から

　子どもをじっと座らせるにしても、活動させるにしても、子どもにある行動をとらせるとき、教師の指示には、具体的な目当てをもたせることとイメージを湧かせることが必要です。

　具体的な目当てには、活動の初めと終わりがわかる、といった活動の長さの目当てと、何を行うか、という活動の内容の目当ての2つがあります。1つの活動を一斉に行うということが少なかった新1年生たちは、活動がいつまで続くのかわからないと、活動中しだいにざわざわしてきます。また具体的に何をするのかわからないと、その活動を行えません。

　例えば、アンダーソン作曲《おどる子ねこ》を聴かせるとしましょう。「楽しい曲です。静かに聴きましょう」といった指示では、いつまで聴くのかわかりません。また、何を聴きとっていくのかわかりません。これを、例えば、「最初は誰かが踊っています。2分くらいの短い曲です。最後にみなさんがよく知っている動物が出てきますよ。どんな動物が出てくるかな」[4]というように変えると、子どもは最後まで注意力を持続させて鑑賞し続けることができます。2分という時間間隔が分からないときには、砂時計を用意してもいいですね。

　歌の指導では、次の例もあります。歌詞を覚える際には、「立ちましょう。3回歌います。その間に歌詞を覚えましょう。覚えたらすわります。すわった人もそのまま歌います。さあ、3回の間に覚えられるかな？」と指示するのです。子どもは、何回もだらだらと歌うよりずっと早く一生懸命に覚えることができます。

　また、イメージを湧かせる、ということについても考えてみましょう。子どもは、自分にとって身近で具体的なイメージが思い浮かぶ指示でないと、動けません。

　よくある例は、子どもの声が小さいときに出す、「元気に歌いましょう」や「大きい声で歌いましょう」という指示です。子どもは、確かに大きな声で歌いますが、それは教師がイメージしている頭声発声による声ではなく、怒鳴り声のようになったりしています。こんなときには、「声をホームランのように飛ばしましょう」[5]という指示などが有効です。実際にどのように声を出すのか、イメージしやすいからです。また、小さい声だという現状を逆手に取り、「疲れてへとへとになったみたいに、弱々しく歌っ

てみよう」と指示し、そのあとで「ぐっすり眠って気持ちのいい朝。どうやって歌う？」というように歌い直したりする活動も考えられます。このように考えると、「バレリーナのように歌う」「お相撲さんのように歌う」「蟻のように歌う」など、声色（音色）の変化を感受する、といったことにもつながる指示にも発展します。

　いずれの指示も「短く」指示するというのが原則です。「これから、1番から3番まで歌を歌いますが、その間にどこを一番強く歌いたいか、それからどこをそっと歌いたいか、そして、それはどうしてか考えてみましょう」というように、1度にいろいろな指示を混ぜないことです。「これから1番から3番まで歌います。その間に一番強く歌いたいところをさがしましょう。」と1度に1つのことに限る、ということが、活動をスムーズに行うときの原則です[6]。

2）活動内容の観点から

　授業時間のすべてを椅子に座ったまま、という形態を取らなくてすむのは、音楽科の大きなメリットです。小学校学習指導要領音楽科には、「歌唱」、「器楽」、「音楽づくり」、「鑑賞」、そしてそれらをつなぐ〔共通事項〕が示されています。ということは、そのなかのいろいろな活動を1つの授業のなかで組み合わせられるということです。学校の音楽教育以外でも、たとえばヤマハ音楽教室では、「きく」「うたう」「ひく」「よむ」「つくる」の5つの要素を組み込んだ総合音楽教育を実践しています[7]。つまり、多面的に音楽に触れていくことが重要視されているのです。

　このようにさまざまな角度から音楽に触れるということと、子どもの活動における持続可能時間から、45分のなかにさまざまな活動を組み合わせていくような授業設定を考えていきましょう。知識面の理解においても、体験からスタートするということが重要です。遊んでいるうちに結果として能力が身についている、という幼児期の学習スタイルから学びましょう。

　例えばクレッシェンドを教えたいときに、「クレッシェンドとは、音がだんだん大きくなることです」と説明するのは、ものの1分もかかりません。が、実際に音を出す活動と結びついていない、形式的な知識は、すぐに忘れてしまいます。また、音楽を演奏したり、聴いたりするときにそのような知識は生かされません。まず音を出してみるとどうでしょうか。自分たちで手をたたいたり、机を打ったりして、音を大きくしたり小さくしたりする遊びは、子どもにとって、クレッシェンドやデクレッシェンドが分かりやすい遊びです。また、「だんだん人が近づいてくる」「遠ざかっていく」という音を考えたり、表したりする活動も考えられます。このように遊んだり、考えたり、創ったりしながら、クレッシェンドをさまざまな角度からとらえていくのです。自分たちで創ることができたら、クレッシェンドの理解も用語も定着します。

　このようなそれぞれの活動は、最初は1つの活動を3〜5分で行いますが、しだいに長くしていきます。また、活動のテーマは、**何回かのシリーズの企画もの**と**毎回少しずつの基礎的な積み上げもの**とに分けて考えましょう。先に述べたクレッシェンドの例のように、何か1つのことにこだわった体験の組合せは**企画もの**にあたりますが、「拍の流れにのること」や「リズム打ち」「読譜指導」などは、段階的に教えていくことが必要な**積み上げもの**になります。**積み上げもの**の活動は、長いスパンで毎回少しずつの取り組みが効果的です。

3）授業構成の観点から

　平成29年改訂の学習指導要領においては、「主体的・対話的で深い学び」が強調されるようになりました。このことから、授業においても、教師による一斉教授よりも、子ども－子ども間を中心とした相

互作用を重視し、体験を共有しながら協同的学びを行うということが重視されるようになっています。

しかし、だからといって、ただ子どもをグループの形態で学ばせればよいということではありません。「何でもいいから話し合ってごらん」といってグループ活動を行わせても、何を話し合うのか子どもに共有されていなければ、話し合いにはなりません。また、子どもが自ら話し合いたくなる動機ももてません。グループはしだいにくずれていきます。教師－子どもの一斉活動においても、教師の働きかけいかんで、子どもが相互に考え合い、意見を出し合う場をつくることはできます。要は、子ども自身に学びの実感がある授業を提供することが重要なのです。

そのために、2つのことを考えてみましょう。

1つはリーダー・フォロアーシップについてです。グループ活動を活性化させるためには、子ども間で意識的なリーダー・フォロアーシップが築かれることが必要です。そのためには、教師はいくつか布石を打っていかなければなりません。

2歳児のごっこ遊びの頃、保育者のことばをよく観察してみると興味深いことがわかります。ある病院ごっこの例をあげてみましょう。保育者は、子どもの病院ごっこに入って「患者」役になっていました。子どもが2歳当初で、集団活動をまだ展開できない時期には、「患者」役の保育者は、「医者」役の子どもに「薬も飲んだし、注射もしてもらったからもう治った」というような独り言を言っていました。つまり、独り言で、「医者」役の子どもに、それとなく「医者」の仕事を教えていたわけです。しかし、3か月後の病院遊びでは、「患者」役の保育者は、「先生、お腹が痛いんです」「注射はいやなんです」というように発言し、子どもに病院で医者や看護師がどのようなことをするのか具体的に思い起こさせようとしていました。ここで、保育者は、自分の立場を遊びのリーダーからフォロアーにシフトさせていたことがわかります。つまり、遊びのなかで発話を変化させ、情報を提供したり、引き出したりし、それによって子ども自らの遊びに発展させようとしているのです[8]。

小学校入学時期は、もう1度学び合う集団づくりをする時期です。授業のなかで、子どもに話し合いの丸投げをせずに、教師自身のリーダーからフォロアーへのシフトを意識した授業の布石を考えましょう。

もう1つは、解説型授業の展開です。教師が解説するという意味ではありません。子どもが「気がついたら解説しちゃっていた」というように授業を構成するということです。音楽を「解説する」とは、必ずしも言語活動によりません。歌い方を工夫すること、身体表現で表すことなども立派な「解説」です[9]。

先にあげた、アンダーソン作曲《おどる子ねこ》の例で考えてみましょう。この曲は、猫がワルツを踊っている様子を描写した曲ですが、最後に犬が吠え、猫たちが逃げていっておしまいになります。猫たちが踊る場面では、時々鳴いている様子も描写されています。これを、全部先生が解説してしまったら、子どもは鑑賞してもおさらいをするだけです。猫組と犬組に分かれて、猫たちは鳴いたり揺れたりしながら、犬組はじっと待機して、出番を待ちながら聴いてみましょう。曲を聴きながら動作で表すことで、曲の仕組みを感じ取っている様子がわかります。また、子ども相互に、猫の鳴き声の部分はどこか、出番はどこかと相談しあうことになります。つまり、子どもが自分たちで曲についての解説をつくることになるのです。

「こうなっています。歌いましょう」あるいは「こういう曲です。聴きましょう」という形態から、「次はどうなる？」と楽曲を探検していくような形態にすることが、授業を面白くさせるのです。

就学前の学習スタイルを参考にしながら、少しずつ学んでいる面白さをつかませていきたいものです。

注および引用文献

1) 幼小接続期カリキュラムの状況については、たとえば以下のようなサイトを参照されたい。

　「幼小接続期カリキュラム全国自治体調査」

　https://www.nier.go.jp/youji_kyoiku_kenkyu_center/youshou_curr.html（2020 年 1 月 5 日アクセス）

2) この 5 領域は、「保育士保育指針」では 3 歳児以降の保育の内容に提示されているものを指している。

3) いずれも、第 48 回中国・四国音楽教育研究大会（香川大会　平成 29 年 10 月 27 日開催）における幼稚園部会公開保育内容である。

4) L. アンダーソン作曲の《おどる子ねこ》の例である。（詳細は、山中文「おどる子ねこ」八木正一編著『小学校中学校鑑賞教材の指導・全事例』学事出版、1993、pp.36-37 参照）

5) この指示は、八木正一『楽しい音楽　教材・アイデア・授業づくり』国土社、1991、pp.128-129、を参考にした。

6) 指示については、以下の著書などが参考になる。

　岩下修『教育新書 67　A させたいなら B といえ』明治図書、1989。

　教育技術中央研究所編、岩下修他『支援の技術シリーズ（34）子どもを励ます授業中の言葉かけ　低学年』明治図書、1998。

7) 例えば、ヤマハ音楽教室 HP（http://www.yamaha-ongaku.com/music-school/music_school/）などに詳しく掲載されている（2020 年 1 月 5 日アクセス）。

8) 山中文「保育者の発話に学ぶ音楽指導」『音楽文化の創造』41、財団法人音楽文化創造、2006、pp.64-66 参照。

9) 山中文「「解説」型鑑賞授業のすすめ」『音楽文化の創造』54、財団法人音楽文化創造、2009、pp.50-53 参照。

第7節　教育実習

1．教育実習に向けて

　教育実習は、大学の教職課程で学んだことを実際の教育現場で実践し、学校教育に関する理解を深めるとともに、自ら「教師」としての課題をみつけ、探求する場です。教育実習に取り組む際に重要なことは、「学生」から「教師」へと自身の立場が変わることを意識することです。子どもにとっては、たとえ実習生であっても「先生」です。教師としての自覚をもって子どもに接しましょう。

　また教育実習では、学校現場で子どもと関わり、さまざまな体験をするなかで、児童の実態や学級経営から学校運営に至るまで、幅広く学びます。教育実習をより有意義なものにするために、実習に向けて入念な準備をしましょう。教育実習を終えた学生のみなさんの感想には、「もっと事前に準備をしておけばよかった」という意見が多くみられますが、なかでも教科指導のための準備は最も重要です。

2．音楽授業を行うための事前準備

　教育実習の目的の1つに、実践的な指導力を身につけることがあげられます。音楽科における実践的な指導力を身につけるための前提として、第1に、音楽科の目標や内容など、音楽科に関する理論や知識を習得していなければなりません。学校教育のなかで音楽科がなぜ必要とされているのか、そこで何が求められているのか、何を教えなければならないのかなど、教科の理念をおさえておくことが重要です。また、小学校学習指導要領・音楽に示されている「音楽科の目標」、「各学年の目標及び内容」、「指導計画の作成と内容の取扱い」も確認しておきましょう。これらの内容については、「音楽科教育法」や「音楽科研究法」など教育課程及び指導法に関する科目の授業ですでに学んでいると思いますが、実習に行くまえに再度確認しておきましょう。

　第2に、教材研究を入念に行いましょう。教材となる楽曲の構成や音楽的特徴の検討から、作曲者についての情報やその曲がつくられた背景、歌詞があれば歌詞の意味の検討まで、多角的に教材を分析、解釈します。この作業を通して、その教材の教育的意義がどこにあるのか、またそれをどのように指導していくのかを明確にしましょう。このような教材研究をするためには、指導書、参考図書、音源などの資料が必要となります。しかし、なかにはすぐに入手できないものもあります。そのため、教材研究にはできるだけ早く取り組みましょう。

　第3に、音楽科では実習までに音楽的な技術を習得しておく必要があります。例えば、子どもの前で範唱し、ピアノやリコーダーなどを範奏する技術が必要になります。このような技術は一朝一夕には身につきません。子どもの前で自信をもって演奏するためには、日ごろからの鍛錬が必要です。また、授業は当然、子どもの様子を見ながら進めなければなりません。自分の演奏に精一杯で、子どもの様子をみる余裕がないということがないように、十分に練習しておきましょう。

　その他にも、子どもの発達段階について理解を深めることや、実習校の児童の実態を把握することなど、事前にやるべきことはたくさんあります。しっかりと準備して実習に臨みましょう。

3．授業観察の留意点

　授業全体の流れを観察する際には、第1に、「導入」－「展開」－「まとめ」という区分で整理して観察するとよいでしょう。導入では、どのように学習者の興味をひきつけているのか、展開では、どのように学習のねらいに迫っているのか、最後はどのようにまとめているのかなどに着目しましょう。その際には、時間配分も記録しておきます。

第2に、「教師」と「児童」それぞれの行為を観察するとともに、両者がどのように関わり合っているのかも観察します。具体的には、教師がどのような指示、発問をするのか、それに対して児童がどのように反応し、答えるのかというように、相互の行為を関連づけて考察します。「教師」と「児童」の関わりを観察するなかで、音楽が苦手な子どもに対する配慮や、授業に集中できない子どもへの対応などもみておきましょう。

第3に、音楽の授業では、児童の歌声や演奏をその場で評価し、よりよい表現へと導くような指導も必要になります。児童の美しい歌声や豊かな表現を引き出すためには、「息をしっかり吸って」や「頭声的発声で」などの具体的な指示や声かけが必要です。したがって、授業観察の際には、現場の先生がどのような指示や言葉かけをしているのかにも着目しましょう。

第4に、学習指導要領に示された内容（例えば、「ハ長調の楽譜を見てうたう」という内容や、〔共通事項〕で示されている内容）が、どのように継続的・累積的に扱われているかについても着目してください。

その他、音楽室がどのように整備されているのか、個人練習の時間やグループ練習の時間がどのように配分されているのか、板書の方法や掲示物などにも注目して観察しましょう。授業観察は、児童の様子を知るとともに現場の先生による指導の工夫を学ぶ貴重な機会です。漠然と観察するのではなく、ポイントをおさえて観察し、自分が授業を実践する際に役立てましょう。

4．学習指導案の作成と音楽授業の実践

教育実習で授業を行うために、授業の具体的な計画を示す学習指導案を作成します。児童の実態を把握したうえで、学習指導案を作成しましょう。担当する児童がどのような雰囲気で授業を受けているのか、またどのようなことに関心をもっているのか、どのような音楽経験を有しているのかなどを把握する必要があります。これらは、授業観察によって、あるいは担当の指導教員に尋ねることによって把握しましょう。

次に、自分が担当する授業の題材と題材の目標に基づいて、具体的に授業の展開を考えます。授業のねらいを明確にし、それに即した教材を設定します。その教材の教育的価値を整理しておくことも必要です。これらをふまえ、授業をどのように展開するのか、「導入」－「展開」－「まとめ」といった流れを意識しながら、具体的な学習活動や教師の指導や援助、評価方法を考えましょう。さらに、分かりやすい説明や指示をするための工夫、学習を進めるのに効果的な学習形態や各活動の時間配分なども考えましょう。

実際に授業を行うまえにはシミュレーションし、ピアノやリコーダーを用いる場合には十分に練習してから授業に臨みましょう。また、授業でCDやDVDなどの機器を扱う際には、操作方法や音量などを事前に点検しておきましょう。

教育実習に行くみなさんは、子どもの前で実際に授業するという経験を通して、自分に音楽の専門的な知識や技術が不足していることや、指示や声かけの難しさなどに気づくはずです。教育実習後は、実習校の指導教員や大学の教員のアドバイスをもとに、教育実習でみつけた自らの課題に取り組みましょう。

参考文献

・木村次宏「教育実習における音楽授業の取り組み」吉富功修編著『小学校音楽科教育法　学力の構築をめざして』ふくろう出版、2010、pp.85-86。
※本節は、本書初版（木村、2010、pp.85-86）の内容を基に作成した。

Column　音楽科の授業をするにあたり、こころがけてほしいこと

　これから音楽科教育法を学ぶみなさんは、どうしたら子どもたちに音楽の楽しさや味わい方を伝えられるのかを楽しみながら、悩みながら考えていくことになると思います。すでに音楽科の授業で扱う題材や曲を考えたり、指導案を練っている人は何となく意味が分かるのではないかなと思います。そこで音楽科の授業をするにあたり、こころがけてほしいことを主に3つ書きます。第1は授業のプランをさまざまな状況を予想しながら、また目の前の子どもたちに合うものを試行錯誤して作成すること。第2は子どもたちが、音を聴きながら、感じ考えながら「音楽する」時間を設けること。第3は、教師が音楽を楽しみながら、音楽に関する知識や技能の幅を広げることです。

　まず第1ですが、授業で扱う題材を考える際には今受けもっている子どもたちに合うものなのか、どのような曲がよいか、いろいろな考えが巡るはずです。例えば、歌唱であればどれくらいの音域の曲が適切なのか、またはどんな旋律だと気持ちを乗せて歌えるか、器楽であれば成長の過程に合う楽器なのか、技能的に簡単すぎず難しすぎず、子どもが夢中になれるものかなど、迷うことがたくさんあるのではないでしょうか。しかし考えていると、このやり方なら楽しみながら学べそうだな、またはこの曲なら今のあの子たちにぴったりかもという想いが徐々に湧いてくると思います。授業の構成ができてくると子どもたちがどんな反応をするか、緊張しつつもわくわくしながら準備に取りかかれるはずです。

　そして第2、授業のなかで子どもたちが「今の音の響きは、この音を変えるとどうなるだろう。」「この音の方が私は好きだな。」など、音と向き合う時間や、それを子ども同士で聴き合う時間があるとよいと思います。音楽科では「○○ができるようになる」ということも子どもが夢中になれる目標ですが、身につけた力を使って、1人ひとりが独創的になれることも大切にしたいことの1つです。正解はなく、その時の自分たちにしか出せない音、自分たちにしかできない音楽があることに気付かせてみてください。

　では、計画を立てた後、実際に授業を行なっているとき、どんなことが起こるでしょうか。予想もしていなかった発言や行動に最初は戸惑うかもしれません。音楽科は特に「音」を扱う教科なのできちんとルールを決めていないと、授業中、声や楽器の音などが溢れて教師の指示が伝わらないということもあります。さまざまな状況を経験しながら、授業を改良してみてください。予想できる状況には対処法をもっておくことに加えて、初めからすべての事態をカバーし、上手にできるとは思わず、「こうきたか。であれば……」というように挑戦する気持ちで臨んでみてください。

　そして第3です。授業をするうえでとても大事なことは、教師が音楽を楽しんでいるかということです。子どもたちは教師が思っている以上に「先生」の様子をよく見ています。教師が歌や楽器が上手であれ下手であれ（小学校教員養成課程の人のなかには当然実技が得意な人も不得意な人もいると思います。）歌ったり演奏したりすることを子どもと一緒に楽しみながらしているか、または鑑賞する曲に面白さを感じているかで子どもたちの音楽の授業への関心度は大きく変わります。教師がわくわくしていたり、一生懸命になっていたりする気持ち、言葉では伝えきれない気持ちは子どもたちにじわじわと伝わっているはずです。そして、教師は教えると同時に自身にとって新しい刺激を求めることも忘れてはならないと思います。いつも聴いている、歌っているお気に入りのアーティストの曲のみならず世界のさまざまな音楽（ロック、ジャズ、ポップス、ブルース、ボサノヴァ、民族音楽、日本の伝統音楽など）を聴くことや演奏することにチャレンジしてみると心が動く音と出会えるかもしれません。それが授業を考える時のヒントになることもあるでしょう。あくまで楽しみながら好奇心をもって音楽に触れてみてください。

　音楽の授業は子どもたちにとって音を楽しむと同時に創造的になれる時間でもあります。教師として迷うこともたくさんあるとは思いますが、子どもたちが音楽に浸り、自主的に「もっと○○してみたい」と感じる時間をもてるよう、もがきながら、楽しみながら準備をしてみてください。

第5章　特色のある音楽教育

第1節　ジャック＝ダルクローズのリトミック

1．ジャック＝ダルクローズ

　エミール・ジャック＝ダルクローズ（1865 − 1950）は、スイスのジュネーヴ、フランスのパリ、オーストリアのウィーンなどで音楽の勉強をした音楽教育家・作曲家です。

　若い頃から今日のリトミックの原型となるアイディアや理論を発表しました。27 歳のときにジュネーヴ音楽学校の和声理論の教授に任命され、数多くの音楽作品を作曲するとともに、リトミックの講演を行い、のちに音楽学校のリトミックの特別クラスを設置します。彼は幼い子どもがゆっくり歩いている途中で指示に従って急に止まったり、歩幅を伸ばしたりすることがなかなかできないのを見て、子どもの耳やのどを適切に訓練するだけではなく、自然におこる衝動によって心を揺さぶったり、緊張・弛緩する筋肉組織や神経組織をも訓練することによって、さまざまな音楽を表現するための反応や動きの調和を生起させることが重要であると考えました。「まず最初に、歩く技術をわきまえることから始め、声と動きとからだ全体の動きを合わせることに進む」という彼の言葉は、リトミックの根本を示しています。

　のちにジャック＝ダルクローズ研究所（教育施設）を設立し、リトミックが国際的に注目されるようになります。ダルクローズの教育法は世界中に大きな影響を与え、現在もなおリトミックの研究と実践が行われています。

2．リトミックがめざすもの

　リトミックを簡単に説明するならば、「内的聴取力」（楽器を使わずに頭の中で音楽的印象を喚起させる能力）を高めるために、音楽を聴き取り、身体運動へとつなげ、自由な演奏や表現を導くこと、と言えます。音楽を演奏する際に、ただ単に楽譜に書かれた音符を音にするだけでは、躍動感のない機械的な音楽となることでしょう。また、音楽は、地域や民族によって特有のリズムや拍やアクセントをもっており、多様なものです。したがって、多様な音楽に対応できる「意識的なからだ（筋肉）の動き」を強化し、音楽のもつエネルギーを感じ取って自分の力で音楽を演奏するための準備が大切となります。そのためには、一連の筋肉運動感覚のプロセス、つまり頭で曲の速度や音の長さなどの情報を判断し、神経組織を通じてからだへ命令を発することによって演奏を行い、そのつどの状況に応じてフィードバックをして再び頭で調整を行うことが必要不可欠となります。

　では次に、この筋肉運動感覚を意識的にコントロールするための基本的なトレーニング（身体運動）について、拍節感とリズムを中心にみていきましょう。

3．拍節感とリズム

1）拍節感を感じてステップしよう

　音楽的な表現のなかで重要となるものが「拍節感」です。拍節感とは、単にメトロノームによって機械的に刻まれる拍のことではありません。演奏される音楽が音楽的に聞こえるために、3 拍子の曲には

3拍子らしい拍節感が、4拍子の曲には4拍子らしい拍節感が必要です。リトミックでは、そのような拍節感を生み出すために、全身の動きを使ってステップ（歩いたり走ったりすること）します。

　例えば、4拍子にのってステップをするには、

①全音符で動く
②2分音符で動く
③4分音符で動く
④8分音符で動く
⑤16分音符で動く
⑥これらを組み合わせたリズムパターンで動く

などが考えられます。

　最も大きな動きである「全音符で動く」ことから始めてみましょう。どのような音の長さや速さやリズムであっても、からだの動きの基本動作には、①準備、②アタック、③延長、の3つの連続する段階があります。①は1拍目を大きく踏み出すための予備動作で指揮者の合図と同じです。そして②で、1拍目を大きく、深く踏み出します。その直後から、③でゆっくり「…にぃ、さん、しぃ…」と上へ上がると同時に前へ進みます。

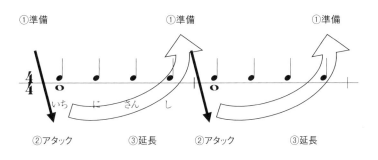

図5－1　ステップのイメージ

　図5－1はゆっくりとした速度のなかで4拍を全音符で動いた場合の例ですが、このように時間が長い場合には動きのエネルギーも大きくなり、ステップは深くなります。また、重い感じを表現するようになります。一方、同じ4拍でも速度が速い場合（速い曲）や、4分音符や8分音符など時間が短い場合には動きのエネルギーは小さくなり、ステップは浅くなります。また、軽い感じを表現するようになります。これらを利用して、曲をどのように表現したいのかというアイディアに基づいて、ステップの「深さ・浅さ」、「重さ・軽さ」や、どれだけ前に進むのか（1歩の歩幅がどれだけ大きいか）という音の勢い（速度）を考えてステップを構成します。全音符と4分音符を実際にステップしてみると、それぞれ異なったからだの使い方をすることに気づくでしょう。このようなからだのさまざまな使い方から豊かな音楽表現が生まれるのです。

　ここまでは主に下半身の動き（足のステップ）をみてきました。さらに、上半身の動き（手や腕、おなかや背中や胸の筋肉の動き）を加え、全身の動きへ発展させることによって、音楽的な拍節感のエネルギーをさらに体感することができます。

2）リズム打ちしてみよう

　次に、机や腿（もも）を打ったり、手拍子したりすることによって、リズムの組み合わせを学習しま

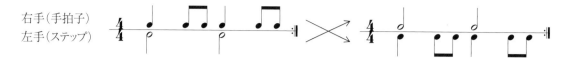

右手（手拍子）
左手（ステップ）

す。先述したステップと同様に、①準備、②アタック、③延長、の連続的なくり返しが行われます。

上のリズム譜を例にみてみましょう。左側上段（♩ ♫♩♫）を右手で打ってみます。4分音符と8分音符では音の長さが異なり、音のもつエネルギーの大きさも異なるので、4分音符よりも8分音符の方が空中の手の動きが小さくなります。この右手の動きに、左手で2分音符（♩　　♩）の動きをつけてみます。右手が♩♫♩♫を打っている間の2拍分を感じ取ることが大切です。慣れてきたら、右手と左手のリズムを入れ換えて同じように打ってみます。さらに、左手パートをステップに、右手パートを手拍子に置き換えて、全身の動きでトレーニングしてみましょう。

このようなからだの動きを通した拍節感やリズムの学習を基礎として、より複雑なリズムの要素、ダイナミクス（音の強弱）、フレージング（音楽のまとまり）などの学習へと発展していきます。

4. なぜ、リトミックなのか

音楽はしばしば「頭とからだと心」が協応して成立するものだと言われます。音楽を聴いて、心地よさを感じたり、具体的な感情を抱いたりすることは誰もが経験したことがあるでしょう。また、演奏する際にも、感情を込めて演奏したり、具体的な情景を想像しながら演奏します。「頭とからだと心」による音楽とは、このような心の作用を頭で「音楽的に分析」したり「音楽的な情報を収集・処理」し、それをからだの動きへと転換し、筋肉をコントロールしながら音を現実化していく一連の作業を指しています。そしてこの一連の作業をスムーズに行うためにリトミックは極めて有効であることが、多くの教育関係者によって認識されています。

からだを通したリズム運動によって、さまざまな感覚を統合しながら学習が行われるという点で、創造的かつ自立的な音楽的活動やコミュニケーションを可能にするリトミックに注目が集まっています。特に幼児期・児童期にはリトミックの体験が発達心理学的に適しており、その時期に種をまくことによって、その後の音楽生活においてより高度な学習をする際の手助けとなります。

この節ではリズムの観点からリトミックの一部を述べましたが、リトミックにはそれ以外にも音の高さを把握したり、音楽の流れを構成したり、瞬時に反応して即興的に演奏したりすることも含まれています。しかし、いずれにしても「からだの動き（身体性）」を基盤として、自らの意思で音楽を創造することをめざしています。まず実際に音楽に合わせてさまざまなステップをふんだり、リズムの学習をしたりするなかで、音楽的な流れを失わない柔軟な演奏や表現ができるようになりましょう。

主要参考文献

チョクシー, L. 、エイブラムソン, R. 、ガレスピー, A. 、ウッズ, D. ／板野和彦訳『音楽教育メソードの比較』全音楽譜出版社、1994。

石丸由理『リトミック教育のための原理と指針　ダルクローズのリトミック』ドレミ楽譜出版社、2002。

ジャック＝ダルクローズ, E. ／板野平訳『リズムと音楽と教育』全音楽譜出版社、1975。

マルタン, F. ほか／板野平訳『作曲家・リトミック創設者　エミール・ジャック＝ダルクローズ』全音楽譜出版社、1977。

ミード, V. H. ／神原雅之、板野和彦、山下薫子訳『ダルクローズ・アプローチによる子どものための音楽授業』ふくろう出版、2006。

日本ダルクローズ音楽教育学会編『リトミック研究の現在』開成出版、2003。

第2節　コダーイ・コンセプトに基づいた音楽教育法

1．コダーイ・ゾルターン

　コダーイ・ゾルターンは、1882年にハンガリーのケチュケメートで生まれ、1967年にブダペストで没した、ハンガリーを代表する作曲家であり、音楽教育家です。コダーイのコンセプトに基づいて、彼の協力者や弟子たちが構築した音楽教育法は、ハンガリー国内だけではなく、欧米や我が国に大きな影響を与えた優れた音楽教育法です。幼児期からの系統的な音楽教育の必要性を認識したコダーイは、幼稚園や保育所での音楽教育を特に重視しました。この就学前教育で獲得された基礎的な音楽的能力と、培われた自国のわらべうたや民謡のレパートリーに基づいて、小学校以降での系統的な音楽教育が行われます。

　作曲の勉強をするうちに、自国の民謡に興味をもったコダーイは、バルトーク・ベーラ（現代音楽の著名な作曲家）と共に、ハンガリーの民謡収集に努めました。1907年にブダペストの音楽アカデミーの教師となり、音楽理論や作曲の教授をするかたわら、作曲活動も活発に行いました。コダーイは、民族的旋律や新しい和声を使用し、ハンガリーの民族性を感じさせる作品を数多く残しました。代表的な作品には、《ハンガリー詩篇》《ハーリ・ヤーノシュ組曲》などがあります。

　コダーイが本格的に民衆の音楽教育活動を始めたのは、1940年代からです。「音楽は万人のためのもの」というスローガンを掲げ、民謡に基づいたソルフェージュ教育に力を入れました。1950年ケチュケメートで、友人であるネメッシュツィゲーニ・マルタ校長のもとで、特別な音楽教育を行う小学校が設立されました。この学校で実践され体系化されたコダーイ・コンセプトに基づいた音楽教育法は、保育園から音楽学校、ブダペストのフランツ・リスト音楽院に至るまでの広範囲にわたって、系統的に行われました。年少児の音楽教育から音楽の専門教育にまで至る段階的・系統的プログラムによって、ハンガリーの音楽教育は多大な成果をあげ、全世界から注目されるようになりました。

2．コダーイ・コンセプト

　コダーイ・コンセプトとは、コダーイの音楽教育理念と音楽指導原理を指しています。コダーイの音楽教育理念は、次のようにまとめることができます。

　①音楽教育はできるだけ早い時期から始めなければならない。

　②すべての人に音楽の読み書きができるようにしなければならない。

　③自国のわらべうたを歌うことによる音楽教育が必要である。

　④幼児期には、遊びながら歌うことが特に重要である。

　わらべうたは、自国語のイントーネーションやアクセントを如実に表しているものです。自国のわらべうたを繰り返し歌うことは、自国語のマスターにつながるだけでなく、音程感やリズム感を自然に獲得することにもなります。また、1つのわらべうたを、遊びをさまざまに変えながら何度も歌うことが大切です。多種多様な遊びを工夫することによって、子どもは飽きずに歌います。子どもにとっては遊びでありながら、じつは音高・音程感やリズム感などの音楽の基礎を養うことになるのです。

　コダーイの音楽指導原理は、彼のオリジナルではなく、さまざまな先人たちの指導法を参考にしたものです。コダーイ・コンセプトの音楽指導法の特徴的なものは、①移動ド唱法（グイード、ウェーバー、フンデッガーら）、②ハンドサイン（カーウェン）、③リズムシラブル唱（ガラン、パリ、シュヴェ）です。移動ド唱法は、音階の構成音をシラブルで表し、各調の開始音をドとして歌う唱法で、音程感の育成に必要不可欠なものです。ハンドサインは、音の高低を手・指と腕の形と位置で表すもので、視覚的にまた身体感覚的に音高感を把握するのに役立ちます。また、リズムシラブル唱は、音価をシラブルで

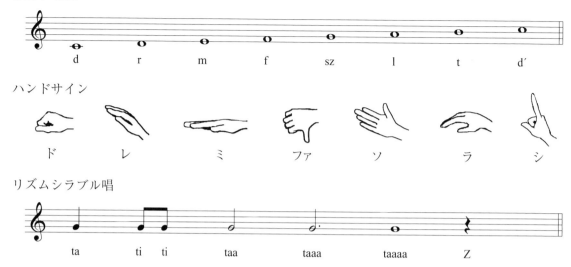

移動ド唱法

d　r　m　f　sz　l　t　d´

ハンドサイン

ド　レ　ミ　ファ　ソ　ラ　シ

リズムシラブル唱

ta　ti ti　taa　taaa　taaaa　Z

表して歌う唱法で、リズム感の育成に役立ちます。

3．音楽技能の育成

　コダーイ・コンセプトに基づいた音楽教育法は、就学前教育と小学校で実践され、音楽技能の育成が体系的・段階的に行われます。音楽技能の育成の際に留意すべきことは、①遊びを多くする、②いろいろなわらべうたや民謡や楽器を使う、③簡単なものから難しいものへと進む、ということです。さらに先生は、子どもに指導のルールを守らせながら、音楽の楽しみも感じさせないといけません。最初の主となる音楽的能力は、均等な基本拍、リズム感、音高感、音程感、聴取力（識別力）、内的聴覚です。

　音楽の学習は、まず自国のわらべうたを歌うことから始まります。就学前教育では遊びながら歌うことが主となります。いろいろな遊びをしながら歌うことで、飽きずにわらべうたや民謡を覚えます。この際に、歌いながら歩く、リズムをたたきながら歌うことによって、均等な基本拍やリズム感を養います。また、大きい／小さい、速い／遅い、高い／低いなどを歌や楽器によって、あるいは身体の動作で表すことを繰り返すことによって、これらの識別が体得されます。さらに、楽音と非楽音、声種などを聴き分けることによって、聴取力を身につけます。わらべうたや民謡の旋律やリズムを記憶することは、内的聴覚の育成に結びつきます。すなわち、旋律やリズムの一部を聴いて何の曲かわかったり、サイレントシンギング（教師の合図で声に出さずに心のなかだけで歌うこと）したりして、旋律を心のなかで（頭のなかで）認知し、再現できる能力を育成するのです。図5－2は、就学前教育と小学校教育の関係性を表しています。就学前教育は、小学校教育の準備段階です。就学前教育の音楽活動は、小学校で行う音楽の読み書きのための準備なのです。

　音楽の知識を音楽の技能に結びつけるには、3つの段階があります。**第1は聴いてわかる、第2は書ける、第3は書いたものを再表現できる**、の3つです。小学校以降では音楽の学習は主として聴覚で行います。音楽技能を育成するためには、音楽のいろいろな特徴または部分を注意深く聴かせて、子どもに音楽の知識に気づかせます。この

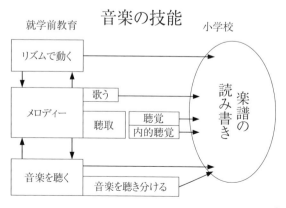

図5－2　就学前教育と小学校における音楽の技能[1]

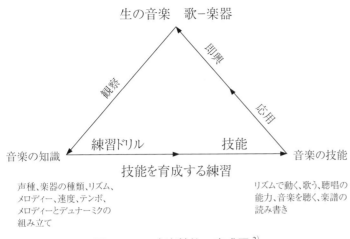

図5－3　音楽技能の育成図 [2]

音楽の知識を、いろいろな方法で、またいろいろな活動で練習させ自立してできるようになったら、音楽技能が獲得されたことになります。音楽技能の育成の過程を表したものが図5－3です。

まず、生の音楽を歌ったり楽器で演奏したりします。そのなかで音型やリズムを観察することによって、音楽の知識（声種、楽器の種類、リズム、メロディー、速度、テンポ、メロディーとデュナーミクの組み立てなど）に気づかせます。これらの知識が音楽の技能として使えるようになるために、技能を育成する練習をします。図5－3のなかの練習ドリルと技能の違いは、自立してできるかどうかの差です。子どもは最初のうちは練習ドリルを1人ではできないので、先生の助けが必要ですが、しだいに自分でできるようになります。自立してできるようになったら、技能となります。技能が習得されると、子どもは音楽の知識を応用できるようになります。さらに、自分でも音楽の知識と技能を使って、新しい曲を作ることができるようになります。音楽の知識と技能が身につくまでの時間は子どもによって違いますが、音楽の知識を音楽の技能まで結びつけるには、技能を育成する練習を繰り返し繰り返し行うことが必要です。練習しないで獲得されることはめったにありません。

音楽の活動をするときには、実際にはいろいろな音楽の技能を使っています。例えば、視唱するときには、楽譜に書いてある音を理解し、その音を内的聴覚によって頭のなかで鳴らし、それを実際に声に出して歌い、さらにその音を聴きながら自分で調整するのです。このような複雑なプロセスは、それぞれの作業が自動的に行えないとできません。それぞれの作業が自動的に行えるようになると、視唱というまとまった行為になるのです。

コダーイは、**聴覚で音をとらえること、内的聴覚で音楽を想像・創造すること、楽譜から音楽を再表現すること**、を重要視していました。内的聴覚と、音楽を再表現するために必要な身体的機能を動かすことを強く結びつけるためには、就学前教育と小学校において、旋律を腕の動きで表したり、ハンドサインをしながら歌ったり、旋律の一部を隠してサイレントシンギングしたり、交互唱やカノンをしたり、リズムオスティナートをつけながら歌ったりすることが必要なのです。

4．コダーイ・コンセプトに基づいた音楽指導法
1）基本拍、アクセント、リズム

手をつないで丸くなり、うたを歌いながら、基本拍で歩きます。そのとき、身体の向きが進行方向に向かって真っすぐになるようにします。横歩きはしません。次に、手を離し、うたのリズムに合わせて手拍子を打ちながら歩きます。次に2重の輪になり、それぞれ逆の方向へ回りながら、外側の円は基本拍で手拍子をしながら、内側の円はリズム打ちをしながら歩きます。次に、2重の円で向き合い、うたに合わせて、強拍のときにはお互いの両手を打ち合わせ、弱拍のときには自分の膝を打ちます。これらは、常に歌いながらするということを忘れないでください。

均等な基本拍で、歌いながら歩くということはとても大切なことです。いろいろなうたで、さまざまな動作によって行います。うず巻き（手をつないで、先頭が円の内側をまわり、うずを巻くように歩く。

うずを巻き終えたら、外側の円の手の間をくぐり抜けていき、うずを解く）や、門くぐり（2人の子ど
もに両手を合わせて門をつくらせ、その門の間を、その他の子どもが手をつないで、歌いながら歩く。
門が閉じてつかまった子どもが門の役を交代する）など、いろいろな隊形でします。子どもにとっては
あくまでもゲームですが、指導者は、きちんと歌うことと、テンポに気をつけてください。ゲームに興
じると子どもは速く歩きたがりますが、指導者が速度変化の意図をもっている場合を除いて、基本的に
はテンポは一定にすることが大切です。

2）大きい／小さい、速い／遅い、高い／低い

　歌いながら、指導者が声の大きさを変えます。大きく歌うときは立って、小さく歌うときには身をか
がめて小さくなります。身体で表現をすることによって、感覚的に大小を識別させます。

　指導者は、うたを歌いながら歩き、途中で意図的に速さを変えます。随時子どもにそれを真似させ、
変化した速さに合わせて、歩きながら歌わせます。この場合に、速さを変えるのはあくまでも指導者で
あって、子どもに合わせてはいけません。

　指導者が、高い声、中くらいの声、低い声を出します。同時に高い声のときには跳び上がる、低い声
のときにはしゃがんでみせます。子どもにもそれを真似させます。

　歌いながら、旋律の高低にそって、腕を上下させます。初期に用いるわらべうたは、2音か3音でで
きていますから、高低は、高い－低い、高い－中くらい－低いとなり、何種類もの高さは出てきません。
この腕で表す高低は、旋律の記譜へとつながるものです。

　指導者が口からある音高の音を出し、それを手ですくうようにして人に渡します。渡された人は同じ
音高を保ちながら、次の人に渡します。次に、口から出したある音高の音を両手で囲って、囲うと同時
にサイレントシンギングし、それを次の人に渡します。渡された人は同じ音高で音を出し、それを両手
で囲ってサイレントシンギングし、次の人に渡します。短いフレーズを同じようにして、次の人に渡し
ます。これらはすべて同じ音高で受け渡すことが大切です。

3）内的聴覚

　たくさんのわらべうたを、それぞれいろいろな遊びや動作を伴って何回も歌って覚えたら、内的聴覚
の指導に入ります。つまり、子どもがわらべうたの旋律やリズムを記憶していないと、内的聴覚は育成
できないのです。指導者と子どもが交互にうたのフレーズを歌います。また、歌わないでリズム打ちだ
けして、慣れてきたらリズムの交互打ちをします。歌わずにリズム打ちをするためには、頭のなかで旋
律を歌っていることが必要です。また、交互唱・交互奏では、相手が演奏しているときに頭のなかでそ
れを歌ったり、打ったりすることになります。これが内的聴覚育成の最初の段階です。次に皆でわらべ
うたを歌っている途中で、指導者が合図をしたら、子どもは、声に出さずに頭のなかで歌います。再度
合図があったら、声に出して歌います。これは簡単なようですが、合図のあと、声を出して歌ったとき
に、全員の声をぴったり合わせるのには、さまざまな能力が必要です。頭のなかで、正確な音高とリズ
ムと速さでうたが歌えていなければなりません。ここに、わらべうた遊びをしながら培った、均等な基
本拍とリズム感と音高感と音程感が必要となるのです。

　次は記憶の問題になります。指導者が、わらべうたの冒頭部分をハミングで歌ってみせます。それが
何のうたであるか、子どもが当て、それを一緒に歌います。次に、指導者がわらべうたをリズム打ちし
ます。子どもがそのリズムを聴いて、何のうたであるか当て、みんなでそのうたを一緒に歌います。曲
名がわかるということは、提示されたリズムに合わせて頭のなかには旋律が流れているということです。

4) リズムの記譜

　以上のようにして、均等な基本拍、リズム感、音高感、音程感が体得されたら、楽譜の学習へと入っていきます。リズムの記号を教えるにも、いきなり5線譜は用いません。子どもを数人前に出し、音価（音の長さ）を身体で表現させます。立っている子どもはタ（4分音符）、手をつないでいる子どもはティティ（8分音符）、両手を挙げている子どもはスン（4分休符）を表します。並んでいる子どもを見て、リズムシラブル唱（タ、ティティ、スン）しながら手拍子します。さらに、それをリズム譜で表します。次の段階では、リズム譜を子どもに書かせます。タに○、ティティに△、スンにZをつけて、手拍子させます。次に、リズム譜を消し、○と△とZだけを見て手拍子します。

5) 旋律の記譜

　うたを歌いながら、5線黒板上にマグネットの黄色の符頭を置いて、うたの旋律線を表します。開始音高の符頭を線に置いたり間に置いたりして、いろいろな高さで練習します。

　5線の線や間に横長のマグネットを置いて音高を示し、それに合わせてドレミでシラブル唱します。横長のマグネットの表（緑色）で音高が示されているときは声に出して歌い、裏（赤色）で音高が示されているときにはサイレントシンギングします。

　4分音符2つのリズムカードと、シンコペーションのリズムカードを交互に2枚ずつ並べ、そのリズムに合わせて、ラドレミの音を使って、即興的に旋律を作って歌います。

5. まとめ

　コダーイ・コンセプトに基づいた音楽教育では、次のようなことに留意しなくてはなりません。

　歌いながら遊ぶことは大切ですが、遊ぶだけで歌わないのなら、それは音楽教育ではありません。つまり、音楽するときにはきちんとさせなくてはならないのです。うたに合わせて歩くときは、基本拍で正確に歩かせる、リズム打ちはうたに合わせて正確に行う、などを徹底しなければ、均等な基本拍や正確なリズム感を身につけさせることはできません。また正確な音高で清潔に歌うことも大切です。子どもがふざけて怒鳴り声で歌ったり、違うピッチで歌ったりしたら、その場ですぐに中断し、直さなくてはなりません。これを徹底しないと、内的聴覚の育成はできないのです。

　質のよい音楽情報をたくさんインプットしないかぎり、内的聴覚は育ちません。また、子どもの即興的音楽表現は、内的聴覚のなかにあるものからしか生まれないのです。

引用文献

1) 2) Pajor Márta ／ Szirmai Monika 訳、三村真弓校閲「ハンガリーの音楽教育−コダーイ・コンセプト−」『音楽教育学』第39巻第2号、2009、pp.34-35。

主要参考文献

・Pajor Márta ／ Szirmai Monika 訳、三村真弓校閲「ハンガリーの音楽教育−コダーイ・コンセプト−」『音楽教育学』第39巻第2号、2009、pp.32-36。
・Pajor Márta ／ Szirmai Monika 訳、三村真弓校閲「コダーイ・コンセプトに基づいた音楽指導」『音楽教育学』第39巻第2号、2009、pp.37-38。

第3節　オルフの音楽教育

1．はじめに

　カール・オルフは1895年にドイツのミュンヘンで生まれ、1982年にミュンヘンで没した作曲家で音楽教育家です。1914年に、ミュンヘン音楽アカデミーを卒業し、その後ミュンヘンなどでオペラの指揮者を務めています。オルフの主要な芸術作品には、《カルミナ・ブラーナ》（1937）に代表される舞台上演のためのカンタータ、《月》（1939）や《賢い女》（1943）に代表されるオペラがあります。これらのカンタータやオペラは、その題材をドイツ、特にバイエルンの伝承や民話、さらに中世や古代に求めています。またそれらでは、オスティナートなどの単純で直接的な技法が多用されています。管弦楽法も楽器編成も非常に特徴的です。その純粋で透明な響きはオルフ独特の世界を表現しています。このように、オルフの作曲家としてのスタートは、純粋に芸術家としてのものでした。

　現在では、カール・オルフの名声は、ドイツを代表する現代作曲家の1人であるということに加えて、「オルフ・シュールヴェルク」の作曲者、オルフ・メソードの創始者としての業績に依っています。上記のようにオルフは、最初からオルフ・メソードを構想していたわけではありません。若い頃のオルフは、有名なイサドラ・ダンカンらによって主導された「新舞踏運動」の一員であった、マリー・ウイグマンやドロシー・ギュンターらの革新的な舞踏を表現する音楽を作曲する機会を得て、それまではオーケストラ・ピットに目立たぬように位置づけられていたオーケストラを、ダンサーたちと同じ舞台上に配置したり、ダンサーたちが各種の打楽器を即興演奏したりする手法を開発しました。

　オルフの音楽教育とのかかわりは、ドロシー・ギュンターと共に、1924年にミュンヘンに開設した、ダンスと体操と音楽のための「ギュンター学校（Günther-Schule）」で始まりました。そこでは、ギュンターが舞踏と体操の責任者であり、オルフは音楽の責任者でした。オルフは、それまでの経験から、ダンサーにも音楽家にもリズム感が欠如していることを痛感しており、ギュンター学校では、リズム教育を重視しました。こうしたギュンター学校での実践は高い評価を得て、プロ・アマを問わず、多くのダンサーがギュンター学校を訪れました。

2．オルフ・シュールヴェルク　子どものための音楽

　1948年に、ババリア放送局から、子どものために、かつてのギュンター学校での実践を数回に分けて放送してほしい旨の依頼が、オルフにありました。これまでのギュンター学校での実践は、成人を対象としたものであり、それらを子どものために改編する必要がありました。オルフは、ギュンター学校での実践を子どものために抜本的に改編し、その放送は、当初の数回の予定から大きく延び、5年間も続きました。それらをまとめたものが、1950年から1954年の間に出版された全5巻の「オルフ・シュールヴェルク　子どものための音楽（ORFF-SCHULEWELK MUSIK FÜR KINDER）」です。SCHULEは学校（school）のことであり、WELKは作品（work）のことです。したがってオルフ・シュールヴェルク（ORFF-SCHULEWELK）とは、オルフの学校教育のための作品、ということになります。「オルフ・シュールヴェルク」には、「子どものための音楽」以外にも、「JUGENDMUSIK」や「LIEDER FÜR DIE SCHULE」などがあり、その全容は膨大なものです。

1）オルフの音楽教育の特徴

⑴　個の発生は系統の発生を繰り返す、という生物学的理論を音楽教育に適用しました。

　音楽の最も原初的なあり方は、自ら創り、自ら奏で、自ら歌い、自ら踊る、という姿です。「オルフ・

シュールヴェルク」には、そうした音楽の原初的な存在が示されています。またオルフは、バイエルン地方の子どもの歌を広範に採集し、それらのなかから旋律構成音を、短3度音程のソ・ミの2音から始まり→3音（ミ・ソ・ラ）→4音（レ・ミ・ソ・ラ）→5音（ド・レ・ミ・ソ・ラ）へと展開します。この5音音階（ペンタ・トニック）は、バイエルン地方や多くのヨーロッパに固有なものです。

　日本のペンタ・トニックの場合には、まったく異なります。まず長2度音程のラ・ソの2音から始まり→3音（ミ・ソ・ラ、あるいはソ・ラ・シ）→4音（ミ・ソ・ラ・シ）→5音（レ・ミ・ソ・ラ・シ）へと展開します。

オルフ・シュールヴェルクのペンタ・トニックへの展開

日本のわらべうたのペンタ・トニックへの展開

　日本のわらべうたのペンタ・トニックは陽旋法のものであり、その他に、陰旋法のペンタ・トニック、琉球旋法のペンタ・トニックもあります。

　これらのペンタ・トニックにみられるように、音楽語法は、それぞれの国や文化によって非常に異なっています。オルフ・シュールヴェルクをとり入れる際には、ドイツ語とドイツのペンタ・トニックに基づいたものをそのまま導入するのではなく、それぞれの国や地域の言葉と音楽語法に基礎を置く方法での導入が必要です。

(2)　**母国語を出発点とする体系的な教授法を考案しました。**

　オルフ・シュールヴェルクは、ドイツ語を出発点としています。「オルフ・シュールヴェルク」には、「ことばの練習」が設定されています。日本語版では、花の名前、友だちの名前、動物や鳥の鳴き声、物売りの声、遊びのよびかけ、などで「ことばの練習」が行われています。

　さらに、言葉によるよびかけと応答もよく用いられます。まず、明確な音高がない、話し言葉でリズムと拍節感を強調したよびかけと応答を練習します。次に、わらべ歌音階を用いたよびかけと応答の例を示します。

　オルフにとっては、ドイツ語が母国語です。その母国語から出発し、その国の、その地域の子どもの歌からさまざまな音楽語法を構築しています。具体的には、**言葉→言葉のリズム→リズム→旋律**というように示すことができるでしょう。オルフ・シュールヴェルクは、多くの国の言葉に翻訳され、多くの国で実践されています。それぞれの国の固有の言葉、それぞれの地域の固有の音楽語法に沿ったオルフ・シュールヴェルクが必要とされます。

(3)　**動き**

　オルフ・シュールヴェルクでは、動き（Bewegung）は、特別な意味をもっています。多くの原初的

な音楽では、音楽と動きは密接な関連を有しています。日本のわらべうたの多くが、遊びというかたちで動きを伴っていることからも、音楽と動きとの不可分な関連が理解できるでしょう。しかし、オルフ・シュールヴェルクでの動きは、もっと複雑です。

例えば、歩く（前に、後ろに、左に、右に、前後に、左右に、テンポやリズムの変化に合わせて）、走る（同様に）、スキップする（同様に）、音楽の拍子（2拍子、3拍子、4拍子、5拍子、7拍子）に合わせて、形式（模倣、オスティナート、ロンド、2部形式、3部形式）に合わせて、楽器を演奏しながら、鈴などを手首や足首にバンドでセットして、1人で、グループで、おおぜいで、……など多彩な動きが考えられます。

この動きに関しては、欧米と日本との文化の違いが非常に大きいと思います。欧米は騎馬民族の文化を有していますが、日本は典型的な農耕民族の文化です。欧米の踊りには、ダイナミックで足が地面から離れるものが多くあります。いわゆる舞踏です。ところが、日本の踊りには、静かで内面的なものが多く、足が地面から離れるものは多くありません。いわゆる舞踊です。これら2つの違いを、どのようにして統一するのかは、非常に困難な課題です。前述の言葉の違いに関しては、多くの実践や研究によって、かなり日本の固有の音楽への対応が進んでいますが、この動きに関しては未だに不十分です。

2）オルフ楽器群

オルフは、音楽教育のための楽器群を世界で初めて構想し、完成させました。それらはオルフ楽器群と呼ばれています。これらの楽器群は、次のような特徴をもっています。

美しい音色：純粋で透明な音色
平易な奏法：不必要な音板を除去できる音板楽器
丈夫な楽器：子どもが扱うことを考慮して

まず、純粋で透明な美しい音色に関しては、《カルミナ・ブラーナ》でも述べましたが、オルフ・トーンとでもいうような特有の響きが求められています。木琴、メタロフォン、グロッケンシュピール、リコーダー、透明な音色を有する打楽器群（トライアングル、フィンガー・シンバル、鈴のついた打楽器）の使用によって表現されます。

平易な奏法を可能にしている工夫は、木琴、メタロフォン、グロッケンシュピールなどの音板楽器の各音高の音板を必要に応じて取り外し可能にしたことです。1オクターブは12半音で構成されています。この12音のなかから必要とされる2つの音だけを演奏することは非常に困難です。しかし、必要としない10の音板を取り外し、必要な2つの音板だけであれば、誰でも容易に演奏できるでしょう。このような工夫は、オルフが初めて成し遂げたことであり、音楽教育にとって画期的な出来事であったと評価できます。

3）身体楽器

オルフ・シュールヴェルクでは、体を楽器として活用しています。口笛の他に、打楽器的用法として、次の4つがあります。

・手拍子（Klatschen）
・ひざ打ち（Patschen）

・足拍子（Stampfen）

・指鳴らし（Fingerschnalzen）

　手拍子は、左手を右手で打ちます。左手の打たれる位置と右手の打つ位置や指の数によって非常に陰影に富んだ表現が可能になります。指鳴らしの奏法は、これらのなかで最も困難です。親指と中指を強く押しつけて、中指を鋭く滑らせて、薬指と小指で作った空洞に打ちつけることによって、響きのある音を作ることができます。これらの身体楽器は、単独で、あるいはさまざまに組み合わせて演奏されます。わざわざ楽器を用いなくても、自分自身の体を用いて、多彩なアンサンブルが可能となります。

4）模倣と即興表現

　オルフ・シュールヴェルクでは、模倣があらゆる場面で活用されます。言葉の練習でも楽器の演奏でも、いわゆるまねる、という行動様式として活用されます。例えば、教師のリコーダー演奏を、拍の流れにのってまね吹きすることがあります。

　さらに、即興表現も重要です。例えば、ロンド形式の A － B － A － C － A － B － A の A の部分を全員で演奏し、B と C の部分をある子どもが即興的に演奏する場合です。この場合の演奏とは、必ずしも音板楽器やリコーダーなどでの演奏を意味するものではなく、身体楽器でも可能ですし、さまざまな動きでも可能です。

3．おわりに

　オルフ・シュールヴェルクでのこれらのさまざまな工夫は、日本の音楽科教育に大きな影響を及ぼしています。筆者が特に関心をもっているのは、岐阜県飛騨地方で実践されて大きな成果をあげている、「ふしづくり一本道」（本章第4・5節を参照）との共通点です。「ふしづくり一本道」では、わらべうたを多用します。このことは、オルフの主張した言葉からの出発と軌を一にするものであると考えます。

　こうしたオルフや「ふしづくり一本道」の実践は、幼稚園や保育園での遊びを取り入れた音楽教育に最適な方法であると考えます。さらに、小学校でのドレミ遊びやドレミ練習にも活用できます。

参考文献

・チョクシー，L.，エイブラムソン，R.，ガレスピー，A.，ウッズ，D. ／板野和彦訳『音楽教育メソードの比較』
　全音楽譜出版社、1994。
・星野圭朗『オルフ・シュールヴェルク　理論とその実際　日本語を出発点として』全音楽譜出版社、1979。
・ケラー，ヴィルヘルム，ロイシュ，フリッツ／橋本清司訳『ORFF-SCHULWERK　子どものための音楽　解
　説』音楽之友社、1971。

第4節 「ふしづくりの教育」の授業の実際－心をみがく音楽教育－

「ふしづくりの教育」の教育については、これまで、その具体的で体系的なカリキュラム（例えば、昭和47年度では30段階・102ステップ。pp.112～114参照）や古川小学校の研究会でのステージ発表について論じられることがほとんどでした。それらの鮮烈なインパクトは、古川小学校での「ふしづくりの教育」が終焉を迎えてから45年を経た現在においても、決して色あせることはありません。しかし、「ふしづくりの教育」での優れた成果を現在の音楽科教育に生かすためには、上記のカリキュラムが具体的にどのように実践されているのか、ステージ発表の高水準がどのように授業で準備されているのか、教授者と学習者とのやりとりや教授・学習過程がどのように構築されているのか、という実践的事実を明らかにする授業研究が不可欠であると考えます。

本節では、これまで学会発表してきた3つの授業例を中心として、「ふしづくりの教育」の授業の特徴を明らかにします。

1. 対象とした授業

第1は、筆者が昭和49（1974）年10月28日の古川小学校の研究会に参加して、その授業を録音した竹原一江教諭による第1学年の授業48分を対象としたものです。筆者の録音に基づいて分析しました。第2は、昭和49年2月20日に実施された、水谷千鶴子教諭による第3学年の授業35分です。第3は、昭和48年3月14日に実施された、滝上定江教諭による第4学年の授業26分30秒です。第2と第3の授業は、古川小学校で「ふしづくりの教育」が始まった昭和41年から昭和48年3月まで同校の音楽科主任であった、山﨑俊宏氏によって提供されたオープン・リール・ビデオテープに録画されていたものです。これら2つの授業は授業全体が録画されたいたわけではなく、おそらく後半部分が録画されていないと思われますが、「ふしづくり」の本質的な場面はすべて録画されていました。

2. 授業の流れ

これらの授業はすべて、3つの部分で構成されていました。3つの授業では、第1の活動、第2の活動、第3の活動のすべてで楽譜を用いることは皆無でした。

第1の活動：既習曲を歌う（演奏する）

第1学年では、授業の冒頭で「リズムにのってあそぶ」というテーマで、《げんこつやまのたぬきさん》（5回）と《からすかずのこ》（12回）が遊ばれました（3分40秒）。加えて、第2の活動：「ふしづくり」を終えた直後に、既習曲、《おやゆび父さん》《どんぐりさんのおうち》《あそびましょう》《とんくるりん　ぱんくるりん》の斉唱・合奏が行われました。すべて、児童が指揮と伴奏を担当しました。簡易な器楽合奏による伴奏も児童が作った独自のものです。

第3学年では、これまでの既習曲から 1.《春っていいね》、2.《ゆかいな木きん》、3.《きみもぼくも友だち》、4.《いるかはざんぶらこ》、5.《あの雲のように》の5曲が歌われました（5分48秒）。これらは、すべて異なる班による指揮と簡易な器楽合奏による伴奏で演奏されました。これらの指揮と伴奏は、それらの曲を主要教材（第3の活動）とする授業で、班ごとの指揮と合唱・奏を演奏し、そのなかから児童の多数決で選ばれた班のものです。

第4学年では、1.《村のかじや》、2.《遠くの友だち》、3.《てんてん寺町》、4.《ぼんおどり》の4曲が歌われました（6分40秒）。班ごとによる指揮と伴奏は第3学年と同様です。

第2の活動：「ふしづくり」

　第1学年では、「カードあそび」（2分15秒）（指名された児童が歌う「かたつむり（①①①∨）」のリズムを全員がタタタタタン∨と歌い、そのリズムのカードを選んで掲げる）が、続いて「かちまけあそび」（2分55秒）（かめ班とうさぎ班とでリズムのあてっこをする。♪いちご∨、♪さくら∨、♪あそびましょう∨、♪あーさがお∨、♪こいのぼり∨、♪さくら∨、♪たぬき∨、♪かめ∨∨、♪まつぼっくり∨、♪こぐま∨、と10のリズムが歌われて、楽しくあてっこをする）が、あそばれました。続いて4人組で同じあそびをしました。以上では、ラソラ∨やミソラ∨等のわらべうたの音階が用いられています。さらに続いて、教師主導の鍵盤ハーモニカによるまね吹きが始まりました（3分15秒）。それまでと違って、ハ長調の3音が使用されました（ドレミ∨、ドレド∨、レレド∨、レドレ∨、まではある児童が提示し他のすべての児童が応える方法。そこへ教師がミレド∨を提示する。4回試みるが揃わない。教師「また、今度ね」と言って次へ進めました。深追いはしません）。

　第3学年では、「なかよくつづいておわろう」というテーマでペアによる「ふしづくり」が鍵盤ハーモニカを使用して行われました。第1部の「ふしづくり」は3分10秒間で終わり、全員着席しました。第2部のペアによるふしづくり発表に移ります。発表のペアと次のペアが起立し、発表が終わったペアはすぐに着席します。全員のふしづくり発表は5分45秒間で終了しました。第3部の意見発表・再演がそれに続きます。意見発表では全員が挙手し、挙手がなくなるまで続きます。結局11人が発表しました（同じ意見の児童は「同じです」と言って手を下げる）。この意見発表で言及された6ペアが再演しました。すべて暗譜での再演です。意見発表・再演は8分17秒間で終了しました。

　第4学年では、「ふしづくり」の全体は6分30秒間行われました。その第1部分は各自のリコーダーによる「ふしづくり」で、1分50秒間行われました。第2部分は第3班の6人の発表演奏で、2分55秒間行われました。第3部分は意見発表で、45秒間行われました。第4部分はもう1度聴きたいふしの選抜で、30秒間行われた。第5部分は選抜されたふしの再演奏で、35秒間行われました。

　第3・4学年の「ふしづくり」の意見発表は、非常に活発で、本質に迫る発言が見られました。第3学年の「S君のふしが《雪のおどり》の1フレーズと似ていました。」や「T君とK君のは、リズムは違っているけど、ふしは同じでした。」という発言、第4学年の「Sさんのふしが3拍子でした。」や「H君のふしが昔のふしみたいでした。」や「K君のが頭とりでした。」や「H君のが同形反復でした。」や「Hさんのは、初めにウンがあって、ふしが続いてよかった。」がその実例です。

第3の活動：教科書教材の学習

　この活動も、「ふしづくりの教育」らしい工夫に満ちていました。

　第1学年では、《とんくるりん　ぱんくるりん》の歌をおぼえたので、お遊戯をつくって選びましょう、という活動になっています。まず、範唱テープが25分間流される間に、1人ずつがお遊戯を考え、それを班内で相互に発表し、班の代表を挙手で選びます。さらに、各班のお遊戯を相互に発表し、学級全体のお遊戯を挙手によって決めました。

　第3学年では、《雪のおどり》の範唱レコードを聴きます。多くの児童は、軽く指揮しながら聴いています。レコードが終わると活発な意見発表です。1度、全員で演奏した後に、3つの班に分かれて、それぞれ独自の合唱・奏の《雪のおどり》をつくっていきます。録画はここで終わっているのですが、きっとこの後には、3つの班の発表があり、挙手によってこの学級の《雪のおどり》の合唱・奏が決まることでしょう。

　第4学年でも、《愛知地方の子もりうた》の範唱レコードを聴きます。第1回の聴取の後に、活発な意見発表がありました。その後に、勉強したいことを、歌を覚える、ふえで吹く、合唱をする、に決め

ました。その後、3回範唱レコードを聴取しました。歌詞を書いた模造紙が黒板に貼られます。両手を後ろに組んで、体をゆらして歌う児童も多く見られます。歌詞を覚えた児童は、後ろを向いて歌います。

3. 「ふしづくりの教育」の授業の音楽教育としての意義

　1年生の授業では、うたあそびのほとんどすべてが、わらべうた組成のふしで、言葉のリズムにのって行われました。その背景にはいつも基本拍が存在していました。さらに、《げんこつ山のたぬきさん》《からす数の子》「カードあそび」「勝ち負けあそび」「まねぶきあそび」など、すべてあそびを通して何度も何度も繰り返します。このように反復を多用することによって、楽しく自然に音楽的情報を蓄積することができます。この授業でも、教師の指導は極限まで抑えられています。教師の指導性は、あそびの一員として、歌あそびのなかで、自然に示されます。

　第3学年の授業では、自作の作品を何度でも正確に再現できていました。このことは、音楽的記憶力が確保されていることを示しています。また、日常的にまねぶきができるということから、聴取力・演奏技能が獲得されていることがわかります。さらに、他の児童の発表を1度聴いただけで、旋律やリズムが「似ている」「同じ」「頭とり」という発言がされていることからも、聴取力・音楽的記憶力が育っていることが明らかです。

　第4学年の授業では、既習曲の旋律に対して、副旋律や器楽伴奏等を自分たちで加え、合唱・奏をしていました。ふしづくりの活動だけでなく、教科書教材も自分たちで独自の編曲をすることによって、自己決定感が得られ、学習意欲の向上が図られます。合唱・奏に創作の要素を取り入れることによって、より深く既習曲を味わうことができます。

　3つの学年の音楽科授業を通して、共通しているのは次のことです。第1は、ソロが多用されていることです。これによって、教師は子どもの音楽的発達を正確に捉えることができ、適確な援助が可能となります。また、子ども自身も自分の演奏を耳で確認することができ、さらに他者の演奏を聴くことによって自作品を改良することができます。こうして、個々の音楽能力を高めることができ、学習意欲を向上させることが可能となります。

　第2は、グループ活動の重視です。これによって、人と合わせる能力（アンサンブル能力）が育ち、指揮・伴奏の技能も向上します。また、日常的にアンサンブルに慣れることによって、アンサンブルの楽しさを味わうこともできます。このことは、他者との協同と協働、他者への思いやりを育む基礎となります。

　第3は、教師がミュージックサインを多用していることです。言語で指示するのではなく、音楽によって合図をし、授業中の活動を円滑に進めています。これは、音楽科授業における非常に有効な運用法であるし、同時に子どもの音楽的情報の蓄積にも寄与していると考えられます。

　第4は、教科書歌唱教材を、鑑賞、歌唱、器楽、創作の総合的な音楽学習の対象としていることです。3年生の授業では、歌唱教材の範唱レコードを聴いて、いろいろな感想を述べたり、フレーズ・構造に気づいていたりしています。範唱レコードでありながら、鑑賞活動の役割も担っていることがわかります。また、範唱レコードを聴きながら多くの児童が指揮をしており、音楽を聴いて拍にのる、身体で感じる、身体表現することが自然にできています。これも1年生からの積み重ねといえます。4年生の授業でも、《愛知地方の子もりうた》を、歌唱教材としてだけでなく鑑賞教材として扱っていました。4年生になると、曲の雰囲気の感想だけでなく、「合う声」「4拍子」など音楽の諸要素に関する気づきもありました。また、4年生になっても、身体を揺らしながら歌っており、音楽に反応して自然に身体表現することは日常化していると言えます。さらに前述したように、歌唱教材の旋律に対して、副旋律や

器楽伴奏等つけることによって、器楽や創作の活動にもなっています。以上のように、教科書歌唱教材は、音楽的表現を仕上げることだけが目的なのではなく、曲を総合的に扱うことによって、聴取力、記憶力、音楽能力、技能を獲得することも目的としています。

　「ふしづくりの教育」は、「ふしづくり一本道」の段階的・系統的なカリキュラム（「ふしづくり指導計画一覧表」）や、ふしづくりの指導法について評価されることが多いのですが、子どもたちのレベルの高いふしづくりの活動は、「ふしづくり一本道」のカリキュラムや指導法のみによって可能になったのではありません。教科書歌唱教材を鑑賞し、歌唱や器楽で演奏し、さらにそれに副旋律や伴奏をつけるという創作を取り入れ、最終的に自分たちで作った合唱・奏を演奏するという活動があったからこそ、レベルの高いふしづくりの活動が可能になり、子どもの音楽的感覚や音楽能力や技能が育てられたと考えられます。つまり、二本立て方式のA活動（教科書教材による活動）とB活動（ふしづくり）は、A活動が充実していたために、A活動とB活動の相互作用が非常に有効に働いたということでしょう。

4.「ふしづくりの教育」の人間教育としての意義

　3つの授業実践のなかで共通していたことを述べます。第1に、「民主的な学級経営」という中家校長の言葉に代表される子どもの自主性の尊重です。どの授業でも、教師が主導する場面はほとんどなく、子どもが授業の進行を担当していました。各授業の導入部分における教師の発言は皆無でしたし、次々に曲が変わっていくのも、すべて子どもの主導のもとにありました。これを可能にしたのは、ルーティーン化された子どもの役割分担と授業進行の手順が確立されていたからです。自分たちで授業を運営することによって、授業に対する責任感と集中力が保持され、学習意欲が向上します。主体的に活動することは、同時に「自ら気づく」「自ら解決する」ことを可能にし、音楽学習の成果を挙げることにもつながるのです。

　第2に、子ども1人ひとりに歌唱・演奏・発言の機会が保障されていたことです。ソロや個人発言が多用され、それが教師や友だちに受け入れられることによって、自尊感情を高めることができます。

　第3に、グループ活動の重視です。日常的にグループ活動が行われることによって、音楽によるコミュニケーションをとることができます。またグループで作品を作り、発表することによって、協働による達成感や感動も得られます。個人作品→グループ内で発表し、代表のふしを選ぶ→それ合う音や副旋律や伴奏を付ける→グループ発表する→クラス全体で本時の代表作を選び、皆で合唱・奏する、という一連の活動には、音楽でしか味わえない独自の自己存在感・自己肯定感、他者受容感、自己決定感があるといえます。

　第4に、これらの授業ではすべて、児童の逸脱行動はまったくみられません。私語をする児童はなく、全児童が音楽活動に完全に没入し、音楽活動をする喜びを体と心にみなぎらせていました。何よりもこのことが、「ふしづくりの教育」の研究会で古川小学校を訪れた、全国各地の多くの参観者を感動させたのだと思います。「ふしづくりの教育」は、心をみがく教育でもあったのです。

　現代の教育界で求められている、「1人ひとりの児童生徒の個性の伸長」「社会的な資質や能力・態度の育成」「社会的に自己実現ができるような資質・態度」「児童生徒の自己指導能力の育成」は、昭和40年代の古川小学校の「ふしづくりの教育」ですでに達成されていたと言えます。

段階	指導項目		具体項目	低	中	高
1	リズムにのったことばあそび	1	名前よび	2	1	1
		2	動物，花，果物，物の名前よび	2		1
		3	鳴き声あそび	1	1	1
		4	リズムあそび	2		
			合　計	7	2	2
2	歌問答とリレー	5	問答あそび	1	1	
		6	ことばのリレーあそび	1		
		7	鳴きまねっこあそび	1		1
		8	鳴き声あてっこあそび	1	1	
		9	頭とりあそび	2	1	
		10	数あてあそび	1		
		11	お店やさんあそび	1	1	
		12	あそびましょ	1		1
		13	しりとりあそび	2	1	
		14	物語のふしづけあそび	4	2	
			合　計	15	7	2
3	原形リズムのリズム唱	15	ことばのリズム唱あそび	2	1	1
		16	タンタンタンのことばあてっこ	2	1	
		17	3字のことばでふしのリレー	2	1	1
		18	リズム書きっこ	3	1	
			合　計	9	4	2
4	リズム分割　①	19	かけ足リズムのことばあそび	2	1	1
		20	かけ足リズムでことばのリレー	2	1	
		21	かけ足リズムの書きっこ	2	1	1
			合　計	6	3	2
5	リズム分割　②	22	スキップリズムのことばあそび	2	1	1
		23	スキップリズムでことばのリレー	2	1	
		24	スキップリズムの書きっこ	2	1	1
			合　計	6	3	2
6	リズムのまとめ（1拍単位）	25	リズムあてっこあそび	2	1	1
		26	カードあてあそび	2	1	
		27	リズムのうたの書きっこあそび	2	1	1
		28	3拍子のリレーとリズム書きっこあそび	3	2	
			合　計	9	5	2
7	模　唱　奏	29	まねぶきあそび	6	3	2
		30	リズムかえっこ	4	2	1
		31	2人組のリズムかえっこ	4	2	1
		32	3拍子のまねぶきとリズムかえっこ	3	2	1
		33	すきなふしさがし	6	3	2
			合　計	23	12	7
8	ふしの問答唱とリレー	34	ふしのリレー	5	3	1
		35	2人組の問答あそび	3	2	1
		36	すきなふしさがし	3	2	1
		37	合う「ふし」あてっこ	3	2	1
		38	3拍子の問答奏あそび	3	2	1
			合　計	17	11	5

（低＝一年生　中＝三年生　高＝五年生）

表５－１　ふしづくり指導計画一覧表－２

段階	指導項目	番号	具体項目	低	中	高
9	階 名 唱	39	ドレミあてっこ	6	3	2
		40	ドレミとリズムかえっこ	3	2	3
			合　　　　計	9	5	5
10	続くふし，終わるふし	41	続くふしと終わるふし	3	2	1
		42	終わるふしづくり	5	3	1
		43	合う音づけ	5	3	1
			合　　　　計	13	8	2
11	3音のふしの記譜	44	階名唱と記譜	5	3	1
		45	ふしづくりと記譜	8	4	1
		46	3音のふしを♩のリズムで記譜	5	3	2
			合　　　　計	18	10	4
12	7音のフレーズへの移行と模唱奏	47	3音の続く，終わるふしを結んでフレーズづくり	1	1	1
		48	3音と7音のふしづくり	2	1	1
		49	7音の模唱奏とリレー	10	6	1
			合　　　　計	13	8	3
13	3音のふしのリズム変奏	50	リズム変奏	3	2	1
		51	2人組のリズム変奏	3	2	1
			合　　　　計	6	4	2
14	3音のふしのリレー	52	♩　♪と♪♩　♪を使ったリレー	3	2	1
		53	つくったふしの再表現とリズム唱	3	2	1
		54	すきなふしの模奏と合う音づけ	2	2	
			合　　　　計	8	6	2
15	2拍単位のふしづくりとリズム記譜	55	♩　♪と♪♩　♪に変奏し，リズム記譜	4	3	1
		56	♩　♪と♪♩　♪を使ってふしを作りリズム記譜	4	3	1
			合　　　　計	8	6	2
16	リズム変奏のまとめと記譜	57	3音のふしを4種類に変奏	2	1	1
		58	つくったふしのリズム変奏と記譜	3	2	1
		59	♫,♪♩,♩♪のリズムを使ってリレー	5	2	2
		60	カードあそび	2	1	1
			合　　　　計	12	6	5
17	7音のまとまったふしづくりと記譜	61	7音リレーでまとまったふしづくり（基本リズム）	6	5	2
		62	7音のふしを♩のリズムで記譜	4	3	2
		63	ふしづくりと記譜	8	4	2
		64	作ったふしに「合う音」とリズム伴奏づけ	8	5	2
			合　　　　計	26	17	8
18	ふしの旋律を味わう	65	まとまったふしづくり	8	7	4
		66	3拍子のまとまったふしづくり	5	4	3
		67	つくったふしに高音で保続音をつける	2	1	6
			合　　　　計	15	12	13

（低：一年生・二年生・三年生　中：三年生・四年生　高：五年生）

113

表 5 － 1　ふしづくり指導計画一覧表－3

段階	指導項目		具体項目	低	中	高
19	ふしのリズム変奏	68	7音のふしを4種類のリズムで変奏，リズム唱	2	2	
		69	ふしをつくりすきなリズムで部分変奏	3	2	
		70	すきな変奏えらびと模唱奏	3	2	
			合　　計	**8**	**6**	
20	拍子変奏	71	つくったふしを3拍子に変奏	4	3	
		72	つくったふしを6拍子に変奏	3	2	
			合　　計	**7**	**5**	
21	自由なリズムで　リレーと問答唱	73	自由なリズムでリレーや問答唱奏	8	4	
		74	すきなふしの模唱奏	4	2	
		75	和音伴奏，分散和音づけ	7	7	
			合　　計	**19**	**13**	
22	自由なリズムの　ふしの記譜	76	7音のふしのリズム記譜	3	2	
		77	2人の問答唱奏の記譜	3	2	
		78	ひとりでふしを作って記譜	4	2	
			合　　計	**10**	**6**	
23	音楽ことばのリズム　変奏と記譜	79	3音のふしを♫,♫に変奏して5線に記譜	6	3	
		80	3音のふしを♩，♪♪♩に変奏して5線に記譜	6	3	
		81	自由なリズムで作って記譜	10	6	
			合　　計	**22**	**12**	
24	フレーズの記譜	82	自由なリズムの7音のふしを演奏して記譜	11	5	
		83	自由なリズムでふしを作って記譜	11	5	
			合　　計	**22**	**10**	
25	3拍子の　ふしづくりと記譜	84	3拍子のふしづくりと記譜	7	3	
		85	ふしづくりと伴奏	6	3	
			合　　計	**13**	**6**	
26	6拍子の　ふしづくりと記譜	86	6拍子のふしづくりと記譜	4	3	
		87	ふしづくりと伴奏	8	6	
			合　　計	**12**	**9**	
27	短調のふしづくり	88	短調の旋律の模唱奏	3	2	
		89	長調のふしを作って同主短調づくり	3	2	
		90	短調のふしづくり	6	3	
		91	すきなふしにグループで伴奏づけ	10	7	
			合　　計	**22**	**14**	
28	日旋のふしづくり	92	日本旋法の旋律の模唱奏	4	2	
		93	陽旋のふしづくりと歌詞づけ	4	2	
		94	すきなふしに伴奏づけ	8	5	
		95	陰旋のふしづくりと歌詞づけ	6	4	
		96	すきなふしに伴奏づけ	8	5	
			合　　計	**30**	**18**	
29	ふしの歌詞づけ　歌詞のふしづけ	97	短いふしに歌詞をつける	2	2	
		98	まとまったふしづくりと歌詞づけ	3	2	
		99	すきなふしに歌詞をつけ伴奏をつけて合唱奏	8	5	
		100	短い詞にふしをつける	7	5	
		101	いろいろな調性でのふしづくり	15	10	
			合　　計	**35**	**24**	
30	曲の発展	102	深まりのあるふしづくり	35	28	
			合　　計	**35**	**28**	

低の欄：三年生・四年生・五年生・六年生、中の欄：四年生・五年生・六年生、高の欄：六年生。あとは児童の能力に応じて進める。

☆古川小学校　音楽拡大参観日要項　昭和49（1974）年10月28日より。

114

第5節　「ふしづくりの教育」の活用例

　「ふしづくりの教育」は、現在の小学校教育においても、非常に効果的に用いることができます。「ふしづくりの教育」の利点には、音楽教育的側面と教室運営的側面の2つの側面があります。まず、音楽教育的側面について述べます。「小学校学習指導要領・音楽」の「第1学年及び第2学年」の「2　内容」の「A　表現　(3)」の「音楽づくり」に示された「音楽遊びをすること・楽しみながら…簡単な音楽をつくること」がそのまま非常に楽しく洗練された様式で実現できます。さらに、同じ「2　内容」の「A　表現　(1)」の「歌唱」の「互いの歌声や…伴奏を聴いて声を合わせて歌う」ことにも非常に有効です。加えて、下記のふしづくりの特徴の「2.　子どもの独唱・発表の機会が確保されている」ことから子どもたちの歌声は、非常に高度で洗練されたものになっています。「ふしづくりの教育」を実践しているクラスには、音高はずれの児童はほとんどいません。またそれぞれの児童やグループで創られた「ふしづくり」は、リコーダーや鍵盤ハーモニカで発表されます。これらの楽器によるふしづくりの発表も非常に高度な演奏でした。このように、「ふしづくりの教育」は、「小学校学習指導要領・音楽」の「音楽づくり」、「歌声」、および「楽器演奏」に非常に効果的です。次に、教室運営的側面について述べます。下記のふしづくり特徴の「4.　子どもが授業の進行を行っている、5.　グループ活動の重視、6.　教師の発言時間は非常に少ない」などによって、子どもたちの主体性や自己効力感が高まり、安定した教室運営に資するものと考えられます。

　次に、筆者が体験した古川小学校の昭和49（1974）年の研究発表会でのステージ発表から、第2学年の児童たちが自作したオペレッタ《三びきのこぶた》より《家づくりの歌》を紹介します。最初は6小節の主旋律を歌います。次に家を造る様子を模した主音ド（F）と属音（C）の副旋律を歌います。最後にこれらの主旋律と副旋律を同時に2部合唱します。（この旋律は非常に簡単ですぐに覚えることができ、しかも力強いものです。ぜひクラスで2部合唱して楽しんでください。）

昭和49年度　第2学年《三びきのこぶた》より《家づくりの歌》

　上記の《家づくりの歌》を創ることを可能にした素晴らしい音楽能力を育てた、「ふしづくりの教育」の音楽の授業の特徴は、次の諸点です。

　1.　精細なカリキュラムがある（30段階・102ステップ）、2.　子どもの独唱・発表の機会が確保されている（前節の小学校第1学年の授業では、16分弱の「ふしづくり」の活動の間に、全員が1回以上独唱しました）、3.　反復を多用している（なまえよびあそび、なきまねあそび等）、4.　子どもが授業の進行を行っている（教科書教材の既習曲（4曲程度）を歌う場合には、指揮も伴奏も子ども、曲順も子

どもが告げる）、5.グループ活動の重視（既習曲の歌唱では指揮と伴奏はそれぞれのグループが担当する、グループの対抗でのリズムあてあそび等）、6. 教師の発言時間は非常に少ない（前節の第1学年の授業の場合、3分45秒：7.7％。中学年・高学年では、教師の関与はさらに少なくなります）、7. 教科書教材は必ず学習しますが教科書を開くことはまったくありません（聴覚重視）、8. これらはすべて、音楽専科ではない学級担任教師集団によってつくり上げられました。

　これらの「ふしづくりの教育」の特徴は、今回の学習指導要領の改訂に関する議論のなかで、子どもがどのように学ぶかについて注目された「アクティブ・ラーニング」という考え方と非常に高い整合性を有しています。

　上記の、この「ふしづくりの教育」を現在の音楽科の授業で活用することによって、大きな成果を挙げるためには、上記の特徴のうち、「2. 子どもの独唱（独唱を1人で**曲を歌うこと**と考えてはいけません。1人で「はーい」と歌って返事することも、「ワンワンワン〇」となきまねすることも立派な独唱であり、「音楽づくり」です。）の機会の確保、3. 反復の多用、7. 聴覚の重視」、の3点に注目します。すべて、A4－G4－A4（ラ・ソ・ラ）やE4－G4－A4（ミ・ソ・ラ）などの「わらべうた」のふしを用います。すべて、「たんたんたんうん（〇〇〇 V)」の基本拍にのって行います。教師は、E4A4－E4G4－E4A4－V等の伴奏をキーボードで演奏してもよいでしょう。ハンドカスタで基本拍を打ってもよいでしょう。

　特に低学年での活用法を具体的に提案します。すべてp.112の「表5－1　ふしづくり指導計画一覧表」の「段階1　リズムにのったことばあそび」の具体例です。

1.「おへんじあそび」

　まず、「おへんじあそび」から始めましょう。全員への呼びかけ→全員で「はーい」と返事を歌う、いろいろなグループへの呼びかけ→グループごとに返事を歌う、班への呼びかけ→班ごとに返事を歌う、個人への呼びかけ→個人ごとに返事を歌う、のように進めます。返事をする人数が全員→グループ（中くらいの人数）→各個人、というふうに進めます。教師は、どのグループが適切に「おへんじ」ができたか、だれが適切に「おへんじ」ができたか、あるいはできなかったか、を判断しながら進めます。最初は、教師が上記の伴奏をしながら呼びかけます。慣れてきたら、教師に代わって児童が呼びかけます。児童は交代して呼びかけます。このときも、教師はそれぞれの児童の「おへんじ」が適切に歌えていたかどうかを判断します。呼びかける相手が、特定のグループや特定の児童に偏らないように工夫しましょう。

《おへんじあそび》

116

2.「なまえよびあそび」

　次に「なまえよびあそび」をします。下記の例では、あらかじめ歌う順番を決めておいて（例えば机列、班等）、中断することなく連続することが必要です。また、教師が児童を呼名して、その児童が好きな花を歌い、それに続いて全員が歌う、という方法もあるでしょう。この場合にも、教師が呼名する児童の順番はあらかじめ決めておくとよいでしょう。下記の例では「花」の名前ですが、すきな「食べ物」でもいいし、学級で決めた他のものでもいいでしょう。

　古川小学校では、これらの「花」や「食べ物」や次の「動物や鳥や虫」のイラストを書いた模造紙を黒板に貼って活用していました。今ではインターネットでダウンロードして、容易にそれらを準備できます。ラミネートフィルムで補強してもいいでしょう。

《なまえよびあそび》

3.「なきまねあそび」

　最後に「なきまねあそび」をしましょう。ここでも、テンポよく、中断することなく、軽快にあそぶことが重要です。また、班ごとの対抗戦にするなど、いろいろなバリエーションが可能です。さらに、「かーめ」と呼んで「なきません」と応えるなどの意外性も加味するといっそう活発になります。イラストの準備も重要です。

《なきまねあそび》

　これらのふしづくりの活動には、学習者が高い興味・関心を示すことが実証されています。学習者の主体性を尊重しつつ、教師主導に陥らないように実践することが重要です。授業者は、上記の方法にさまざまなヴァリエーションを加味しなら実践してください。そして毎回の授業で、何度も継続して実施してください。学習者の音楽的能力は飛躍的に向上し、クラスの結束力も大いに高まることでしょう。

第6章　我が国の音楽科教育の歴史

第1節　戦前の唱歌科教育

1. 明治前期：唱歌科創設

　我が国の唱歌科教育は、明治5年の学制頒布によって幕を開けました。下等小学校(4年間)では「唱歌」、下等中学校（3年間）では「奏楽」という教科名で位置づけられました。しかし、教える教師もいなく、教材も指導法も不備であったために、下等小学校では「唱歌（当分之ヲ缺ク）」、下等中学校では「奏楽（当分之ヲ缺ク）」と明記されました。つまり、制度上は教科として位置づけられましたが、実際には実施されませんでした。

　そこで、明治政府は明治8（1875）年にアメリカへ3人の留学生を派遣しました。主要な目的は、師範学校での研修です。つまり、学校教育を開設するにあたって、教員養成を始めるために必要な情報と人材を得ようとしたのです。伊澤修二（1851-1917）はボストン近郊のブリッジウォーター師範学校へ配属されました。伊澤は、音楽に大きな関心をもっており、愛知師範学校校長のときに、自らの音楽教育の実践を文部省に報告しています。しかし、ブリッジウォーター師範学校での勉学では、英語の発音と音楽に苦労した、と自伝で述べています。伊澤は、ボストンでルーサー・ホワイティング・メーソンと出会い、メーソンに音楽を学びました。

　伊澤は、明治11年に留学生監督の目賀田種太郎とともに「学校唱歌ニ用フベキ音楽取調ノ事業ニ着手スベキ、在米国目賀田種太郎、伊澤修二ノ見込書」を文部大輔田中不二麿に提出しました。内容は以下です。

① 欧米の教育者は音楽を教育の1課目とみなしている。

② 直接的な効能：児童の精神や気性をさわやかにして勉学の疲労を解消する。

　　　　　　　　　肺臓を強くして健全な発達を助ける。

　　　　　　　　　清澄な音楽、正しい発音、鋭敏な聴力、綿密な思考などを促進する。

　　　　　　　　　心情を深く楽しませて善良な性格を発揮させる。

　　　間接的な効能：社会に健全な娯楽を与え、自然に人心を善にもどして悪から遠ざける。

　　　　　　　　　社会の秩序を整えさせる。

　　　　　　　　　国民の誰もが高らかに善政をたたえて平和な生活を楽しむ。

③ 我が国の音楽には「雅と俗」がある。

　　　　　　　　　雅は、曲調がきわめて高度で一般には不向き。

　　　　　　　　　俗は、歌謡がきわめて卑しく、却って害の方が大きい。

　　　　　　　　　洋楽が我が国に受け入れられるかどうかは明らかでない。

④ 洋楽と和楽とを融合させた音楽を新たに創る（国楽創成）。

　この上申書は、アメリカ合衆国の公立小学校での音楽科設置に向けて、1832年にロウエル・メーソンがボストン教育委員会に提出した請願書の内容と酷似しています。アメリカでも、音楽教育の利点として、①知的・道徳的・健康的側面の効能、②社会生活に及ぼす娯楽的・道徳的側面の効能、などが言

われていました。

　伊澤は、帰国後明治11年に、メーソンとの合議による「音楽掛図雛形」「唱歌法凡例」を文部省に提出しました。趣旨は、洋楽と和楽との折衷を意図して適切な謡曲（うたい）の言葉を西洋の詩の韻律になぞらえ、小学校向けの唱歌を新たに創作しようというものでした。

　これら一連の流れを受けて、明治12年に文部省直轄の音楽教育・研究機関として音楽取調掛が設置され、伊澤は音楽取調御用掛に任命されました。明治12年、伊澤は「音楽取調ニ付見込書」を文部卿寺島宗則に上申しました。その内容は以下です。

① 　東西二洋の音楽を折衷して新曲を創作すること。

② 　将来国楽を振興しうる人材を養成すること。

③ 　諸学校に音楽を実施すること。

　①と②を達成するために、音楽取調掛では、年齢は16歳以上25歳未満、音楽の技能は雅楽または俗曲を習得した者を募集し、音楽専門家養成と唱歌科教員養成を開始しました。また上記すべてを達成するために、メーソンを日本に招聘し、明治13年4月から、メーソンの指導によって、東京師範学校および東京女子師範学校において唱歌の授業が開始されました。①の方策によって新しい唱歌教材が創作され、それをこれらの学校の生徒に歌わせてみて、そのなかから適切な曲を選んで掛図および唱歌曲集を作成しようとしたのです。

　明治15年から17年にかけて、我が国で初めての唱歌科教科書として、文部省音楽取調掛編纂『小学唱歌集』全3編が出版されました。その特徴は以下です。

① 　外国曲47曲、日本の曲44曲。これは東西二洋の音楽の折衷を通して国楽創成をめざした現れである。

② 　緒言に、唱歌教育の効用として「徳性の涵養」が掲げられている。

③ 　調は初編ではハ長調が最も多く、第二編・第三編としだいに調号が増している。全91曲中、短調は9曲、日本音階は8曲であり、長音階が圧倒的に多い。長音階の楽曲が勇壮活発で有徳健全なる心身を養うという考えが根底にある。

④ 　音域に関しては、初編の最初には2度から6度までの音域を有する基礎練習曲が12曲配置されている。第二編・第三編へとしだいに難易度が高くなるように配置されている。

⑤ 　教材は、学年ごとに配当されておらず、学校現場からの批判の1つとなった。

⑥ 　歌詞に関しては、儒教道徳を重視した教訓的なものが多い。難解で教訓的な歌詞は後に大きく批判を浴びることとなり、明治20年代以降のさまざまな唱歌集出版の原動力となった。

　この唱歌集に記載されている外国曲《蝶々》《蛍（蛍の光）》《仰ふげば尊し》《菊（庭の千草）》《才女（アニー・ローリー）》などは現在でも歌い継がれています。

　これとともに、明治15〜16年、文部省音楽取調掛編『唱歌掛図』も作成されました。音楽の初歩的な知識（音階や音符）を目で見てわかるように図示したもので、唱歌に対して児童の興味や関心を呼び寄せる点で効果的であったとされています。『小学唱歌集』と『唱歌掛図』は全国の小学校にたちまちのうちに普及していきました。

　明治23年、「小学校教則ノ大綱」が出され、そのなかで小学校唱歌科の目標として、「唱歌ハ耳及発声器ヲ練習シテ容易キ歌曲ヲ唱フコトヲ得シメ音楽ノ美ヲ弁知セシメ徳性ヲ涵養スルヲ以テ要旨トス」と記されました。この目標は、明治33年に出された「小学校令施行規則」第9条では、「唱歌ハ平易ナル歌曲ヲ唱フコトヲ得シメ兼テ美感ヲ養ヒ徳性ノ涵養ニ資スルヲ以テ要旨トス」となりました。ここで大切なキーワードは「徳性ノ涵養」です。明治初期に、①身体的な効果、②精神的な効果、③道徳的な効果があるものとして始められた唱歌科は、昭和初期に至るまで、「徳性の涵養」という道徳的な目標

を第1の目標として掲げることになるのです。

2. 明治後期：国家主義・軍国主義と唱歌科教育

　明治政府が実施した政策の根幹となった思想に、「脱亜入欧」と「富国強兵」があります。それらに、江戸時代からの儒教思想が加わり、国家主義思想が大きく台頭しました。これは日清戦争を契機としてさらに強まり、軍国主義へとつながっていきました。

　この頃、偏重されたのは徳育唱歌です。これの原因として、①江戸時代の儒学思想（君に忠、親に孝）の影響、②徳性の涵養が唱歌科教育の目的として掲げられたことの影響、③ヘルバルト教育学の影響、などが考えられます。ヘルバルト教育学とは、明治20年代後半から30年代にかけて我が国で主流となった教育思想で、教育の目標を、強固な道徳的性格の形成、品性の陶冶におくものです。特徴としては、①主知主義、②段階的教授法、③教科統合、が挙げられます。このように、徳育唱歌は、国家主義思想のもとに、儒教思想とヘルバルト教育学の影響を受けて重視され、以後の唱歌科教育にも根強く受け継がれました。

　この頃盛んになったものに軍国唱歌があります。これは、日清戦争（明治27〜28年）と日露戦争（明治37年〜38年）の10数年間に隆盛を極めました。富国強兵の国策に基づく国家主義思想を根底にもつもので、軍人の栄誉をたたえる歌、戦争の史実を伝える歌、忠君愛国の歌などがありました。

　以上のように、明治後期の唱歌科教育は、国家主義と軍国主義の影響を色濃く受けたことがわかります。これは、主として唱歌教材の歌詞によって表されたと言えます。

　このような状況のなか、明治44年から大正3年にかけて、文部省編纂『尋常小学唱歌』全6冊、計120曲の唱歌教科書が発行されました。この唱歌教科書の特徴は、以下です。

① 国語・修身・地理・歴史などに密接な関係をもつ唱歌が多い。
② 児童の心情に身近な題材や歌詞を求める教師の声に応え、低学年の教材では口語体で親しみやすい題材の採用が見られるが、中・高学年ではいぜんとして文語体が多い。
③ 国家主義・軍国主義・儒教道徳に関するものが多い。
④ 数え歌（わらべうた）が1曲ある以外はすべて邦人作品である。
⑤ 音域・音程・リズムなどが学年をおって系統的に易から難へと進む。
⑥ 長音階の曲が圧倒的に多く、短調の曲は第4学年以降に少数配置されている。
⑦ 伝統的民族的な音階は1曲のみで、ヨナ（四七）抜き長音階や、ヨ（四）抜き・ナナ（七）抜き長音階がかなりの比率をしめる。
⑧ リズムは、等拍の連続や「ぴょんこ節（♪+♪）」のリズム多用など、単純なものが多い。
⑨ 旋律・リズムなどのいわゆる唱歌調のスタイルが多く、これは以後の唱歌集にも根強く残ることになる。

　①の特徴は、ヘルバルト教育学の影響であり、教科間の連携が重要視されていることを示しています。③は、この頃の国家主義と軍国主義のために、唱歌が手段とされていたことを如実に示すものです。このことは歌詞によく現れており、それらの歌詞は大正期に起きた童謡運動において批判の対象となりました。しかし、《日の丸の旗（ひのまる）》《かたつむり》《富士山》《春が来た》《茶摘》《蟲のこゑ》《春の小川》《鯉のぼり》《冬景色》《朧月夜》《我は海の子》《故郷》などは、現在も小学校歌唱共通教材として歌われています。このように、『尋常小学唱歌』は多大な影響力をもち、そのなかには現在でも広く親しまれているものも少なくありません。

3. 大正期〜昭和初期：唱歌科教育の発展

　19世紀後半から20世紀初頭の西欧では、従来の主知主義的な教育に対する批判から、進歩主義教育思想や児童中心主義思想、労作教育思想や芸術教育思想などが盛んに主張されました。これらの教育思想は、明治中・後期から大正期にかけて我が国にも紹介され、我が国でも新教育運動として展開されました。上記のうち、労作教育思想や芸術教育思想は、西欧諸国の音楽教育界に多大な影響を与え、音楽科教育の多様化をもたらしました。つまり、歌唱や読譜中心であった音楽科教育が鑑賞や器楽や創作へと学習領域を拡大していくことになったのです。これらの音楽科教育は、大正期に著書や雑誌などによって我が国へも紹介されました。

　特に音楽鑑賞は、アメリカからレコード鑑賞指導法が紹介され、我が国で蓄音機とレコードが生産されるようになると、急速に全国の学校に広まっていきました。器楽に関しては、鼓笛隊や吹奏楽隊が結成されましたが、楽器の問題があり、鑑賞ほどは普及しませんでした。創作に関しては、進歩主義教育思想や自由画運動や童謡運動などの影響を受け、一部の先進的な学校で児童作曲として実施されましたが、指導の難しさから一般にはなかなか行われませんでした。

　大正期の音楽界での注目すべきこととして、童謡運動が挙げられます。この背景として、①明治末期から大正初期にかけて、自由主義教育思想が導入され、明治期の国家主義的教育思想に対する反動が高まったこと、②アメリカのデューイの児童中心主義思想や、スウェーデンのエレン・ケイの児童観などの影響を受けて、子どもの視点に立った考え方が主流になりつつあったこと、③西欧から紹介された芸術教育思想によって、芸術教育の重要性が認知されてきたこと、などが考えられます。これらのことが、当時の一流の芸術家たちによる、新しい児童文化を創造しようとする運動につながっていったのです。

　童謡運動は、児童中心主義教育思想の影響を受けて、子どものための読み物を提供するために始まった文学者たちによる運動です。その契機となったのは、大正7年に、文学者鈴木三重吉の主宰で創刊された児童文学雑誌『赤い鳥』でした。このことから、童謡運動は「赤い鳥童謡運動」とも呼ばれています。『赤い鳥』は、詩人北原白秋、作家芥川龍之介ら、気鋭の文学者の協力を得て発刊されました。特に尋常小学唱歌に対する痛烈な批判を背景として、おとぎばなしを文学性の豊かな童話に、文部省唱歌に代表される難解で徳目的な歌詞を、子どもの素朴な心情を織り込んだ童詩に改めようとしました。後に、この趣旨に賛同した作曲家たち（成田為三、中山晋平、本居長世、弘田龍太郎、山田耕筰など）が参加し、童詩に曲をつけたものが童謡です。これがきっかけで「赤い鳥童謡運動」が急速に波紋を広げ、文学者たちが次々に雑誌を発行していきました。西条八十は『童謡』を、北原白秋と野口雨情は『コドモノクニ』を発行しています。

　童謡の特徴として、①詩と曲の一体化が図られている、②子どもの心情に合った歌詞と題材を用いている、③伝承の俗謡（わらべうたや民謡など）の音楽的情感を映し出したものが多い、④感傷的な歌詞や旋律も多い、などが挙げられます。《しゃぼん玉》《カナリヤ》《十五夜お月さん》《てるてる坊主》《七つの子》《月の砂漠》など、今でも愛唱される歌がたくさんあります。

　童謡を学校教育に取り入れるかどうかに関しては賛否両論がありました。童謡は、音楽の専科訓導が配置されていた大都市の学校では、大きな反響を呼び急速な広まりを見せました。しかし、地方ではあまり大きな反響はありませんでした。この原因として以下が挙げられます。

　①質実剛健をモットーに掲げる当時の教育界では、童謡は優柔不断で脆弱とみなされていた。

　②文部省や音楽教育界の主流の有識者の間では、国民教育の立場から、童謡運動や童謡に対する批判的な見解が絶えなかった。

　③当時の一般教師の音楽的レベルは低く、音楽的な伴奏が付いている童謡が弾けなかった。

童謡はこの後、芸術性の豊かな日本歌曲への発展と、大衆文化への展開の2方向へと向かうことになります。

　童謡が隆盛を極めた後、昭和7年に、文部省著作の唱歌科教科書『新訂尋常小学唱歌』6冊（全162曲）が発刊されました。この教科書が発刊された背景として、明治44年から大正3年に発行された『尋常小学唱歌』から18年たち、その間に民間から多くの唱歌集が刊行されたこと、童謡運動では、痛烈な文部省唱歌批判が起こっていたことなどが考えられます。これらに加えて、音楽教育の進歩（芸術教育思想を背景として台頭した自由主義的な教育法の展開）と時代の要求（童謡運動に象徴される新しい唱歌教材への期待）を考慮して、『尋常小学唱歌』を改訂し、『新訂尋常小学唱歌』が発行されたのです。特色としては、以下が挙げられます。

① 明るく柔和な感じの教材が増加した。
② 教材配列の工夫：難易度のみでなく、季節にも配慮されている。
③ 伴奏付楽譜の作成：取扱者の便宜のために、唱歌の旋律のみの楽譜と伴奏付の楽譜の2種類を作成した。
④ 調が多様：調号がついた教材が全学年を通して多い。
⑤ 伴奏はピアノ用で、レベルが高い。
⑥ 教訓的な歌詞内容の唱歌は、『尋常小学唱歌』からかなりの数が引き継がれ、国家主義的な唱歌も多く残存したが、新曲の歌詞・題材選択にあたっては児童の心情・趣味に配慮している。
⑦ 新曲の約3分の2は口語体である。
⑧ 旋律に関しては、57曲の新曲中、伝統的・民族的旋律が全体の約2%を占めることになったが、ヨナ（四七）抜き長音階・ヨ（四）抜き長音階・ナナ（七）抜き長音階の割合は全体で60%近くを占め、リズムも単調なものが多く、唱歌調のスタイルに支配されている。
⑨ 他教科との連絡ばかりを考えている点、日本的・民族的な唱歌教材が少ない点に批判が向けられた。

　以上のように、大正期から昭和初期は、進歩主義教育思想や芸術教育思想の影響を受けて唱歌科の領域が拡大し、また童謡運動の影響を受けて子どもの心情に配慮した教材がつくられるなど、唱歌科教育が発展した時代であったと言えます。

4．昭和期戦時中：芸能科音楽の誕生

　昭和16年に尋常小学校が国民学校に変わり、唱歌科も芸能科音楽へと名称が変更になりました。国民学校の目的は、皇国民の錬成でありました。生活に即した教育を実現するために、教科統合が行われ、国民科（修身、国語、国史、地理）、理数科（算数、理科）、体錬科（体操、武道）、芸能科（音楽、習字、図画・工作、裁縫・家事）となりました。

　「国民学校施行規則」第14条に、芸能科音楽の目的が「芸能科音楽ハ歌曲ヲ正シク歌唱シ音楽ヲ鑑賞スルノ能力ヲ養ヒ国民的情操ヲ醇化スルモノトス」と記されました。これまでの唱歌科教育と異なるのは「鑑賞」が明記されたことです。芸能科音楽の内容は以下です。

　「初等科ニ於テハ平易ナル単音唱歌ヲ課シ適宜輪唱及重音唱歌ヲ加ヘ且音楽ヲ鑑賞セシムベシ又器楽ノ指導ヲ為スコトヲ得
　　・歌唱ニ即シテ適宜楽典ノ初歩ヲ授クベシ
　　・高等科ニ於テハ其ノ程度ヲ進メテ之ヲ授クベシ
　　歌詞及楽譜ハ国民的ニシテ児童ノ心情ヲ快活純美ナラシメ徳性ノ涵養ニ資スルモノタルベシ
　　・児童ノ音楽的資質ヲ啓発シテ高雅ナル趣味ヲ涵養シ国民音楽創造ノ素地タラシムベシ

・発音及ビ聴音ノ練習ヲ重ンジ自然ノ発声ニ依ル正シキ発音ヲ為サシメ且音ノ高低、強弱、音色、律動、和音等ニ対シ鋭敏ナル聴覚ノ育成ニ力ムベシ
・祭日祝日等ニ於ケル唱歌ニ付テハ周到ナル指導ヲ為シ敬虔ナル聴覚ノ育成ニ力ムベシ
・学校行事及団体的行動トノ関聯ニ留意スベシ」

　芸能科音楽の特徴として、①輪唱歌と重音唱歌が加えられたこと、②音楽鑑賞が加えられたこと、③器楽の指導が加えられたこと、④楽典の指導が加えられたこと、⑤歌詞や楽譜が徳性の涵養に資するべきものであるとされたこと、⑥鋭敏な聴覚の育成が強調されたこと、⑦儀式唱歌の指導が重視されたこと、などが挙げられます。

　芸能科音楽の国定教科書として、昭和16年～18年に、『ウタノホン上』（第1学年）、『うたのほん下』（第2学年）、『初等科音楽一』（第3学年）、『初等科音楽二』（第4学年）、『初等科音楽三』（第5学年）、『初等科音楽四』（第6学年）計6冊（全127曲）が文部省から発刊されました。この教科書の特徴は以下です。

① 各冊の巻頭には儀式唱歌が載せられ、巻末には5線譜、和音やリズムの練習譜、各調の終止形が提示されている。→儀式唱歌や記譜・聴音の重視と、視唱法教授や楽典指導の徹底を表している。
② 『初等科音楽』計4冊には輪唱が3曲、2部合唱が3曲、3部合唱が12曲も含まれており、和音感教育が重要視されている。
③ 『初等科音楽四』の最後には日本音階による合唱基礎練習がある。これによって、「国民的情操」の陶冶、「国民音楽創造ノ素地」の育成をめざした。
④ 伝統的・民族的旋律（わらべ歌など）の要素をもつ唱歌は約20パーセント強と大幅に増加し、唱歌調の特徴であるヨナ（四七）抜き・ヨ（四）抜き・ナナ（七）抜き長音階は減少している。
⑤ 文語体の歌詞が減少している。
⑥ 歌詞題材の内容に関しては、儒教道徳的・国家主義的・軍国主義的内容をもつ唱歌が大幅に増加している。

　この時代は、音感教育（和音感教育）が隆盛を極めました。軍部報道官の平出英夫の談話「これまでの戦争はなるべく遠くを見る眼、敵を見つける眼の優れたものが戦争に勝ったが、これからは、空の向ふを知ることが大事で、半音違っても一向気がつかない耳ではだめである。正確な耳を持つことは、戦争の勝敗を決定づけることになるので、国民学校になってから音楽教育の中に入れていただくことになった。音楽が軍需品であるという理由がここにある」からもわかるように、音楽科教育は、飛行機や機械の音を判別する能力を育て、国防上および産業上に役立つ手段としての役割を担っていたのです。

　以上、戦前の唱歌科教育および芸能科音楽の変遷をおってきました。戦前の学校教育では、「徳性の涵養」「国民的情操の醇化」など、国家主義や軍国主義のための手段として音楽教育が行われてきたことが明白です。学校教育のなかで、教科としての確固たる地位を得るためには、道徳的な効果を主張せざるを得なかったと言えます。そのなかでも、優れた音楽専科の訓導たちは、芸術としての音楽教育を行おうと努力してきました。数多くの著書から彼らの思いが伝わってきます。音楽教育が、芸術教育として目的的に行われるのか、音楽以外の何かのために手段として行われるのかという命題は、音楽科教育にとっては古今東西を通した重要な命題であると言えます。

参考文献

・海後宗臣編『日本教科書体系　近代編　第二十五巻　唱歌』講談社、1965。

・河口道朗『音楽教育の理論と歴史』音楽之友社、1991。

・供田武嘉津『日本音楽教育史』音楽之友社、1996。

・東京芸術大学音楽取調掛研究班編『音楽教育成立への軌跡』音楽之友社、1976。

・上原一馬『日本音楽教育文化史』音楽之友社、1988。

・山住正己『唱歌教育成立過程の研究』東京大学出版会、1967。

・吉富功修編『音楽科重要用語 300 の基礎知識』明治図書、2001。

第2節　戦後の音楽科教育

　戦後の音楽科教育は、学習指導要領を教育課程の基準として進められてきました。本稿では、学習指導要領の改訂を手がかりに、戦後の音楽科教育を5つの時代に分けて概説します。各項のはじめにキーワードを示しました。ここでは、各時代における音楽科の小学校学習指導要領（発行年及び改訂年を○年版と表記）の指針や内容を述べるとともに、それがどのような実践を生み出していったのかについても触れながら、戦後の音楽科教育の歩みを振り返ってみましょう。

1. 芸術教育、新教育（経験主義・児童中心主義）、単元学習－学習指導要領試案（昭和22年版・26年版）の時代－

　終戦を期に、我が国の音楽科教育は一変しました。軍国主義的な内容は一新され、教育の民主化の下に再出発を果たしたのです。その指針は、昭和22年版の『学習指導要領音楽編（試案）』によって示されました。同書のまえがきには、次のように記されています。

　「……音楽は本来芸術であるから、目的であって手段となり得るものではない。芸術を手段とする考え方は、芸術の本質を解しないものである。そこで音楽教育が情操教育であるという意味は、音楽教育即情操教育ということで、音楽美の理解・感得が直ちに美的情操の養成となる。」「……音楽美の理解や感得を十分行わせるためにはどうしたらよいか。それには適当な教材によって音楽の美しさ、音楽のおもしろさを十分に味わわせるとともに、音楽についての知識及び技術をしっかり習得させることである。」

　ここから、「芸術教育として音楽教育が位置付けられていること」、「そのために知識や技術の習得が強調されていること」が分かります。音楽美の理解・感得のためには、知識や技術の習得が大切であるという論理です。ここで言う知識や技術は、「音楽の要素（リズム・旋律・和声）に対する理解と表現」「音楽の形式及び構成に対する理解」「楽器の音色に対する理解」「音楽の解釈」から成る教程一覧表に明記されていました。そこに示された内容は、音楽大学で扱われるレベルの理論を含む高度なものでした。昭和26年版の『小学校学習指導要領音楽科編（試案）』では、「歌唱」「器楽」「鑑賞」「創造的表現」「リズム反応」の領域ごとに内容が整理されましたが、第6学年の歌唱ではイ長調、変ホ長調の視唱や音階の組み立てが示されるなど、求めている内容は相変わらず高度なものでした。

　一方、終戦を契機に我が国の教育は、アメリカの進歩主義の影響を受けて、新教育と呼ばれる経験主義・児童中心主義の教育に大きく方向転換をしました。その方向性は、学問的な体系から子どもの生活経験を中心とした内容への転換、教師が一方的に教える授業から子どもが自ら学ぶ授業への転換、と大きく整理することができます。昭和26年版『小学校学習指導要領音楽科編（試案）』では、他教科や教科外の諸活動及び学校外の生活との関連について丁寧に説明されています。

　では、このような指針は、どのような実践を導き出したのでしょう。公的な実践研究として注目されたのが読譜や児童発声の実践です。横浜国立大学附属小学校「読譜能力の発達」（昭和25～27年度）、仙台市立南材木小学校「児童発声の実験的研究」（昭和27～29年度）などの初等教育実験学校がその代表です。知識や技術の習得をめざした学習指導要領（試案）の内容を反映したものと言えましょう。

　一方、昭和20年代には、教師のカリキュラム編成における自主性を尊重するという立場から、各地の教育委員会などによって多様性のある独自のカリキュラムが編成されていました。そのカリキュラムの多くは、単元学習の形態が採られていました。新教育のうねりのなかで、音楽科においても、他教科に倣い、生活経験や音楽的な内容に則して「かわいい動物」「おどりの音楽」などの単元の下に複数の教材を選択・組織し、問題解決的な学習過程を通して子どもの自発的・意欲的な学習を展開しようとし

ました。このような学習方法は単元学習と呼ばれ、新教育を象徴する実践として注目を集めました。

　この時代の学習指導要領は「試案」であり、あくまでも教育課程編成の「手引き」でした。当時は、楽器やレコードも満足にない劣悪な環境の学校も多く、その担い手は20代から30代前半の経験の浅い教師でした。そのため、高い知識や技術を求めた教育、児童中心主義の新教育は、すぐに行き詰まりを見せることになりました。しかしながら、厳しい状況にも関わらず、新しい教育のあり方を模索し、理想に燃えた教師によって、自主的なカリキュラム研究が行われたことは特筆すべきことでしょう。

2．基礎、系統性の重視－昭和33年版・43年版学習指導要領の時代－

　昭和33年の学習指導要領改訂は、基礎学力の充実、科学技術教育の向上などの社会的要請を受けて、経験主義や単元学習への傾斜を改め、基礎学力の充実に重点を置く系統学習を打ち出したものでした。また学習指導要領が「試案」から「告示」となって法的拘束力をもち、国の教育課程編成の基準としての性格が明確になりました。この改訂は、戦後教育の第1の転換点と言えるでしょう。

　音楽科の改訂では、次のような特徴を挙げることができます。

　第1は、領域の整理・統合です。「歌唱」「器楽」「鑑賞」「創造的表現」「リズム反応」の5領域（昭和26年版）から「鑑賞」と「表現」の2領域に整理・統合され、「表現」領域のなかに「歌唱」「器楽」「創作」の3つの活動が含まれるようになりました。

　第2は、共通教材の指定です。必修となる歌唱教材及び鑑賞教材が、各学年それぞれ3曲ずつ共通教材として示されました。当時、文部省の教科調査官であった真篠将は次のように述べています。

　「これからの音楽指導は、もっと、児童の生活に根ざしたものにしていく必要がある。そのためには、たくさんのレパートリーをもたせることがいちばんよい方法であろう。いつどこででも、だれとでも、いっしょに歌うことができ、また聞いて楽しむことのできる『愛好曲』を豊富に児童に身につけることである。このような意味から、全国どこの学校でも、共通に歌い、共通に聞いて楽しめる音楽、いわば『共通教材』といったものを決めることは、大きな意味をもっている。」[1]

　音楽の生活化のためには、世代や地域を超えた共通の愛好曲のレパートリーが必要であるという考え方です。歌唱共通教材は文部省唱歌や日本古謡、鑑賞共通教材はクラシック音楽から選ばれていました。必修教材として指定された共通教材は、戦後の教材曲のなかで重要な位置を占めることになりました。

　第3は、基礎と教科の系統性の重視です。昭和30年代に文部省の教科書調査官であった浜野政雄は、昭和33年の改訂の趣旨について次のように説明しています。

　「『新教育』が児童の興味や経験を重んずるあまり、ややもすると教科としての系統的な諸能力の育成にかけるという批判を生んだ。したがって独立後、初の改訂である<u>三十三年の指導要領では『基礎能力』の充実</u>がうたわれた。（略）三十三年の改訂においては……戦後十年間の『新教育』の反省に立って<u>基礎的な能力を充実し、教科の系統性をしっかり打ち立てようという改訂の方針</u>に基づいて、学習内容を『鑑賞』『歌唱』『器楽』『創作』の四領域に整理し、<u>音楽科の系統的な指導をしっかりとするように内容や段階を改善した</u>ものだった。（下線引用者）」[2]

　続く昭和43年の学習指導要領音楽の改訂では、基礎と教科の系統性の重視という方向性が敷衍・強化され、新たに「基礎」領域が新設されました。基礎は、音楽的感覚や読譜・記譜の能力に関する内容であり、いわゆるソルフェージュの能力を系統的に育てることを企図したものでした。また音楽科の内容は、「基礎」「鑑賞」「歌唱」「器楽」「創作」の5領域で示されるようになりました。

　このような指針の下に展開された昭和30～40年代の実践には、項に示した「基礎」「系統性」に加えて、「統合」「わらべうた」などいくつかのキーワードを見いだすことができます。

　統合は、統合的指導法を指します。表現（歌唱、器楽、創作）、鑑賞を1つの領域や活動分野に偏ることなく、有機的・統合的に扱うものです。例えば《ふじ山》を取り扱う場合に、歌詞や階名で歌ったり、旋律をハーモニカで演奏したり、友達の演奏を聴いたり、リズム楽器で即興演奏を取り入れたりするなど複数の活動を関連付けて扱うことを統合としたのです。統合的指導法は統合学習とも呼ばれました。昭和30年代に入ると、音楽科の授業構成法は、1つの単元（題材）で複数の教材を選択・組織する単元学習が影を潜め、1つの楽曲を中心に授業を構成する「楽曲による題材」が主流となっていました。題材の活動が特定分野に偏りがちな状況にあって、複数の領域や活動を統合して授業を構成することは大切なことです。統合的指導法あるいは統合学習は、初等教育実験学校の東京学芸大学附属世田谷小学校の研究（昭和34〜35年）が嚆矢となり、統合を標榜した教科書も登場し、昭和30年代から40年代の授業研究の主要なテーマの1つでした。

　基礎指導には官民ともに関心が寄せられましたが、ここでは特筆すべき2つの実践を紹介しましょう。

　第1の実践は、民間教育団体の日本教職員組合教育研究集会（以下、日教組教研）の音楽分科会、そこから発展した「音楽教育の会」の実践です。日教組教研音楽分科会（音楽教育の会）では、昭和30年代後半から実践を積み重ねて、次のようなカリキュラムを提案していました。（第13次教研、昭和39年）

A 活動として－子どもの音楽活動を豊かにしていくために、子どもの潜在能力を十分にひきだして、歌唱・鑑賞・器楽などの指導をすすめる

B 活動として－音楽活動をおこなうための基礎能力を子どもの発達にそくして系統的に指導する[3]

　このカリキュラムには2つの特徴があります。第1は、表現・鑑賞活動と基礎能力とを別系統で育てる二本立てのカリキュラムを採っていることです。A活動では歌曲集の教科書、B活動では系統学習の教科書を自主編成するという構想でした。A活動は実質的に歌曲による歌唱表現に特化していました。第2は、B活動を、日本人固有の音楽性に着目し、わらべうたの音組成によるソルフェージュで構成したことです。そこには、小泉文夫による日本伝統音楽の理論が注目されたことや、自国の音楽から出発するカール・オルフの理論やコダーイシステムが日本に紹介された影響を見ることができます。

　二本立ての提案は、第10次教研（昭和36年）から始まり、昭和40年代前半は、わらべうたの音組成によるソルフェージュの理論と実践がピークに達しました。しかし日教組教研による二本立ては、昭和40年代後半から急速に退潮し、A活動のみの歌曲による歌唱表現に一本化していくことになります。A活動を中心に取り組んだ群馬や大阪のサークルの歌声が注目される一方、B活動を中心としたサークルはB活動による子どもの育ちを十分に示すことができなかったのです。

　日教組教研の二本立てには、いくつかの問題がありました。第1の問題は、本来、遊びうたであるわらべうたをソルフェージュの手段で用いることは、わらべうた本来の生命力を失わせてしまうということです。第2の問題は、A活動（歌曲による表現）とB活動（わらべうたの音組成によるソルフェージュ）との関連が薄く、そのためにB活動は無味乾燥な訓練になりがちだったことです。

　当時、二本立てを中心になって進めた米沢純夫は、後に反省を込めて次のように総括しています。

　「……理論が先へ行っちゃっていたのですね。それで子どもの実態はこっちにあったわけです。理論がある種の理論との系統ができたときに子どもをそれに当てはめていっちゃうわけです。それで生きた子どもの音楽活動の実態を見失ってしまうのです。見るも無残な、ソルフェージュをやっていても、これはいまはだめだけれども、ソルフェージュはこういうふうに重要なことだから将来役に立つからやらせるのだということが心のなかに絶えず弁解としてあるということでやらせていたんです。」[4]

　米沢の発言は、理論と実践との関係を考えるうえで、重要な教訓を含んでいるように思われます。

　第2の実践は、昭和40年代から50年代前半にかけて、岐阜県下を中心に実践されたふしづくり教育

です。ふしづくり一本道という創作指導を中心に音楽の基礎的能力の育成方法を体系化した指導システムと、教材曲の学習からなる典型的な二本立てカリキュラムによる実践です。ふしづくり一本道と教材曲の学習との関連にも配慮して授業を構成し、ふしづくり一本道で育まれた基礎的能力が教材曲の学習のなかで発揮されていたのがふしづくり教育でした。二本立てという点では、日教組教研と共通しますが、ふしづくり教育のカリキュラムによって、次のような子どもが育ったという報告が見られました。

「……参観者は、59名の全校合唱の瞬間から息をのんだ。迫力ある美しい合唱、教材あり自作曲あり輪唱あり、器楽のオブリガートあり、伴奏も子ども指揮も子ども、その上、1曲終わって曲想表現や指揮について感想や意見を誰かがのべると、すぐその子が指名されて指揮台に立ち、自分の考え通りに指揮をする。そのたびに速度、強弱等タクト通りに変化していく全校の子どもの表現能力はすばらしいの一語につきた。その後、各教室で行なわれた授業は、子どもが計画し、子どもが進行し、子どもが表現して、いつもひとりひとりの子どもが土台になっている。高学年では作曲し記譜し、合う音さがしで対旋律までつけている。」[5]

これは、ふしづくり教育の実践校であった岐阜県保小学校の様子を紹介した文です。ふしづくり教育の詳しい内容は、第5章第4・5節pp.108〜117に譲るとして、ふしづくり教育は、基礎指導の面ですばらしい成果を上げた実践と言えるでしょう。

しかしながら、基礎領域の実践は、ふしづくり教育などを除き、必ずしも成功したとは言えませんでした。昭和52年版の改訂を進めた文部省の教科調査官であった大和淳二は次のように述べています。

「5つの領域は、互いに手を取り合って協調していくことに意義があり、そのために統合的指導ということも強調されたのですが、ともすると『基礎』は俗に言われる美人の冷たさのように、他の領域と打ちとけることを拒みながら歩んでいってしまったようです」[6]

基礎指導が自己目的化してしまうと、日教組教研の二本立てと同様に、無味乾燥なソルフェージュ学習になってしまう傾向がありました。基礎領域の実践は、子どもの音楽する喜びを阻害するとともに、音楽活動の基礎的な能力の育成の面においても十分な成果を上げることはできませんでした。

このような歴史は、二本立て方式のカリキュラムを発展的につくるための貴重な視点を提供してくれます。それは、基礎指導が一人歩きしたり無味乾燥なソルフェージュ学習になったりしないように、教材曲の学習と密接な関連を図るという視点、常に子どもの実態から理論（カリキュラム）を柔軟に見直すという視点です。さらに、育成した基礎的能力を表現や鑑賞の学習のなかで十分に発揮できるようにして、基礎的能力を習得することの有用性を子どもに実感させることも大切な視点と言えましょう。

一方、昭和30〜40年代は、授業の環境整備が充実した時期でした。各種の楽器が音楽室に導入されるとともに、低学年ではハーモニカ（後に鍵盤ハーモニカ）、中学年ではたて笛（後にリコーダー）が個人持ちの楽器として普及・定着していきました。鼓笛隊のブームは、器楽指導の活性化を象徴するものでした。また音楽鑑賞面では、ステレオ再生装置とレコードが普及・定着しました。それに伴って、器楽指導や鑑賞指導についても積極的に取り組まれるようになりました。

3. 子ども主体、内容の精選－昭和52年版・平成元年版・平成10年版学習指導要領の時代－

昭和52年の学習指導要領改訂は、戦後教育の第2の転換点と言えるでしょう。教育内容の過密化、高度化、知育偏重に対する反省から教育内容を削減し、ゆとりのある教育をめざした改訂が行われました。教育の現代化から個人を主体とした教育の人間化へのシフトは、大きく言えば、教師主導の系統学習から、子ども主体の教育への転換を図ったものと言えましょう。

音楽科においても、内容の大幅な精選が図られ、その指針は基礎的能力の育成から音楽を愛好する心

情の育成を重視する方向にシフトしました。教科目標は1つ、領域は「表現」と「鑑賞」の2つに整理・統合されるとともに、各領域の内容は、活動別ではなく能力別に精選して示されるようになりました。

　このような教育改革の延長線上に登場したのが、平成3年に提唱された新学力観でした。平成元年改訂の学習指導要領のめざす学力観です。そのポイントを八木正一は次のように整理しています。

①　関心・意欲・態度の育成を重視し、それを積極的に評価する。

②　教育にあたって思考力・判断力・表現力などを重視する。

③　それにも関連して、教師主導の授業を改め、学習者が自ら動く授業の実践を追究する。

　さらに教師は支援者としての役割を果たす形で実践にかかわっていく[7]。

　音楽科においても新学力観に立つ授業が進められました。新学力観の方向性を象徴する内容が、平成元年の改訂で提案された「A表現」(4)「音楽をつくって表現できるようにする」という指導項目でした。具体的には2つの事項（アは簡単なリズムや旋律をつくって表現、イは即興的な表現、自由な発想による表現）で示されましたが、特に注目されるのはイの内容です。これまでの創作は旋律をつくることが中心でしたが、イの内容は旋律づくりだけに留まらず、身の回りにある音素材を活用し、現代音楽的な手法も取り入れた幅広い創作活動の世界を拓くものでした。

　新学力観の方向性は、自ら学び自ら考える力などの「生きる力」の育成を標榜した平成10年の改訂においても引き継がれます。平成10年の改訂では、さらに教育内容の削減や大綱化が進められる一方、総合的な学習の時間が新設され、それに伴って音楽科を含めて各教科の授業時数は削減されました。音楽科では、鑑賞共通教材が廃止されました。全ての内容が、低、中、高学年の括りで示されるとともに、「A表現」の部分に学年別に示されていた音符、休符及び記号の理解に関する指導項目は、「指導計画と内容の取扱い」に一括して示されるようになりました。授業時間の削減という問題はあるものの、これまで以上に教師の自主裁量による教育が進めやすい環境になったと言えましょう。

　音楽の授業構成法に目を向けると、昭和50年代後半には、「楽曲による題材構成」から「主題による題材構成」へと転換していきます。1つの楽曲の表現・鑑賞を中心とした構成から、「いろいろな拍子」「宇宙の音楽をつくろう」といった主題の下に、複数の教材を選択・組織する構成への転換です。この転換によって、音楽の授業づくりの幅が広がることになりました。

　平成時代を特徴付ける実践と言えば、創造的音楽学習です。身の回りのさまざまな音を素材として、現代音楽や民族音楽的な手法も採り入れながら子ども自身が音楽をつくる学習です。子ども主体の理念をもち、子どもの自由な発想を尊重して音楽をつくる創造的音楽学習は、昭和の末から広がり始め[8]、平成元年改訂によって「つくって表現する」活動が取り入れられたことや、新学力観とも親和性が高いことから全国的なブームとなりました。教師や子どもの音楽観を拡大するとともに、教師の指導の下に楽曲を表現・鑑賞するという伝統的な授業観を大きく変える意味をもつ提案でした。しかしながら、創造的音楽学習に対して「指導の仕方が分からない」「指導内容が不明確」という声が早くからありました。「時間がかかる」「貧弱な表現しか生み出さない」といった声もあり、2000年以降はやや下火になっていきました。

　国際理解教育への関心の高まりとも連動し、世界の諸民族の音楽や我が国の音楽、ポピュラー音楽など、さまざまな音楽の教材化が進んだことも平成時代の特徴です。視聴覚機器やソフトの充実がそれを後押ししたと言えるでしょう。さらにコンピュータを授業で積極的に活用しようとする動きも見られるようになってきました。

　一方、「総合的な学習の時間」の導入が契機となり、音楽と他教科とを関連させた音楽劇など合科的・総合的な発想による実践も注目されました。国語教材をもとに、語り、バックサウンド、合唱曲を取り入れたモノドラマ合唱がその代表でしょう[9]。

4. 確かな音楽活動の基礎的な能力の育成－平成20年版学習指導要領の時代－

　平成20年の改訂は、平成19年の教育基本法の改正、学校教育法の一部改正を受け、生きる力の育成という指針を継承しつつ、基礎的・基本的な知識・技能の習得と思考力・判断力・表現力等の育成とのバランスが図られたものと言えるでしょう。

　音楽科の内容は、「A表現」（歌唱、器楽、音楽づくりの3分野）、「B鑑賞」、〔共通事項〕の3つで構成されるようになりました。新設された〔共通事項〕には、表現及び鑑賞の能力を育成する上で共通に必要となる内容が示されていました。それは、音楽を形づくっている要素を聴き取り、その働きを感じ取ること（ア）、音符、休符、記号や音楽にかかわる用語について、音楽活動を通して理解すること（イ）です。

　〔共通事項〕アに示された音楽を形づくっている要素、すなわち音色、リズム、速度などの音楽を特徴付けている要素や、反復、問いと答えなどの音楽の仕組みが強調されたことにより、音楽を形づくっている要素に着目した学習指導が徐々に定着し、表現及び鑑賞の学習の質的な充実につながりました。

　音楽づくり及び鑑賞においても、内容を明確にする方向で改訂されました。音楽づくりでは、「音楽の仕組み」を手がかりにして、思いや意図をもって音楽をつくることができるように改善が図られました。さらに、学習指導要領実施状況調査に見られる音楽づくりの課題[10]に対応する形で、文部科学省から、音楽づくりの映像資料が各都道府県市の教育委員会、教員養成系大学等に配布されました[11]。

　鑑賞の内容には、楽曲の構造を理解して聴くことが示されました。音楽を特徴付けている要素と音楽の仕組みとのかかわり合いを音楽の仕組みに着目して聴くことによって、音楽を構造的に聴くことができるようになります。さらに、感じ取ったことを言葉で表すなどの活動を位置付け、言語活動の充実によって、楽曲の特徴や演奏のよさを理解できる能力が高まるように、音楽鑑賞の質的な改善が図られました。

　子ども主体の指針は継承しつつも、指導内容とその構成を明確にし、音楽活動の基礎的な能力を着実に育成できるように改善されたのが、平成20年の改訂と言うことができます。

5. 育成をめざす資質・能力の明確化、音楽を学ぶ意義－平成29年版学習指導要領の時代－

　平成29年の改訂は、全ての教科等の目標及び内容が、「知識及び技能」、「思考力、判断力、表現力等」、「学びに向かう力、人間性等」の育成をめざす資質・能力の三つの柱で整理されました。

　このことは、これまでの音楽科の能力観を、大きく変えることになりました（表6－1）。一言で言えば、音楽の特質に応じた能力観から、各教科等に共通する汎用的な能力観への転換です。

　表6－2は、三つの柱で整理された音楽科の資質・能力の構造です。目標、内容、そして学習評価が、資質・能力の三つの柱で整理されました。

　教科の目標の冒頭部分には、音楽科で育成する総括的な資質・能力が「生活や社会の中の音や音楽と豊かに関わる資質・能力」と明記されました。「なぜ小学校の授業で音楽を学ぶのか」の答えは、「生活や社会の中の音や音楽と豊かに関わる資質・能力を育成するため」となります[12]。

　また、平成29年版では、育成する資質・能力とともに、学習・指導方法についても一体的に改善が図られたことが特徴です。すなわち、資質・能力を育成するために、「主体的・対話的で深い学び」の視点から授業改善を進めることが示されています。またカリキュラム・マネジメントの視点から、児童や学校、地域の実態を適切に把握し、教育の内容等を教科等横断的な視点で組み立てていくことなども強調されています。

※

　戦後の音楽科教育は、その時々の社会的要請や教育課題を発展的に解消する方向で改善が図られてきました。歴史を見るとき、「不易と流行」に着目してみてください。平成29年版の学習指

表6－1　音楽科における能力観の変化

〔平成20年版〕	〔平成29年版〕
・「態度」の育成（音楽への関心・意欲・態度等） ・「基礎的な表現の能力」の育成 　　　（音楽表現の創意工夫、音楽表現の技能） ・「基礎的な鑑賞の能力」の育成	・「知識及び技能」の習得 ・「思考力、判断力、表現力等」の育成 ・「学びに向かう力、人間性等」の涵養

表6－2　平成29年版　音楽科の目標及び内容と、評価の観点との関係

		知識及び技能	思考力、判断力、表現力等	学びに向かう力、人間性等
目標（教科、学年）		(1)	(2)	(3)
内容	A 表現(1) 歌唱	イ	ウ(ア)(イ)(ウ)	ア	※特定の内容を示していないが、内容に示された資質・能力の育成に向けた、主体的・協働的な学習を通して育成される。
	A 表現(2) 器楽	イ(ア)(イ)	ウ(ア)(イ)(ウ)	ア	
	A 表現(3) 音楽づくり	イ(ア)(イ)	ウ(ア)(イ)	ア(ア)(イ)	
	B 鑑賞(1)	イ		ア	
	〔共通事項〕(1)	イ		ア	
評価の観点		知識・技能	思考・判断・表現	主体的に学習に取り組む態度

導要領の目標や内容の示し方は、大きく変わりましたが、その内実は、これまでの音楽科教育の取組の延長線上にあるものです。例えば、平成29年版の学習指導要領には、「生活や社会の中の音や音楽に主体的に関わっていくことができるように配慮すること」（「第3　指導計画の作成と内容の取扱い」2（1）エ）が示されていますが、生活との関連に着目することは、昭和20年代に生活経験主義の教育において大切にされていたことです。また「主体的な学び」「対話的な学び」「深い学び」の視点は、これまで成果を上げてきた学習・指導方法のうちの普遍的な視点です。「不易」を継承しつつ、「流行」の視点から改善を図ることが求められています。歴史から豊かに学ぶことが、これからの音楽科教育のあり方を照らしてくれるでしょう。

注

1) 真篠将「学習指導要領について」(1958) 園部三郎編『小学校音楽科の新教育課程』国土社、p.12。

2) 浜野政雄 (1969)「カリキュラムと音楽科授業」日本教育音楽協会編『教育音楽小学版』1969年12月号、p.19。

3) 日本教職員組合編 (1969)『私たちの教育課程研究音楽教育』一ッ橋書房、pp.32-33。

4)「座談会80年代への指標を探る」(1980)『季刊音楽教育研究』22号、音楽之友社、1980冬、p.76。

5) 山本弘、(1973)『音楽教育を子どものものに』明治図書、p.7。

6) 大和淳二 (1983)『音楽教育エッセイワンポイント72』現代教育社、p.9。

7) 八木正一 (1995)『たのしい音楽授業のつくり方』音楽之友社、p.109。

8) ジョン・ペインター他『Sound and Silence』の邦訳、山本文茂他 (1982)『音楽の語るもの』音楽之友社、松本恒敏・山本文茂 (1985)『創造的音楽学習の試み』音楽之友社、の出版が契機となった。

9) 例えば、次の文献を参照。山本文茂 (2000)『モノドラマ合唱のすすめ』音楽之友社。

10) 国立教育政策研究所「平成24年度学習指導要領実施状況調査」によると、音楽の授業で音楽をつくることは好きと肯定的な回答をした児童の割合は約5割、音楽づくりの指導内容について「児童が身に付けやすい」と肯定的な回答をした教師の割合は約2割であった。https://www.nier.go.jp/kaihatsu/cs_chosa.html

11) 文部科学省国立教育政策研究所 (2014.11.14) 報道発表「楽しく実践できる音楽づくり授業ガイド（教員向け映像指導資料）について」https://www.nier.go.jp/03_laboratory/pdf/201411141400.pdf

12) 平成29年版の趣旨については、次の動画を参照。独立行政法人教職員支援機構「小学校学習指導要領　音楽科の改訂のポイント：新学習指導要領編」https://www.nits.go.jp/materials/youryou/018.html　学習評価については次の資料を参照。国立教育政策研究所 (2020)『「指導と評価の一体化」のための学習評価に関する参考資料（小学校音楽）』。

第7章 各国の音楽科教育

第1節 韓国の音楽科教育－日韓交流の視点から考える音楽科教育の役割と展望－

1. 日韓交流の窓口としての音楽科教育

現在、日本と韓国の間では、年間 500 万人以上の人々が往来し、衛星放送やインターネットなどを通して互いの情報があふれています。日韓の 150 以上の地方自治体が姉妹提携をしており、自治体間交流や市民レベルでの交流もさかんです[1]。日韓の小学校の間で交流が行われている事例も多数みられます。そのような場面で、音楽が交流の潤滑油となっていることも多いのではないでしょうか。言葉は通じなくても、一緒に歌を口ずさんだり、演奏を楽しんだりすることで、共感が生まれ、仲良くなれます。これが、互いの音楽文化の価値を認め、尊重し合う態度を育てる第一歩になります。

大学の音楽科教育法において、韓国の音楽文化や音楽教育事情を学ぶことは、単に音楽科の内容学を学ぶだけではなく、授業の枠を超えた国際理解や異文化理解の諸活動にもつながっていきます。

2. 日本の音楽教科書における韓国の音楽

1990 年代半ばから、日本の小学校の音楽教科書では韓国の音楽に関わる教材が積極的に取り上げられてきました。表現の教材としては、童謡《半月》（尹克栄作詞・作曲）、《故郷の春》（李元壽作詞、洪蘭坡作曲）、《青い心　白い心》（魚孝善作詞、韓龍熙作曲）、民謡《アリラン》などがありました。鑑賞の教材としては、農楽やサムルノリ、民謡の《アリラン》や《トラジ打令》、楽器のカヤグム（伽倻琴）がありました。

2008 年に現行の学習指導要領が改訂されて以降、2011 年度と 2015 年度に教科書が改訂されましたが、韓国の音楽に関わる教材の掲載数は、2000 年代に比べると減っています。

3. 韓国の音楽科教育の特徴

韓国の義務教育は、日本と同様、初等学校（小学校）6 年、中学校 3 年です。初等学校 1、2 学年では統合教科の「楽しい生活」に音楽の内容が含まれます。3 学年以上は「音楽」という教科名で、週 2 時間が割り当てられています。日本の学習指導要領に当たる「教育課程」は、1946 年の最初のものから 2007 年の改訂までは、約 10 年または約 5 年おきに改訂されてきました。2009 年の改訂以降は、短いスパンで部分改訂がなされています。

韓国の音楽科教育の特徴としては、1990 年代から「国楽」と総称される自国の伝統音楽を重視し、積極的に取り入れてきたことがよく知られています。韓国の教科書をみると、国楽に割かれている頁数の多さに目をみはります。日本の学習指導要領でも「我が国や郷土の伝統音楽」の学習が重視されています。伝統音楽の授業について、韓国の事例に学ぶべき点も多いことでしょう。

また、韓国では近年、多文化社会への対応の一環としても、音楽科教育への期待が高まっています。21 世紀に入ってからの韓国では、国際結婚や外国人労働者の増加にともない、外国人居住者の数が急速に増えています。2001 年には約 50 万人でしたが、2016 年には 200 万人近くになりました[2]。国際結

婚による外国人配偶者とその子どもの「多文化家庭」も増え、「多文化共生」が韓国社会の重要な課題となっています。学校教育においても、「多文化教育」として、異なる民族、国の歴史や文化に関する学習が積極的に行われています。音楽は、言葉を介さなくてもコミュニケーションがとれますし、外国からきた人それぞれの国や地域の音楽、歌を通して、互いの文化を理解する窓口になります。

　多文化教育の推進を背景に、2010年に発行された初等学校第3学年の音楽教科書（国定）には、アジアの歌4曲がまとめて収録されました。中国、フィリピン、イスラエルの歌と並び、日本の歌《さくらさくら》も含まれています。韓国の国定教科書に日本の歌が掲載されたのは、これが初めてでした[3]。

4. 国家戦略としての文化芸術振興と音楽科教育 [4]

　韓国では、2006年に「文化芸術教育支援法」が、2012年には「芸術家福祉法」が施行されました。これらは「国民の文化的生活の質向上と国家の文化力の強化」をめざす韓国政府により法制化されたものです。2005年には韓国文化芸術教育振興院が設立され、具体的な芸術文化政策の立案や実施が進められています。韓国では国家戦略として、官民あげての芸術教育の推進体制が構築されつつあります。

　「文化芸術教育支援法」では、学校における芸術教育の充実、専門家・指導者の育成、産官学連携による芸術の活性化などが推進されています。また、「芸術家福祉法」では、芸術家の職業的地位と権利を法的に保護し、福利厚生につなげる施策が進められています。これらの法律に基づき、2013年には「文化芸術教育士国家資格制度」が導入されました。国家資格を取得し、所定の研修を受けた音楽の専門家が学校を訪れ、アウトリーチ活動を行う事例が増えています。音楽科の授業にも積極的に参画し、実演の披露や指導を行い、音楽の専門的な見地から授業の充実を支えています。

5. 音楽科教育から拓く日韓交流の未来

　韓国は、日本にとって長らく「近くて遠い国」と言われてきました。19世紀末から20世紀半ばまで、韓国は日本の支配を受けました。この記憶はのちの日韓関係にも根強いしこりとして残りました。韓国は1980年代に急速な経済発展を遂げ、1988年にはソウル五輪が開催されました。この頃から日韓の間で交流の機運が高まります。1998年には当時の日韓首脳によって共同宣言「21世紀に向けた新たなパートナーシップ」が発表され、名実ともに新たな交流の時代に入りました。2000年以降では、2002年のサッカーワールドカップ日韓大会や韓流・日流ブームなどで相互交流が深まりました。

　中学校音楽科の『学習指導要領解説』には、「我が国や郷土の伝統音楽は……その多くが、古くから中国や朝鮮半島などの音楽文化の影響も受けながら独自の発展を遂げ、明治以降の近代化の影響を経て、現在、様々な音楽として存在している。……それぞれの音楽について、歴史的・地域的な背景などとのかかわりから知ることも意味のあることである」[5]とあります。音楽は、人々の日常生活や社会から生まれ、歴史のなかで育まれてきたものです。たとえば《アリラン》や《半月》といった日本の教科書にも収録されている歌は、日本の支配下の厳しい時代に、当時の朝鮮の人々が心の拠りどころとしてきた大切な歌です。指導する側に、このような背景についての理解があると、外国の音楽文化を尊重する態度を育てる上でも、説得力が増すことでしょう。

　2015年は日韓国交正常化から50年でした。同年6月には日韓両国の大使館主催による記念式典が、東京とソウルの2会場で開催され、両国の首脳が出席しました。ソウルの会場では、ソウル日本人学校の児童・生徒とソウル市少年少女合唱団が合唱を披露しました。日本の歌《故郷》《おもちゃのチャチャチャ》、韓国の歌《故郷の春》《青い心　白い心》、そして日韓共作の《together》がそれぞれ日本語と韓国語で歌われました。いずれも日韓の音楽教育交流に関わって、1990年代から2000年代にかけて広く

歌われるようになった歌でした。

　駐韓日本大使館は、この合唱について「数年にわたり不協和音を出している両国関係を協力と和合に導こうという意味が込められていると説明した」[6] そうです。日韓の政治・外交の最前線で、音楽が重要な役割を担っていることを示した場面でした。揺れうごく日韓関係のなかでも、音楽や歌を通して隣国の子どもたち同士が交流する機会を大切にしていきたいものです。

注

1）（財）自治体国際化協会ウェブサイト http://www.clair.or.jp/ を参照。

2）（財）自治体国際化協会ソウル事務所「韓国における多文化政策の取組み」『Clair Report』No. 367、2011 年 10 月。

3）拙稿「韓国の音楽教科書における日本の歌の導入―《さくら》の取り扱いを中心に―」『北東アジア文化研究』Vol.33、2011、pp.1-17。

4）科学研究費助成事業 基盤研究（C）「文化芸術教育支援法と芸術家福祉法をめぐる現代韓国の音楽文化政策の動態」（研究代表者：藤井浩基、課題番号 26503007）。

5）文部科学省『中学校学習指導要領解説 音楽編』2008、教育芸術社、p.46。

6）「日本大使館では韓日の生徒が合唱、韓国大使館には日本の主要閣僚が集まる」『ハンギョレ新聞』（「the hankyoreh」日本語版）http://japan.hani.co.kr/arti/politics/21098.html、2015 年 6 月 23 日掲載。

Column 箏の響き

　音楽の授業で箏を扱う際には、以下のような音階で調弦を行い、子どもに自由に触らせることからはじめてもよいでしょう。

○1 音ずつ弦をはじいてみる

○2 音同時にはじいてみる

○グリッサンドのように音を滑らせて響かせてみる

○右手と左手を自由に使って弦に触ってみる

○平調子で「さくらさくら」「子もり歌」を弾いてみる

○乃木調子で「うみ」「ひらいたひらいた」「かくれんぼ」「茶つみ」「夕やけこやけ」を弾いてみる

平調子（ひらぢょうし）

乃木調子（のぎちょうし）

第2節　ドイツの音楽科教育

1.　ドイツの小学校と音楽

　ドイツの小学校は基礎学校（グルントシューレ）と呼ばれ、第1学年から第4学年までの4年制の学校です（ただし、ベルリン州とブランデンブルク州は第6学年まであります）。ドイツを構成する16の州には、それぞれ文部科学省に相当する部署があり、教育に関する権限を有しています。したがって、音楽の授業の基礎となる学習指導要領（教育指針や教授プランなど名称はさまざま）は州によって異なります。音楽の授業時数は週あたり概ね1～2時間です。音楽と美術（絵画）が統合的に行われる場合もあります。また、低学年（1～2年生）ではドイツ語、算数、社会、宗教などの教科と一緒にまとめているところもあります。基礎学校における音楽の授業で重要なことは、子どもの生活の場面から生じた遊びの要素を含めた実践的な音楽活動を行ったり、歌唱や器楽演奏の基本的な技能を習得したり、音楽の基礎知識を獲得したりすることです。したがって、児童の発達段階に合わせて、低学年では複数の教科を総合的に取り扱い、そのなかに含まれる多様な活動に音楽を関連づけています。すなわち、複数教科の複合体のなかで果たすべき音楽の役割と、高学年にみられる専門的教科としての音楽の機能を意識的に区別し、あらゆる生活の場面のなかで全体的な音楽性を促進しながら、最終的に専門教科として音楽的基礎能力の獲得をめざしていると言えます。

2.　ドイツの小学校における音楽の授業内容

　ドイツでは16の州がそれぞれ学習指導要領を作成し、独自のカリキュラムを編成しています。しかし、昨今の学力低下問題を背景として、いくつかの州が連携して特定の学年までに獲得しなければならない知識・技能（コンピテンシー）を「スタンダード」として明示するようになりました。これは、ドイツ語や算数などの他の教科と同様に音楽の授業においても達成目標を明示することによって、知識・技能（コンピテンシー）の獲得を保障しようとすると同時に、授業改善のための評価規準を設定しようとする教育改革の表れであると言えます。ここでは、ベルリン州、ブランデンブルク州、メクレンブルク・フォアポンメルン州の3州が共同で開発した学習指導要領をもとに、音楽の授業においてどのような知識・技能の獲得がめざされているのかを、みていきましょう。

　基礎学校の音楽の授業は、児童の日常生活における音楽体験と関連し、感覚的な認識と美的な体験の道筋をたどるものです。児童は歌うこと、演奏すること、聴くこと、動くことを通して、①音楽の世界の多様性や関連性について、②音楽を授業のなかだけでなく授業外や学校外においても扱う方法について、③音楽活動をしたり適切に批評を行ったりする際の寛容や協力態勢について、あるいは、④何かを形作ったり判断したりする際の自信の高まりについて、体験したり発見したりします。

　授業の内容は、一般的に歌唱、器楽、鑑賞（聴取）、創作、転換、考察（思考）、などの領域に分けられますが、3州共同の学習指導要領では、①「音楽を創作し、演奏し、形成する」、②「音楽を聴取し、理解し、分類する」、③「音楽を他の表現形式に置き換える」、の3つの領域が示されています。①には、リズム活動、声と歌、楽器、音楽の諸要素が含まれます。動きや言葉のリズムを使った多様な活動を通して音楽の流れを全体的に理解したり、歌唱や楽器演奏を通して表現力や社会的能力を培ったり、音を使った創作や音楽の模倣を通して音楽の構成要素や構造を学びます。②には、音楽理解の基礎となる音響の認知・識別能力や音楽の諸要素の再認識、音楽の描写的表現と評価的表現の識別、さまざまな文化・時代・ジャンルにおける音楽の形式と内容、音楽の作用と機能、異文化間教育のためのさまざまな音楽文化が含まれます。聴覚を分化させ音響を正しく知覚する能力を高めたり、解釈や評価に先だって具体的な記述・描写の練習をしたり、適切な言語表現を用いた評価方法を学んだり、音楽の文化的背景や作

曲家・演奏家の情報を収集したり、地域の音楽文化を学んだりします。③には、音楽をリズム活動やダンスなどで身体表現すること、音楽に合わせて色彩描画したり音楽を絵画で表現すること、楽譜や記号などで視覚的に表現すること、声・言葉・文章・歌詞に曲を付けたりメロディーに歌詞を付けること、舞台演技として表現すること、視聴覚メディアやコンピュータを扱うことが含まれます。

　これら3つの領域に関して、児童が卒業までに身につけておかなければならない知識・技能（コンピテンシー）が表7－1のように定められています。

表7－1

①音楽を創作し、演奏し、形成する	・声を使った活動や歌のための表現手段として、自分の声を使う ・楽器や身のまわりの物を使って音楽的な創作課題をこなす ・音楽的表現力あるいは音楽に関連した表現力を独力で身につける ・他者と協力して音楽活動をする ・自分で創作したり倣って作ったりした歌や音楽の出し物を披露する ・音楽創作に図形を使う
	・自分の声を合唱に使う ・リズム、メロディー、ハーモニーの要素を含んだ伴奏パターンを作り上げる ・電子メディアを使って音楽を創作する ・さまざまな社会形態のなかで目標をとらえながら自己責任で活動する ・発案から最終発表までグループで音楽の流れを形作る ・歌唱や楽器演奏の際に図形楽譜を使う
②音楽を聴取し、理解し、分類する	・響きの特性に関して音楽の流れを比較する ・聴取、理解、分類のために図形楽譜を使う ・状況に適した音楽を選ぶ ・自分の発表および他者の発表を評価する ・音楽に関する情報を収集し整理する ・聴取した音楽に対して自分の意見を主張し、他者の意見を受容する
	・音楽の素材・構造・作用の特性を説明する ・聴取、理解、分類のために図形楽譜の草案を書く ・聴取した音楽を社会的、機能的、歴史的コンテクストによって分類する ・主体的にメディアから音楽に関する情報を入手し、収集し、整理し、発表する ・聴取した音楽に対する自分の意見や評価を説明し、寛容な態度で意見交換する
③音楽を他の表現形式に置き換える	・動きかダンス、図形か絵画で、音楽的特性を視覚的に表現する ・絵画、物語、舞台の情景あるいは動きに音楽的表現を付ける ・他者と協力して発表の準備をする
	・音楽のイメージや感情を即興的な動きやダンスで表現する ・場面やストーリーを音楽と劇で表現する ・美術、言語、音楽、技術の諸要素を使って改作する ・自分の価値観や美的表現力を発表に注ぎ込む

（領域の上段は4年生まで、下段は6年生までに習得しなければならない内容を示す）

　このように、ドイツの音楽の授業では音を知覚し音楽を構成する諸要素を感受する段階を経て、主体的に音楽的表現活動を行う段階へ、そして音楽文化や音楽の機能・作用などを考察し音楽に関する意見をまとめ評価する高次の段階（音楽について思考する活動）へと発展していきます。そのなかには、美術や言語、身体運動による表現と音楽を関連させ、音楽を視覚的にとらえることや、音楽に関する情報を収集し、分析し、活用することなども含まれており、ドイツの音楽科教育の大きな特徴と言えます。

主要参考文献

・Ministerium für Bildung, Jugend und Sport des Landes Brandenburg / Senatsverwaltung für Bildung, Jugend und Sport Berlin / Ministerium für Bildung, Wissenschaft und Kultur Mecklenburg-Vorpommern（Hrsg.）: *Rahmenlehrplan Grundschule, Musik.* 2004.

第3節　イタリアの音楽科教育

1. 学校体系

　　現在のイタリア共和国では、6歳
から10年間の義務教育が課せられて
います。義務教育の10年間とは、小
学校5年間、中学校3年間と、それ
以降の教育機関における初めの2年

			義務教育												
年齢	3	4	5	6	7	8	9	10	11	12	13	14	15	16	17	18
	幼児学校			小学校					中学校			後期中等学校 高等学校 専門学校　等				

図7-1　イタリアの学校体系

間を指します。中学校卒業以降の上級学校には、3年課程と5年課程のものなど、さまざまな教育機関
があります。

2. 教育課程

　　イタリアでは2012年、日本の学習指導要領にあたる指針（Indicazioni nazionali）が改訂されました。
この指針には「幼児学校および第1課程のカリキュラムについての国の指針」（Indicazioni nazionali per
il curricolo della scuola dell'infanzia e del primo ciclo d'istruzione）という名称がついており、小学校入学前
の幼児学校から、第1課程修了までのカリキュラムが示されています。第1課程とは、小学校5年間と
中学校3年間を合わせた8年間のことであり、このあとの上級学校のことを第2課程と呼びます。

　　小学校教育においては、週2時間の音楽科の授業が定められていますが、学校や児童の実態に応じて
多少の授業時間の変更は可能となっています。

　　小・中学校をとおしての音楽科の全体的目標としては、音楽を演奏と理解の2つの側面に分け、第1
を「合唱や合奏、音を探したり作曲したり演奏したりすることなど、音を直接使うこと」、第2を「過
去や現在の作品などに対して、個人的に評価をしたり、社会的・文化的な重要性を認識すること」とし
ています。こうしたことをとおして、他者との協力、社会化、他者理解、創造力の育成、帰属感、異文
化との相互理解などの力を養い、人間形成を行うことを大きな目的としています。

　　次に小学校音楽科の指針の内容を紹介します。

　　小学校では、表7-2のような能力発達目標と学習目標が示されています。領域ごとに分類すると、

表7-2　2012年指針による小学校音楽科の内容

能力発達目標	学習目標
・児童は視覚的なもの、空間、音の源との関係のなかで、音を探り、識別する。 ・聴くということを学びながら、声・物の音・楽器の表現の可能性を探り、さまざまな表記法を学ぶ。 ・基礎的なことに配慮しながら、音色・リズム・旋律の組み合わせを、声・身体・楽器やコンピュータで演奏する。また自由に、そして創造的に即興演奏する。 ・さまざまなジャンルや文化に属している簡単な器楽曲・声楽曲を、教育的楽器や自作の楽器を使いながら1人やグループで演奏する。 ・簡単な曲を構成する基本要素を演奏練習により認識する。 ・さまざまな種類の音楽を鑑賞したり、解釈したり、批評したりする。	・創造力と即興力を段階的に伸ばしながら、創造的・意識的に声・楽器・その他の音の出る新しい技術を使う。 ・音高、表現、役割に配慮しながら、多声音楽を含む、簡単な声楽曲・器楽曲を集団や個人で演奏する。 ・さまざまな時代や場所の文化を理解し、さまざまな種類やさまざまなスタイルの音楽の機能的側面や美的側面を評価する。 ・さまざまなジャンル・起源の作品に含まれる音楽言語の構成的基礎要素を理解し、分類する。 ・伝統的・非伝統的な記譜システムを用いて、音や音楽の文法の基礎を表現する。 ・マルチメディア（映画・テレビ・コンピュータ）からの音楽や音の使い方の役割や関係を理解する。

演奏、音楽理論（音の認知、記譜法を含む）、鑑賞、創作について能力発達目標が示され、それに応じて、具体的な学習目標が定められています。

2012年に改訂された指針の特徴的な部分としては、創造的な即興演奏、教育的楽器や自作の楽器の使用、鑑賞による音楽の美的評価、マルチメディアの使用、が挙げられます。これまでは過去の有名な作曲家の作品を扱う再現芸術（riproduzione）を中心としていた音楽科教育ですが、近年は自分で音楽を創りだすという非再現芸術（produzione）に重点を置くようになっています。

上記以外には、音楽科について記載されている内容はなく、日本のように歌唱共通教材などの具体的な指示はありません。どのような教材を扱い、どのような授業を展開していくかということについては教師に委ねられていることになります。

3. 小学校音楽科教科書

イタリアで使用されている音楽科教科書は、日本のように国による検定はなく、数十社ある出版社が指針を踏まえた上で、独自の工夫を凝らして作成しています。そのなかのいくつかの教科書の内容を分析したところ、各教科書に掲載されている学習活動は「歌唱」「器楽」「鑑賞」「創作・楽器製作」「音楽理論の学習」「その他」の6つの活動に分類することができます。学習活動で特徴的なのは、表現や鑑賞などを伴わずに音符の名前や音価などを学ぶための「音楽理論の学習」という活動が存在することです。「音楽理論の学習」は教科書の約25％を占めています。さらに特徴的なのは「その他」の活動であり、これは教科書の約40％を占めています。

「その他」の内容としては、主に生活と音楽との関わりを重視したものとなっており、生活音に耳を傾け、音の長さや強さの概念について理解する、などといった活動があります。他教科との関連が強く、ある教科書では、テンポやリズムを学ぶ前段階として、アナログ時計の読み方を、算数科ではなく、音楽科の教科書のなかで学ぶようになっているなど、音楽に関するさまざまな事柄の概念はすべて生活につながっていることが強調されています。特徴的なのは、音楽科教科書のなかで他教科の内容が補足的に扱われているのではなく、むしろ、生活や学校で学ぶさまざまな内容を起点として、音楽に関わる概念をごく自然に理解させている点です。

「歌唱」や「器楽」においては、声の出る仕組みや、楽器での運指などを学ぶことにとどまり、教科書で見る限り、表現方法の工夫など芸術性の高い技術の習得には至ってはいません。

4. イタリアにおける音楽教育

イタリアの小学校における音楽教育としては、前述のとおり、生活と音楽との関連を重要視しており、人間形成を行うことを第1に考えています。「音楽の国」として捉えられていることの多い国ではありますが、小学校においては、演奏の高度な技術指導などは行われていません。

しかしイタリアにおいては音楽の専門的な教育機関も発達しています。音楽を専門的に学びたい場合には、日本で言えば習い事に通うような感覚で音楽院（conservatorio）に入ることができます。音楽院は音楽家を育成することを目的とした専門の教育機関ですので、音楽しか学ぶことはできませんが、音楽院附属中学校では、国語や数学など音楽以外の科目を一般の教育機関と同様に学びながら、音楽のみ専門的に学ぶことができます。さらに1999年からは中学校のなかに音楽コースを設置することができるようになりました。中学校音楽コースも、音楽院附属中学校と同様に、音楽以外の科目を一般の教育機関と同様に学び、音楽のみを専門的に学ぶことができます。音楽院附属中学校と中学校音楽コースの違いは、その目的にあります。音楽院附属中学校は音楽院と同様に音楽の専門家を育成することが目的

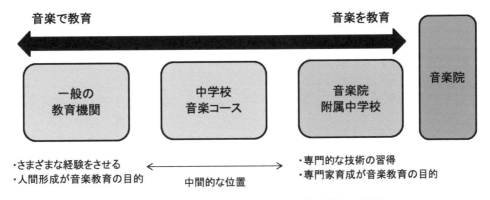

図7－2　一般の教育機関と音楽専門の教育機関の位置づけ

ですが、中学校音楽コースは、音楽を手段としながら人間形成を行うことを目的としています。このことを図で表すと、図7－2のようになります。

　つまり、中学校音楽コースは、音楽を手段として人間教育を達成しようとするという意味において、一般の教育機関と音楽院附属中学校の中間に位置しているといえます。

主要参考文献

・Ministero dell'istruzione dell'università e della ricerca：MIUR（2012）*Indicazioni nazionali per il curricolo della scuola dell'infanzia e del primo ciclo d'istruzione*, Le monnier.
・Cancedda, S.（2008）*Musica guida*, Nicola Milano Editore.
・Cappellari, A.（2017）*Mamemimo Musica*, Carisch.
・Pelassa, A., Franco, F.（2014）*Musical-mente*, Erickson.

Euphemia Allen　作曲
吉富功修　編曲

Chopsticks は、はし（箸）の意味です。eat with chopsticks のように使います。

連弾で楽しみましょう。高音部は、はしのように、左右の人差し指だけで演奏できます。

上手になったら、低音部の第1拍は、1オクターブ重ねて弾きましょう。

第4節　ハンガリーの音楽科教育

1. ハンガリーの音楽教育システム

　1950年代から1989年頃までのハンガリーにおいて、音楽教育システムには統一性がありました。コダーイ・ゾルターンの理念に基づいた音楽教育法が、就学前教育から高等教育に至るまで徹底して行われていたのです。教科書は同じものが使われていました。コダーイの理念を実践化したのは、初等教育に関してはアダム・ジェノであり、幼児教育についてはフォライ・カタリンです。両者は、コダーイの弟子と言われていますが、アダムはどちらかと言えば同僚に近い存在でした。アダムは、コダーイより若干年齢が若く、作曲家、指揮者、かつ大学の研究者でした。一方、カタリンはコダーイよりも年齢がずっと若く、コダーイの弟子といった関係でした。

　1990年にハンガリーの政治体制が変わると、教科書は1つではなく、多くのなかから選択できるようになり、音楽教育システムは、以前ほどには統一性がなくなりました。

　ハンガリーでは、改革前から現在に至るまで、一般小学校と音楽小学校が存在しています。以前の一般小学校（第1学年－第8学年）では、週2回音楽の授業がありました。現在では、一般小学校は第1学年－第4学年のところもあり、音楽の時間は週1回程度に減少しています。音楽小学校とは、音楽の授業が特別多い小学校のことです。音楽の授業はかつては週6回ありましたが、現在では週2－3回で、ソルフェージュと楽器の学習が中心となっています。このように、現在のハンガリーでは、以前に比べて、音楽の時間は半減しています。また、音楽小学校の数も減少しています。教科書は多様化しましたが、内容は今のところコダーイの理念に基づいた内容となっています。

　小学校以降では、幼稚園の時期に学んだ親しみのある曲を教材として、楽譜の学習へ入ります。つまり、幼稚園教育は小学校教育の準備段階であり、幼・小連携の教育が実施されているのです。このため、幼稚園と小学校の先生は、教員養成大学の同じコースで養成されます。

表7－3　一般小学校1年生の音楽教育カリキュラム

領域	音楽活動	教材
歌唱	遊びうたを歌う。 歌詞のあるうたを暗唱する。 先生の指導でハンドサインを見て歌う。 うたと唱え言葉のリズムシラブル唱をする。 正しいテンポを決めて保持する。 正しい姿勢と呼吸法。 提示された音の高さを弁別して再生する。	唱え言葉、わらべうた 狭い音域のハンガリー民謡 記念日の歌（母の日、サンタクロースの日、クリスマスの日） 芸術的に価値がある創作された子どものうた（子どもと環境、自然と社会）
音楽鑑賞	大－小を識別する。 テンポの違い（速い－遅い）を比較する。 提示された1－2分の音楽（よく知っている子どものうたを編曲したもの）を集中して聴く。 音色の識別能力を育成する。 a）人の声（子ども－女性－男性）の識別 b）楽器の音の識別（リズム楽器、メタロフォン、縦笛、ピアノ） 音楽の情景を聴きながら観察する。	身の回りの物、身の回りの騒音・雑音 楽器伴奏をつけた歌唱教材 描写音楽
創作	基本リズムを使いながら、うたとリズムの創作遊びをする。 応答唱（名前を歌う）をする。	旋律のモデル：習った唱え言葉、子どもの詩、遊びうた、習ったメロディ

（A NEMZETI TANKÖNYVKIADÓ MÛHELYÉNEK KERETTANTERVE AZ ALAPFOKÚ NEVELÉS–OKTATÁS SZÁMÁRA, 2003, pp.42-44 を訳出し、表にまとめた。）

表7－4　一般小学校1年生で習得すべき学習内容

項目	学　習　内　容
うた	表1を参照。
リズム	基本拍、モティーフの強拍－小節の強拍、2拍子、基本リズム、4分音符、休符、つないだ8分音符、リズムの模倣、小節線、終止線、反復記号。
旋律	ペンタトニックの旋律の構成音。
	階名（ソ－ミ、ラ－ソ－ミ）。
楽譜	5線譜の理解、習ったペンタトニックメロディ、階名（ハンドサイン、階名、音符）を5線譜に書く。
調	ペンタトニック音形（ドと下のラを基礎にして）。
演奏	大－小、テンポ（速い－遅い）。
音色	リズム楽器、子ども－女性－男性の声、メタロフォン、ピアノ、縦笛。
進級条件	1年生には進級条件はない。1年生は育成の時期である。

（A NEMZETI TANKÖNYVKIADÓ MÛHELYÉNEK KERETTANTERVE AZ ALAPFOKÚ NEVELÉS–OKTATÁS SZÁMÁRA, 2003, pp.44-45 を訳出し、表にまとめた。）

2.　一般小学校音楽科の内容の一例（第1学年）

　ここでは、紙面の都合上、一般小学校音楽科第1学年について示します。

　表7－3からは、わらべうたや民謡などの身近な教材による歌唱活動を通して、音高感、音程感、リズム感、均等な基本拍などの体得が図られていることがわかります。また、音楽鑑賞と創作活動によって、外的聴覚力と内的聴覚力の育成がめざされていることがわかります。表7－4からは、強拍、2拍子、基本リズム、小節線、終止線、反復記号、階名、5線譜の理解や、階名や記号の記譜など、楽譜学習が多いことがわかります。

　これに基づいて出版された、ハンガリーで最も使用されているNemzeti Tankönyvkiadó社出版の一般小学校用音楽科教科書Ének-zene（『うた－音楽』）の1年生用の題材（単元）名は、「うた、唱え言葉」「均整のとれた鼓動」「音楽のリズム：taとtiti」「音楽のふし：ソ－ミ」「音楽の沈黙：休止符」「ラの音」「2拍子」「終止線」「反復記号」「祝祭日の歌」「この本で習ったこと」となっています。つまり題材は、ほとんどが楽典的内容で構成されているのです。掲載されているうたは遊戯つき（さまざまな隊形で行進したり、リズミカルな動作をしたりする）で歌われ、遊戯の仕方も教科書に記載されています。教科書では、音の高低やリズムを視覚的にとらえられるように、絵で表したり、符幹だけのリズム譜を記載したり、5線譜の上に音符を●で表したりしています。児童の心身の発達を考慮しながらも、1年生から読譜・記譜の能力の育成を重視していることがわかります。内容は易→難であり、練習課題がほとんどすべてのページに載せられ、反復学習が意図されています。また活動は、大部分が幼稚園のうたを用いて行われます。このことから、幼稚園での音楽活動が、小学校1年生の音楽学習の基盤となっていることがわかります。

　以上のように、ハンガリーの音楽科教育は、系統的に音楽の技能や知識の獲得をめざしているといえます。

主要参考文献

・三村真弓、吉富功修、北野幸子「ハンガリーにおける保幼小連携音楽カリキュラム－就学前教育から小学校1年生への系統性に着目して－」『広島大学教育学研究科　音楽文化教育学　研究紀要』XX、2008、pp.1-12。

第5節　スペイン・カタルーニャの音楽科教育

1. 音楽科教育の義務化

　スペインのすべての小学校で確実に音楽科教育が行われるようになったのは、1990 年以降からです。1939 年から 1975 年まで永らえたフランコ将軍の独裁政治は、スペインがさまざまな分野において近隣のヨーロッパ諸国に遅れをとる原因となりました。学校教育もそのうちの 1 つです。1975 年の立憲君主制のもとで新たな国家として誕生したスペインでは、さまざまな教育改革が行われました。そのなかでも、音楽科教育に多大な影響を与えたのは 1983 年の大学教育法（Ley Orgánica de Reforma Universidades、以下 LOU）[1] です。LOU は大学に多くの自治権を与え、翌年の 84 年にはオビエド大学で地理・歴史学部の芸術史コースのなかに音楽学の専門課程が初めて導入されます。音楽学はもともと高等音楽院で学ぶ分野であり、これはスペインで初めて大学教育に音楽学が導入された事例でした。後には、1989 年にサラマンカ大学で、1990 年にはグラナダ大学でも導入されます。高等音楽院で取得した音楽学の資格が大学でも認定され、高校教育において音楽や芸術を教えることが可能になります。それまで、希薄であった音楽院と大学の間の連携が強化されます。そして、1990 年の新教育法、教育制度一般法（Ley Orgánica de Ordenación General del Sistema Educativo）[2] で大学の初等教育教員養成コースに幼児教育、初等教育、外国語、体育教育、特別支援教育などと共に、音楽教育が設けられ、専門性のある教師が学校に配属されることが可能となりました。1990 年以前のスペインの小学校音楽科教育は、補足的な教科として扱われ、他領域の教師が師範学校や大学で学んだ基礎的な知識に頼りながら、五里霧中の状態で教えられていました。その意味で、大学における専門課程の設置は小学校における音楽科教育の実施を確実なものとしました。

2. カタルーニャの音楽科教育

　スペインでは、地方の多様性を生かした地方分権化が進められ、現在 17 の自治州があります。自治州はスペインの中央政府とは別に独自の議会や州政府をもち、教育や医療、社会保障などの幅広い分野で自治権を得ています。カタルーニャはそのうちの 1 つです。教育においては、中央政府が定める最低限の基準を軸に、各自治州はその言語的、文化的な特性に適した教育を施行できることになっています。

　スペインの義務教育は 6 〜 12 歳までの初等教育と 12 〜 16 歳の前期中等教育の 10 年間です。義務教育の後には、後期中等教育は 2 年であり、大学教育は専門課程によって多少異なりますが一般的には 4 年です。幼児教育は 0 〜 3 歳、3 歳〜 6 歳の 2 期に分けられ、幼児教育の第 2 期と初等教育が同様の学校施設で行われる幼小一貫教育が基本です。

　現在、カタルーニャの小学校の音楽科教育は、美術教育とともに、芸術教育という学習領域のなかに含まれています。音楽科教育の正式な教科名は「音楽とダンス」です。17 ある自治州のなかでこの教科名を用いているのはカタルーニャのみです。「音楽とダンス」の学習内容は「探求と感受」、「表現と創作」の 2 領域に分けられています。「探求と感受」には、声や楽器、身体の表現的かつ創造的可能性を追求すること、カタルーニャもしくはクラスメートの出身地の伝統的音楽と舞踏を知ることや、楽曲における音楽様式、音色の違い、楽器編成、声部編成を認識するなどの学習活動があります。「表現と創作」には、伝統的ではない記譜法（絵図、言葉、記号）と伝統的記譜法（主に五線譜）における簡単な楽譜の読譜、表現と創作、カタルーニャと諸外国の伝統的音楽と舞踊の表現や、個人もしくは集団で、電子系統を含んださまざまな打楽器を用いた楽曲と踊りの創作などの学習活動があります。教科書は検定制ではなく、また多くの出版社が存在するため、各学校によって用いられる教材が異なると同時に、教科書そのものを使用しない学校もあります。音楽の授業は週に 1 〜 2 時間行われます。カタルーニャの音楽科教育の特徴は、その教科名のとおり、ダンスや身体表現を多く取り入れていることです。音楽を聴いて感じたことを身体で表現することや、音楽の諸要素を体の動きをとおして認識する活動が盛ん

に行われています。

3. ペラアントン校の「子どもが育つ音楽教育」プロジェクト

　2006 年の教育基本法（Ley Orgánica de Educación）[3] は各小学校がその地域や児童の特性に合わせた学校教育を行うことを促しました。それ以降具体的な教育プロジェクトを設けて、教科の枠組みを超えた学際的教育がブームとなっています。ペラアントン校は、「子どもが育つ音楽教育」という教育プロジェクトをテーマとして、15 年前から学校教育を行っているカタルーニャの幼小一貫校です。ペラアントン校は、カタルーニャにおける最大の都市バルセロナから約 25km 離れた、人口 6 万人の地方都市グラノリェース市にある公立小学校です。ペラアントン校では「子どもが育つ音楽教育」プロジェクトの開始以前には、移民の児童の増加による学力の低下と地域の家族からの人気の低下が大きな問題となっていました。スペインの義務教育は学校区制ではなく選択制を取り入れているため、保護者が市役所を通じて、希望の通学先を申請しますが、ペラアントン校は年々応募の数が減り、最終的に定員割れにまで陥りました。その結果、年中グラノリェースに移住する移民たちの児童が、この小学校に集中するようになってしまい、移民の子どもが増加することで更に人気が低下するという悪循環を形成するまでに至りました。グラノリェース市役所はその解決策として、ペラアントン校の学校教育を魅力のあるものにし、すべての児童に質の高い教育を保障するために「子どもが育つ音楽教育」プロジェクトを提案しました。本プロジェクトの具体的な構造に関しては、一般的な音楽の授業に加えて、ソルフェージュ、合唱、ビッグバンド（吹奏楽）、ダンス、器楽の合計 6 つの授業が毎週行われています。音楽の先生は、非常勤講師を合わせて 7 人います。また、カタルーニャの小学校では珍しいことですが、金管楽器、木管楽器、打楽器やピアノなどさまざまな楽器が設備されており、優れた環境が整っています。

　現在ペラアントン校は定員割れの状態を脱し、2007 年からは入学を希望する児童の数が定員を超えました。カタルーニャで毎年行われる学力調査においては、スペイン語、カタルーニャ語、英語、算数のすべての教科においてカタルーニャ全体の平均点を上回っており、基礎的な学力の改善もなされています。また、「子どもが育つ音楽教育」プロジェクトはその魅力から学校内の雰囲気を良いものにし、教員組織の連携を強化させ、幼児・児童の学習意欲の向上や保護者の積極的な参加をもたらしています。今回はペラアントン校を例としてあげましたが、カタルーニャにはこのように音楽教育を学校教育の土台として取り入れている学校が他にも幾つかあります。

4. 音楽科の危機

　2013 年 12 月にスペインの与党、国民党（Partido Popular）によって、教育法が改正されました。1975年以降スペインでは、政権が交代するたびに教育法の改正が行われ、教育現場に多くの混乱をもたらしてきました。国民党による教育の質向上のための基本法（Ley Orgánica para la Mejora de la Calidad Educativa）[4] は小学校の芸術教育を選択必修教科として位置づけ、より基礎的な教科に力をいれる方針を示しました。これによって、1990 年に義務化された音楽科教育は 2014 年 9 月の新学期以降から、スペインのすべての小学校で行われなくなる深刻な状態になっています。また、2020 年 1 月には左派の連立政権が発足し、今後、小学校音楽科教育の位置づけが更に変化していくかもしれません。

注

1）https://www.boe.es/buscar/doc.php?id=BOE-A-1983-23432（2020 年 6 月 1 日にアクセス）

2）https://www.boe.es/buscar/doc.php?id=BOE-A-1990-24172（2020 年 5 月 7 日にアクセス）

3）https://www.boe.es/buscar/doc.php?id=BOE-A-2006-7899（2020 年 5 月 21 日にアクセス）

4）http://www.boe.es/boe/dias/2013/12/10/pdfs/BOE-A-2013-12886（2020 年 5 月 15 日にアクセス）

第6節　スウェーデン王国の音楽科教育

1．スウェーデンの学校教育制度

　スウェーデンの義務教育は、7歳から15歳の子どもを対象におこなわれます。日本の小学校及び中学校に相当する学校は、総称して「基礎学校（grundskola）」と呼ばれます。1998年からは、幼児期から児童期への滑らかな連携を図ることを目的とした6歳児対象の「就学前学級（förskoleklass）」がすべての基礎学校に併設されるようになりました。就学前学級における就学は、以前は希望者のみでしたが、スウェーデンで新学期が始まる2018年の秋より義務教育となりました。

　基礎学校における教育内容は、学校庁（Skolverket）によって告示される「レーロプラン（läroplan）」によって規定されており、学校教育法（Skollag）によってすべての基礎学校に適用することが法的に定められています。そのうち、各教科の教育内容に関する規定は、「クースプラン（kursplan）」と称され、レーロプランの一部を構成しています。なお、現行のレーロプランは、2011年のレーロプランを基礎として、2019年に一部改定されたものです。

2．スウェーデンの音楽科教育

　音楽科は、基礎学校における必修教科の1つです。

　表7-5は、現行の音楽科クースプランに示された音楽科の目標です。スウェーデンの音楽科では「演奏したり鑑賞したりすることを通して、音楽文化に参加する可能性を広げるような知識を児童・生徒に教育すること」がめざされています。

表7-5　2016年音楽科クースプランの「目標」

目標
音楽科の授業では、演奏及び鑑賞する場において、児童・生徒が音楽文化に参加することを可能にするための知識を養う支援をしていくことを目標とする。 　1）音楽科の授業では、児童・生徒に表現方法やコミュニケーション方法としての音楽を習得させるための機会を与えるべきである。音楽科の授業では、一貫して、児童・生徒に声や楽器や音楽用語を使うための能力を開発する機会を、さまざまな音楽様式やコンテクストのなかで与えるべきである。 　2）音楽科の授業では児童・生徒に、さまざまな様式で、他の人とともに創作したり、取り組んだり、演奏を共有したりすることを可能とするような音楽的感性を開発する機会を与えるべきである。音楽科では、自分の歌や演奏への能力に対する自信を発展させる機会と音楽創作の発展に対する興味の両方を児童・生徒に与えるべきである。 　3）音楽科の授業を通して、さまざまな経験を積み重ねたり、経験を音楽に反映したりする力を児童・生徒に養うべきである。音楽における児童・生徒の経験は、挑戦的であるべきであり、他の人の音楽の経験と相互に影響し合うことで深化されるべきである。これらのことを通して、音楽科は児童・生徒自身の音楽文化だけでなく、他の人のさまざまな音楽文化に対する知識・理解の発展に尽力すべきである。 音楽科の教育において児童・生徒に発展させるべき力は以下のとおりである。 ①さまざまな音楽の表現形式やジャンルで演奏したり、歌ったりする。 ②音楽を創造し、自分の音楽に対する考えやアイデアを表現し、伝える。 ③さまざまな社会的、文化的、歴史的なコンテクストにおける音楽表現について議論・分析する。

（Skolverket（2019, p.157）から筆者が訳出し、番号を付した）

　上記の1）～3）を見ると、教育目標は、1）「演奏力」、2）「創作力」、3）「音楽文化に対する考察力・分析力」の3つの観点によって構成されていることがわかります。①～③では、こうした観点に対する具体的な力が示されています。

　これら3つの観点のうち、特徴的なのは3）です。この観点に対応する③では、社会的、文化的、歴史的な側面から音楽表現について議論、分析する力の育成が求められています。具体的には、生活・行事・文化・他の芸術分野・メディア等と音楽との関わり、楽器やさまざまなジャンルの特徴・歴史・分

類、音楽がもたらす心象・効果、といった題材が学習内容として、挙げられています。こうした「音楽文化に対する考察力・分析力」とは、すなわち人間の行為それ自体としての音楽について、自分の考えを深めることができる力です。このように、スウェーデンの音楽科教育では、学習を通して子どもたちが音楽に対するアイデンティティーを形成することが、教育目標の1つとして重視されているのです。

3. 課外音楽学校と課外文化学校

　スウェーデンでは、課外学習の一環として、公立の課外音楽学校（Musikskolan）または課外文化学校（Kulturskolan）で音楽をはじめとしたさまざまな芸術を学ぶことができます。これらの学校のいずれかは、スウェーデンの行政区画であるコミューン（日本の市区町村に相当する）が中心となって運営されており、現在、290あるコミューンのうち283のコミューンに設置されています。これらの学校の運営には公的な資金が投入されており、子どもの学習のために家庭が負担する費用はかなり抑えられています。配属される教師は、大学等で専門的な教育を受け、専門資格を取得しており、一定の質が保証されています。

　課外音楽学校は1940年代に初めて設立されてから、永きにわたってスウェーデンの子どもの音楽教育に重要な役割を果たしてきました。1998年になると音楽以外の芸術コースも開講できるようにと課外文化学校が設立されるようになり、それまでの課外音楽学校も課外文化学校に移り変わっていきました。しかし、現在でも音楽が75%の子どもによって選ばれており、いぜんとして課外文化学校における学びの中心です。

4. スウェーデンの学習社会と生涯音楽学習

　スウェーデンは、成人の生涯学習への参加率が高く、生涯学習先進国と評されています。スウェーデンの生涯学習社会を象徴する成人教育形態の1つに、この国で独自に発展を遂げた「学習サークル（studiecirkel）」があります。学習サークルは、民間団体である「公認学習協会（studieförbund）」によって、管理・運営されています。現在、10団体の公認学習協会が国から認可されており、それらは、国民が自ら組織して学習するための支援をしたり、国民の学習テーマ選択の傾向や学習の動向に基づいて講座を開設したりして、国民の学習を促進することを使命としています。そのために、国は運営や学習支援に必要とされる補助金を支給しています。

　学習サークルでは、国民の学習に対する興味や意欲が尊重されます。こうした取り組みの基礎となっているのは、国民同士が学び合いながら互いに高め合うことをめざす「民衆教育（folkbildning）」と呼ばれるノンフォーマル教育の理念です。学習サークルでは単なる知識そのものの獲得よりも、生活に根ざした人間的な向上がめざされてきました。こうした考えのもとに、スウェーデンでは、年齢やバックグラウンドに関わらず、個々のステータスに合わせた多様な形で学びを展開できる環境が整えられているのです。

　学習サークルでは、語学、宗教、社会科学、歴史、哲学、産業、美術、写真などさまざまな学習テーマを学ぶことができます。特筆すべきことは、ここでも音楽が最も多くの参加者に選ばれている学習テーマであるということです。スウェーデンでは、民衆教育として音楽学習が根付いており、学校で音楽を学んだ先に、その学習を継続できる確かな学習環境が社会のなかに確立されているのです。

主要参考文献

・Folkbildningsrådet, *Årsredovisning med verksamhetsberättelse 2018*, Folkbildningsrådet, 2019.
・Skolverket, *Läroplan för grundskolan, förskoleklassen och fritidshemmet reviderad 2019*, Skolverket, 2019.

参考ウェブサイト

・Kulturskolerådet：Kulturskolan i siffror
（https://www.kulturskoleradet.se/sites/default/files/atoms/files/kulturskolan_i_siffror_2016_0.pdf）
（最終アクセス：2020 年 1 月 20 日）
・Sveriges Riksdag：Skollag（2010:801）
（https://www.riksdagen.se/sv/dokument-lagar/dokument/svensk-forfattningssamling/lag-2010801-om-inforande-av-
skollagen_sfs-2010-801）
（最終アクセス：2020 年 1 月 20 日）

第8章　音楽科教育のテクニック

第1節　美しい歌声を引き出すピアノ伴奏

1. ピアノ伴奏における拍・速度・リズム

　音楽の授業では、先生が伴奏をしながら児童と歌う場面が多くあります。クラスで歌を歌う際には、児童1人ひとりが歌いたい拍やリズムをうまく調整しながらお互いに合わせようとする社会的行動が見られます。また、児童は日常生活のなかでさまざまな音楽体験をし、音楽的行動をとっています。したがって、音楽の授業では児童が個々に築き上げた音楽生活のなかに先生が介入することによって、さらに高いレベルの音楽的行動を起こさせるように、音楽活動を組み立てる必要があります。先生がピアノ伴奏をしながら歌唱活動する場合には、まず児童が歌いやすい速度を設定し、その速度を保持しながら音楽をつくることが最も重要です。

　では、授業ではどのくらいの速さで歌ったらよいのでしょうか。具体的には、①曲の雰囲気を損なわない速さであること、②児童が歌いやすい速さであること、③先生が伴奏できる速さであること、の3点を考慮するとよいでしょう。安定した拍やリズムを維持するという観点から言えば、音の長さの最も短い音符の部分（例えば、16分音符など演奏していて忙しい部分）が弾ける速度で曲全体を弾くことになります。しかし、忙しい部分や速い部分が弾ける速度を基準に曲全体の速度を設定することによって曲の雰囲気が変わってしまったり、児童にとって歌いにくい状況が生じたりしたときは、伴奏形を変えて弾きやすくするなどの工夫が必要でしょう。

2. 歌うことを中心とした伴奏と歌唱指導の方法

　歌の伴奏（弾き歌い）をする際に陥ってしまいがちなこととして、ピアノを弾くことに熱中してしまい、肝心の歌がおろそかになってしまうことがあります。児童の歌声を引き出すことが一番のねらいですので、ピアノの演奏ばかりに気をとられてしまってはいけません。また、先生はピアノの伴奏に合わせて歌を歌うのではなく、先生自身の歌声で児童をリードし、その歌声を音楽的に補足する手段としてピアノ伴奏があるということを常に意識しましょう。

　歌の伴奏は必ずしも完成された原曲の伴奏を正確に弾くことに限定されるわけではありません。むしろ、児童の歌声の状況に応じて、あるいは歌唱指導の場面に応じて、柔軟に伴奏を変えることが望まれます。新しく扱う歌（未習曲）の場合には、なおさら児童の歌声を導き出すような指導を行う必要があります。そのために、次のような手順で歌唱指導を行うとよいでしょう。

1) 先生が模範唱をする

　先生がお手本として歌ってみせることによって、児童に曲の雰囲気や全体像をつかませ、「この曲を歌ってみたい！」という気持ちを高めます。したがって、強弱や歌詞の発音に気をつけて表現豊かに歌ってみせることが望まれます。歌の良さを児童に伝える気持ちで歌いましょう。歌によって、伴奏をつけて弾き歌いをしてもいいですし、あえて伴奏をつけずに先生の歌声のみを聴かせてもよいでしょう。

2) 先生がメロディーを両手でオクターブで弾きながら、児童と歌う

　新しく習う歌をいきなり伴奏だけで歌うことは、多くの児童にとって難しいことです。メロディーのみを取り出した歌唱練習を行い、メロディーと歌詞がしっかりと分かって歌えるようにします。このときに、先生は児童の様子や声を観察しながら指導します。楽譜に示されているメロディーのみをピアノで弾くと響きが弱く、初めて歌う曲を安心して歌うことができません。そこで、楽譜に示されているメロディーは右手で、そしてその1オクターブ下の音を左手で同時に弾くと、教室の隅々までピアノの音が響き渡り、児童はピアノのメロディーを聴き取りながら歌うことができます。

　メロディーに同音の連続が含まれる場合には、音がこま切れ（スタッカート）にならないように、1つひとつの音を十分にのばして弾くようにします。児童は先生の声とピアノの音にしたがって歌（メロディー）を覚えていきます。ピアノで示す音が短く切れてしまうと、児童の歌声もピアノの音と同じようにこま切れになってしまい、歌詞の美しさを味わうことなく、正しい発音も獲得できませんし、音楽的なまとまりがなくなります。鍵盤からすぐに指を離さずに、その音の長さを保って弾きましょう。《メリーさんのひつじ》を例にとると、第2小節にミの音が、第3小節にレの音が連続して出てきますので、「ひっつっじ」「メッエッメエ」とならないように、「ひつじ」「メエメエ」と歌うように鍵盤を押すとよいでしょう。

3) 左手で伴奏をつけて歌う

　メロディーのみを取り出して練習をした後に、初めて伴奏をつけて歌います。伴奏には大きく2つのタイプがあります。1つは右手にメロディーが含まれるタイプ、もう1つは両手でメロディー以外の伴奏を弾くタイプです。前者の伴奏譜の場合にはそのままピアノを弾きながら歌えばよいのですが、後者のように右手にメロディーが含まれていない伴奏譜を用いる場合には、子どもの歌声をリードするためにも、まず右手でメロディーを弾き、左手で和音などの簡単な伴奏をつけて歌うとよいでしょう。その後、伴奏譜どおりに伴奏をつけます。しかし、伴奏をしながら児童が十分に歌えていない（声が小さくなったり、あやふやな音高で歌っている）と感じたら、すぐに右手でメロディーを補い、歌声をリードします。

　小学校の場合、教室の広さと児童数を考慮して、伴奏はある程度の音量を保って弾きましょう。伴奏の音量が小さくなると、それにともなって児童の声の音量も小さくなる傾向があります。児童が十分に声を出して歌うという行動を導くために、少し大きめの音量で伴奏を弾いてみることをおすすめします。

3．ピアノ伴奏を用いた歌唱指導における留意点

　このような手順で歌唱指導を行うことによって、児童はメロディーをしっかりと覚え、伴奏にうまくのって歌うことができるようになります。また、先生は児童の歌声や歌っている姿に注目することができます。この一連の手順全体において注意すべきことを3つ述べておきましょう。

1) 常に児童の姿を見ながら弾き歌いをする

　児童の前で話をするときと同様に、児童1人ひとりの顔を見ながら弾き歌いをします。児童がどんな姿勢で歌っているのか、どんな表情で歌っているのか、口の開け方はどうなっているのか、そしてどのような歌声を出しているのか、児童の姿を観察しながら歌唱活動を行うことが望ましいでしょう。児童

のよりよい歌声を引き出すことは、児童の歌う姿を把握すること（現状把握）から始まります。楽譜や鍵盤を見ずに弾けるようにある程度暗譜しておきましょう。このことは、先生の正しい歌い方を児童に見せる（歌い方のお手本を示す）ことにつながります。児童は、先生が歌う際の表情や口の開け方をお手本としてまねをしますので、よいお手本となるような歌い方を心がけましょう。

2）前奏を必ずつける

　前奏があらかじめついている曲の場合には、曲全体のイメージをふくらませるように、少し大きめの音量で弾きます。ここで児童を曲の世界に引き込むことができれば、「この歌を歌いたい！」という気持ちをさらに高めることができます。また、前奏のついていない曲でも、曲の終わりのフレーズを利用したり、簡単な前奏を作ったりして、歌い出しやすいように工夫しましょう。なお、歌が始まる1小節前で「（いち、に、）さん、ハイ」と出だしの合図をすると児童は自信をもって歌い出すことができます。この声かけはいざやってみると案外難しいものですから、あらかじめ練習をしておきましょう。

3）歌唱指導の際にメロディーを弾く場合は、歌詞の発音のリズムにしたがって弾く

　歌詞の発音のリズムを十分に認識しながら歌うことは、歌詞の内容の理解を深め、正しい言葉の発音を身につけることにつながります。しかし、楽譜に書かれた音符は必ずしも発音のリズムと一致しているとは限りません。また、1番と2番の歌詞で発音のリズムが異なる場合もあります。したがって、促音（小さい「っ」）や長音（のばす音）が出てきたときには、楽譜に書かれている音符にとらわれず歌詞を読んだときのリズムにしたがってメロディーを弾きます。そうすることで、児童は迷うことなく自信をもって歌うことができます。

　この方法は、正しい発音（リズム）にのっとった児童の歌声を導くだけでなく、先生自身が弾き歌いをする際に「歌いやすい」という利点もあります。ピアノ伴奏はあくまでも歌声の補助ですから、自らの歌声をサポートするようにピアノ伴奏をつけることが大切です。

4．美しい歌声を引き出すピアノ伴奏（弾き歌い）のための練習方法

　児童の美しい歌声を引き出すためには、教育者側の教育的配慮や技量が極めて重要です。上述したように、①歌唱における学習プロセスをよく理解したうえで、順序立てて歌唱活動を行うことや、②先生が児童の歌唱の実態を把握し、状況に応じて適切に対応することが求められます。まず先生が安定した伴奏ができるようになることが先決です。そのための効果的な練習方法について《かえるの合唱》と《メリーさんのひつじ》を例に示しながら説明します。

1）メロディーだけを弾きながら歌う

　まずメロディーを右手で弾いて歌の流れを把握しておきます。このときに自分が弾きやすい指使いも確認して楽譜に書き入れておきます。右手で弾けるようになったら、左手も1オクターブ下で一緒にメロディーが弾けるように練習してみます。次に、両手でメロディーを弾きながら歌ってみましょう。この時点から「ピアノを弾く」ことと「歌う」ことを関連づけておくことがポイントです。

　歌詞で歌うことが難しい場合には、階名（ドレミ）や「ラララ〜」で歌ってみましょう。正しい音高で歌えているか注意しながら練習を進めます。

《かえるの合唱》（両手メロディー）

《メリーさんのひつじ》（両手メロディー）

2）左手で和音を弾いて曲の流れを把握する

　《かえるの合唱》も《メリーさんのひつじ》も、左手が伴奏の役割をしていますので、左手の和音だけを弾いてみます。153ページの《メリーさんのひつじ》の楽譜では左手が「ズンチャ・ズンチャ」というリズムパターンになっていますが、**「ズンチャ」をまとめて同時に和音として弾いてみる**ことによって、曲全体の和音の流れが分かり、楽譜どおりに弾くための橋渡しとなります。多くの曲は、基本となる和音を分散させたり、基本となる和音でリズムを刻んだりして形を変えています。初めてピアノ伴奏に取り組む人は、左手で和音伴奏をし、右手でメロディーを弾くことを目標としましょう。これだけでも立派な伴奏になります。

《かえるの合唱》（左手和音伴奏）

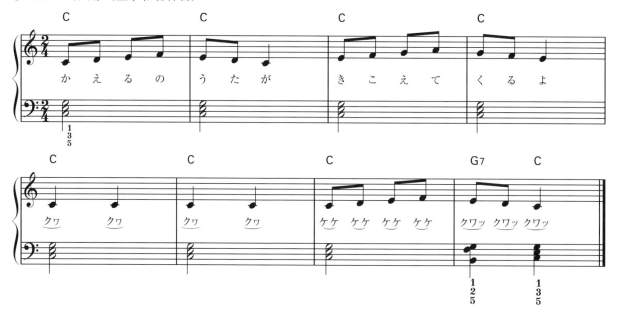

《メリーさんのひつじ》（左手和音伴奏）

　このように、左手の伴奏部分を和音で弾いてみると、使われている和音の種類が思ったよりも少ないことに気づきます。ここでとり上げた《かえるの合唱》と《メリーさんのひつじ》はどちらも「ドミソ（C）」「シファソ（G7）」の2種類の和音しか出てきません。したがって、この2つの和音を左手で押さえる練習をすればよいのです。「ドミソ」の手指の形と「シファソ」の手指の形を繰り返し練習して、瞬時に鍵盤の上に正しく指が乗るようにしましょう。

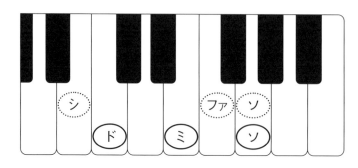

3) 左手は和音で弾きながら、右手は楽譜どおりにメロディーを弾く

前ページの楽譜にしたがって、左手の和音の響きにのせて、右手のメロディーを弾く練習をしましょう。両手を合わせて弾く第一歩です。右手と左手のタイミングがずれないように、そろえて弾きましょう。次の小節で左手の和音がどのように変わるのか（あるいは変わらないのか）、頭の中で「次の和音は…」と響きを想像しながら練習しましょう。

4) 楽譜どおりの伴奏で弾く／和音を基に伴奏形を変える

歌の流れにそって左手で和音伴奏ができるようになると、それを基にリズムパターンを変えるなどしてオリジナルの伴奏形を作ることができます。楽譜に書かれた伴奏も、じつは和音を基にアレンジされたものです。先ほどの《メリーさんのひつじ》の和音伴奏を、和音の一番低い音（バス音）とその他の音に分けて「ズン・チャ」というリズムパターンに変化させてみましょう。

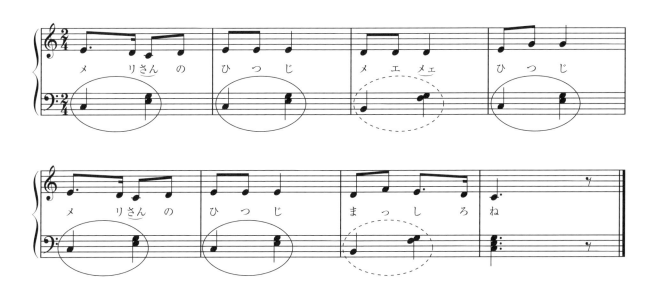

1音ずつ鍵盤を探さずに、初めから和音の手指の形（ドミソ／シファソ）の準備をしておきましょう。

5. 歌声を意識したピアノ伴奏をめざして

本節では、音楽の授業における歌唱指導の手順と、《かえるの合唱》と《メリーさんのひつじ》を例に弾き歌いをする際の練習方法をまとめました。ここで示した手順を参考にして、各自の能力やレベルに応じて適宜省略したり、部分的にとり入れたりして、自分なりの効率的な練習方法を確立してください。

楽譜を見て、最初の音から1つずつ順番に指を動かすという練習方法をする人も多いのではないでしょうか。しかし、少ない時間で伴奏や弾き歌いを仕上げるには、まず和音で曲全体の流れを把握する方が効率的です。初学者がいきなり両手で楽譜どおりに弾こうとすると、かえって時間がかかってしまうことがあります。1つの曲（歌）を練習することによって学んだことを、他の曲を弾くときに応用できるように、和音を押さえる練習や伴奏と歌を合わせる練習などの基本的な練習を心がけましょう。

小学校の音楽の授業におけるピアノ伴奏は、児童の歌唱活動を支援するものでなくてはなりません。児童の「歌う」という行動について十分に正しく理解し、歌うことが楽しいと思えるような伴奏をしたいものです。先生自身が試行錯誤をくり返し、児童の歌う姿を常に思い浮かべながら、適切な歌唱活動が実施できることを期待しています。

第2節　美しい声に "導く" ために

1.「素晴らしい歌声」への価値観

　「大きな声」＝「素晴らしい歌声」ではありません。学校現場では「声がよく出ていてよかった」という歌唱に対する評価をよく聞きます。小学校教育において、子どもが歌唱する場面は非常に多く、すべての教員が児童の歌声を耳にする機会があります。そのほとんどの教員が「大きな声」で歌うことをまず肯定的に評価します。なぜ「大きな声での歌唱」が評価されるのか、それには2つの理由があると考えます。

　第1は、声の大きさが最も評価しやすいからです。心を込めて歌えているかどうか、声質が良いかどうか、などということよりも、声の大きさが最も目に見えてわかりやすいからです。さらに言えば、声の大きさは機械で計ることさえできますから、数値としても評価可能です。さらに児童から考えても、「もっと心を込めて」とか「もっと美しい声で」と言われるよりも「もっと大きな声で」と言われた方が、先生に褒められるための改善方法がわかりやすいのです。

　第2は、歌を歌うことの目的が音楽的な視点からのものばかりではないからです。もちろん、音楽科も学校教育の1つとして位置づけられているわけですから、歌うことの目的は、常に音楽的なものばかりではありません。「元気に歌うこと」「一生懸命声を出すこと」「友達と力を合わせて歌うこと」こうしたことも、教育の場面での歌唱の目的として考えられます。しかし「元気に」「一生懸命」「友達と力を合わせて」ということは歌唱以外、さらには音楽以外でも達成できる目的です。できることなら、音楽科でしかなし得ない目的を達成させ、そして感動を与えてあげたいものです。

　こうした理由から、実際の教育現場では「大きな声」が評価されているように感じます。たとえそれが怒鳴り声に近いほどの声であったとしても、児童が真っ赤な顔をして、高音を必死に地声で張り上げていたとしても、声の大きさは肯定的に評価されることが多いのではないでしょうか。まずはこの価値観を捨てましょう。無理な発声をしながら大きな声で歌ったところで、音楽的な感性が身につくわけではありません。音楽でしかなし得ない目的は、そこにはありません。声を出すことに必死になってしまっては、歌を歌う意味がなくなってしまうのです。

　では「素晴らしい声」とはどのような声なのか、児童に最も伝わりやすい方法は、教師が実際に歌って聴かせることです。「もっと柔らかい声で」「もっと明るく」など、口で指示することは簡単ですが、児童には伝わりにくいものです。また高い音について「頭に響かせて」などといった指示もよく耳にしますが、なかなかそれを理解して実践するのは難しいものですし、どうすれば頭に響くのだろう、と思ってしまいます。それよりも、子どもは真似をするのが得意ですから、実際に教師が求めている声を、教師自身が目の前で出す方が効果的です。できることなら、良い例と悪い例をどちらも教師が歌って聴かせられると、自分たちの声の良くないところがどこなのか、ということも含めて、最も伝わりやすくなるでしょう。

2. 発声指導

1）歌唱における正しい歌の姿勢とは

　「この姿勢がよい！」という絶対的な姿勢はありません。むしろ、こうしなさいと言って児童の身体を固めてしまうことの方が害です。大切なことは、自然にまっすぐ安定した姿勢で立つことです。

　指導をする具体例（図8－1）を示すとすれば、まず、まっすぐに、頭のてっぺんを天井から吊り下げられたようにして立ちましょう。足は、肩幅ほどに開き、体を安定させます。手はそのまま真横に降

ろしておきましょう。前や後ろで手を組むと姿勢が崩れます。肩を少しだけ後ろにして、少しだけ胸を張るような姿勢ができれば理想的ですが、必ずしもそこまで求めなくてもかまいません。とにかく、無駄な指示をして児童の身体を固くさせてしまっては意味がありませんので、あまりにおかしな姿勢でなければ、自然にまっすぐ立たせればよいでしょう。

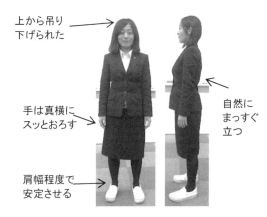

図8－1　正しい姿勢の例

身体を固めて必死に声をだそうとしている児童がいる場合には、歌詞に合わせて身振り手振りさせるなど、気を他にそらせてあげましょう。そうすると声への集中が解け、自然に発声をすることができ、自然に体の力が抜けます。

2)　レガートでなめらかに歌うためには

歌はやはりなめらかに歌われるべきです。それによって、旋律の美しさに気付くことにもつながります。では、なめらかに歌うためにどのような指導をすればよいのでしょうか。その1つの答えは、各母音によって響きにばらつきがないようにすることです。

母音には「アエイオウ」の5つがあります。この5つの母音を「イエアオウ」の順に同じ音で歌ってみましょう。

譜例8－1　母音の練習

近年、「オ」や「ウ」の母音をまるで「イ」や「エ」の母音を発音するときと同じような口の形で発音する若者が増えています。下の写真（図8－2）のように、口の形に注意しながら発音するようにしましょう。口の形は、歌いながら自分では判断しにくいものですので、鏡などを使って確認しながら練習することをお勧めします。

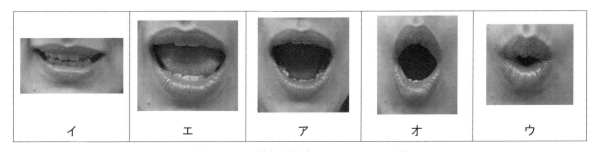

図8－2　母音を発音するときの口の形

この5つの母音を譜例8－1のように発音するとき、できるだけ母音の移動をスムーズに行ってみてください。つまり、いつ「イ」から「エ」へ、また「ア」から「オ」へ母音が移動したのかわからないくらい曖昧に、5つの母音を続けます。この練習を行うことにより、母音による響きのばらつきを整え

ることができるようになります。

　また、合唱の練習曲のなかに「楽しい発声のドリル」というあくびを題材にした曲があります。よく合唱曲集の初めに掲載されています。「あくびがでるよ、ア～ア～ア～ア～」と歌われるなかの「ア～ア～ア～ア～」の部分は、楽譜上は合唱の練習用ですから、和音になっています。しかし発声指導をするうえでは斉唱の方が指導しやすいでしょう。またこの「ア～ア～ア～ア～」の部分を「ア～ア～エ～イ～」とか「ア～ア～オ～ウ～」などに変えて、母音が変わっても響きを変えずに発音する練習として使用しても良いでしょう。

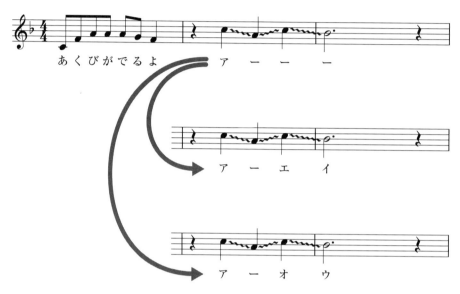

譜例8－2　「楽しい発声のドリル」の冒頭部

　さらにこの曲の「ア～ア～ア～ア～」の部分は、あくびを模して歌うことを求めているので、まるであくびをするかのごとく、口の中を広くして発音する練習にもなります。特に「アオウ」の流れでは、図8－2のように口を小さくしていく動きですから、それに伴って口の中も狭くなりがちです。「ア」の口の中の広さを基準として、できるだけ口の中を広くとるようにしましょう。そのとき、かならず舌の先が下の歯の付け根についていないと、こもったような声になるので、注意しましょう。

3)「自然で無理のない発声」の獲得へ向けて

　まず、初めに述べたように「自然で無理のない発声」の獲得へ向けては、大きい声が良い声だという価値観を捨てることから始まります。教師も児童もです。鼻唄のように、弱い声で無理なく歌う発声を基本として考えてください。近年、地声が悪い発声で、頭声こそが良い発声であるという価値観は薄れつつあります。だからこそ学習指導要領にも「自然で無理のない発声」と記述されるようになっています。

　私たち人間は1人ひとり、違う声をもっています。ですから、児童によっては地声と裏声の境目のない（わからない）声をもっている者もいますし、裏声にするのが非常に難しく、地声から裏声に切り替えるときにひっくり返ったような声になってしまう者もいます。これは仕方のないことです。全員を同じ方法でゴールへ導くことはできません。だからこそ、できるだけ無理のない声の音量で、自然に美しく歌わせてあげてください。そうすれば、自然に頭声発声が身につき、それを繰り返していくことにより、声量も自然についてくるのです。またできることなら、教師が、児童1人ひとりの声を聴く時間をとり、それぞれに合ったアドバイスができると良いでしょう。

　前述の2）で紹介した練習曲では、あくびの部分の最高音がD5であり、基本的には頭声発声を用い

る可能性の高い音が使われています。あくびの部分は、できれば弱い声で本当にあくびをするように歌ってみることにより柔らかい、自然な発声で歌うことができます。

3. 歌唱表現

　歌唱指導においては、よく「歌詞を大切に」などと指導をすることがあります。しかしそのために子音を過度に出させようとするのは正しい方法とはいえません。これは先ほど述べた、なめらかに歌うというううえで非常に邪魔なものです。子音は、理論的には、息の流れを止める方法を使って発音されるものも多く、それを強調して発音させるということは、旋律をなめらかに歌わせようとする指導の意図に反しています。表面的には言葉がはっきり聞こえ、歌詞を大切にしているように感じられるかもしれませんが、歌っている児童からすれば、はっきり発音しているだけで、その歌詞の内容を思い浮かべてはいないのです。

　では、どのようにすれば本当の意味で「歌詞を大切に」して歌うことができるのでしょうか。それは、実際にそのものを想像することです。例えば、歌詞に「わたし」という言葉があったときには、自分の胸に手を当てるなど、歌詞の言葉1つひとつを、そこにあるものとして表現させるのです。その結果、その言葉の初めの子音が多少強くなることもあるかもしれませんが、それはその言葉を伝えたいと思うことによる結果であり、表面的なものではないのです。作為的に子音だけを強く発音させるときとは違い、自然な息の流れのなかで、言葉をはっきりと歌うことができます。歌詞の内容を一人称で感じられるよう、声掛けをしていくことが、本当の意味での「歌詞を大切に」して歌うことにつながります。

第9章 楽　　典

第1節　音

音には高さ、長さ、強さ、音色の4つの性質があります。音はものの振動によって生じ、高さの違いは振動数の多少によって決定され、長さは振動の継続する時間、強さは振幅、音色は振動の形、つまり音に含まれる倍音の成分比によって決定されます。音には、楽音と雑音があり、楽音は音波の一定の波形が安定的に反復し、音高を感じさせる音であり、しかもいくつかの倍音を含む音です。

第2節　譜　　表

音楽を記録するために用いられる5本の平行な線を5線といいます。5線は音の高低を表しており、さらに高い音や低い音を表す場合には5線の上下に短い線を補って表し、これを加線といいます。5線は、同じ長さ・間隔の水平線から成ります。

5線は各音の相対的関係しか表わせません。したがって各音に一定の絶対的高さを与えるために、5線の初めに記号を記します。これを音部記号といい、主として次の3種が用いられています。5線に音部記号が加えられたものが譜表です。

譜表では、拍の強弱の配置を明確にするために、拍子記号を記すとともに、拍子の第1拍の前に1本の垂直線を引きます（曲の冒頭では省略されます）。これを小節線といい、これによって区分された部分を小節といいます。小節線には縦線、複縦線、終止線があります。

　縦　　線……小節線として使用される細い線
　複縦線……2本の細い線（曲の段落や、調や拍子の変わり目を表す）
　終止線……左が細く右が太い2本の垂直線（曲の終わりを表す）

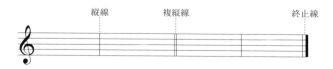

曲の一部分を反復して演奏するために用いる記号を反復記号といいます。記号に挟まれた部分は、通常2回演奏しますが、曲の初めの反復記号は省略されます。ダル・セーニョ（*D.S.*）がある場合には、その箇所からその前の$\mathbf{\%}$（セーニョ記号）まで戻り、そこからフィーネ（*Fine*）またはフェルマータ

（⌢）のところまで演奏して曲を終わります。ダ・カーポ（*D.C.*）と記されていたら曲の最初に戻り、フィーネ（*Fine*）またはフェルマータで終わります。*D.C.* で曲の最初に戻ったり、*D.S.* で𝄋 に戻った後に、「1.———と「2.——— がある場合には、「1.——— を省略して、すぐに「2.——— に進みます。反復した後に⊕（コーダ）がある場合には、そこから次の⊕（コーダ）あるいは Coda へ跳びます。

演奏順　12324　　　　　演奏順　1213413　　　　　演奏順　123423526

第3節　音名と階名

1. 音　　名

　音の高さの絶対的な固有の名称を音名といいます。曲に用いられる多くの音のうち基礎となるのは7つで、その名称を幹音名といい、これには国によって種々の呼称があります。

　　日本語：ハ ニ ホ ヘ ト イ ロ　　　　独語：c d e f g a h
　　　　　　　　　　　　　　　　　　　　　　　 ツェー デー エー エフ ゲー アー ハー
　　英　語：C D E F G A B　　　　伊仏語：ド レ ミ ファ ソ ラ シ

日本語音名のロを、ドイツ語ではh、英語ではBといいます。また、日本語音名の変ロをドイツ語ではb、英語ではB♭といいます。
　　　　　　　 ベー

　幹音の高低を変化させたり、変化させた音高を元に戻すためには、音符の前に記号を付加します。これを変化記号といい、変化記号には次のものがあります。

• 幹音を高くするもの　　　　　　　　　　　• 幹音を低くするもの
　嬰 記 号 ♯（シャープ：1半音高くする）　　　変 記 号 ♭（フラット：1半音低くする）
　重嬰記号 ✕（ダブルシャープ：2半音高くする）　重変記号 ♭♭（ダブルフラット：2半音低くする）

• 元の高さに戻すもの
　本位記号 ♮（ナチュラル）

　幹音を上下どちらかに変化させてできる音のことを派生音といいます。音名のオクターブの違いは、日本語では・（点）の数やカタカナとひらがなの違いによって、ドイツ語では右上の数字と大文字と小文字の違いによって、英語では右横の数字によって示します。

音名の例

日本語	ハ	ハ	嬰ヘ	変ロ	嬰ト	嬰ニ	変ホ	変い	ろ	嬰ニ
英・米語	C4	C5	F♯4	B♭4	G♯5	D♯6	E♭3	A♭2	B1	D♯4
独　語	c¹	c²	f♯¹	b¹	g♯²	d♯³	e♭	A♭	H1	d♯¹

　変化記号のうち、楽曲の途中で一時的に音の高さを変えるものを臨時記号といいます。臨時記号は同一小節内の同じ音名の音のみに有効です。オクターブが異なる同じ音名の音にも有効ですが、新たに臨時記号を付けることが通例です。

2. 階　名

　音階内での相対的な音高の名称を階名といい、長音階ではドレミファソラシドで、短音階ではラシド
レミファソラで表します。階名は、調によってその位置が異なります。嬰種（♯）の調号（調子記号）
では最も右端の♯の階名がシとなり、変種（♭）の調号では最も右端の♭の階名がファになります。

3. 楽譜と鍵盤との対応

　前ページの音名の例を鍵盤図と対応したものです。各音符に付された番号が鍵盤の番号と対応してい
ます。

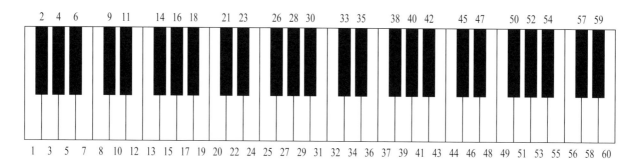

日本語	ハ	ハ	嬰ヘ	変ロ	嬰ト	嬰ニ	変ホ	変い	ろ	嬰ニ
英・米語	C4	C5	F♯4	B♭4	G♯5	D♯6	E♭3	A♭2	B1	D♯4
独　語	c¹	c²	f♯1	b¹	g♯2	d♯3	e♭	A♭	H1	d♯1
鍵盤図	32	44	38	42	52	59	23	16	7	35

第4節　音符と休符

　音符は、譜表上で音の高さを表すと同時に、その形によって音の長さも表します。休みの長さは、休
符で表します。

	全音符		全休符
	2分音符		2分休符
	4分音符		4分休符
	8分音符		8分休符
	16分音符		16分休符
	32分音符		32分休符

　音符には上図のほかに付点音符、複付点音符があり、休符には付点休符、複付点休符があります。付
点は、その前の音（休）符の半分の長さを加えます。

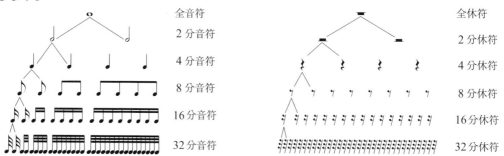

　　　付点4分音符　　♩.＝♩＋♪　　　　付点4分休符　　𝄽.＝𝄽＋𝄾
　　　付点8分音符　　♪.＝♪＋♬　　　　付点8分休符　　𝄾.＝𝄾＋𝄿
　複付点は、その前の付点の半分の長さを、さらに加えます。
　　　複付点4分音符　　♩..＝♩＋♪＋♬　　　　複付点8分休符　　𝄾..＝𝄾＋𝄿＋𝅀

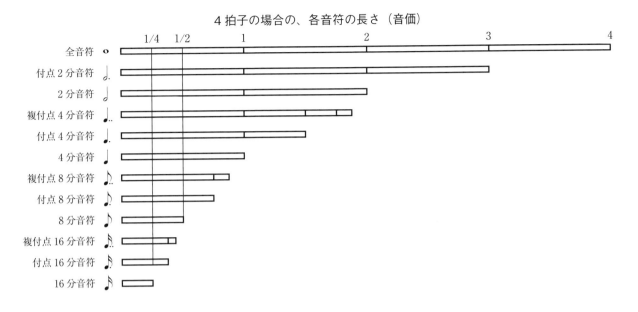

4拍子の場合の、各音符の長さ（音価）

下の例の音符のような偶数的分割で表せない音符の一群を連符といい、その等分割数によって3連符、5連符などといいます。そのほかに、6／8拍子系の2連符などもあります。また、2つ以上の同じ高さの音が直接に弧線でつながれたものをタイといい、タイでつながれた音符分を1つの音符のように伸ばして演奏します。タイは、同じ小節内だけでなく小節線をこえた音を結ぶ場合もあります。

第5節　拍　子

拍子とは、拍の集まりであり、強拍と弱拍が規則的に交替するものです。拍子には単純拍子、複合拍子、混合拍子があります。

単純拍子……［2拍子系］2拍子　$\frac{2}{2}\ \frac{2}{4}\ \frac{2}{8}$　［3拍子系］3拍子　$\frac{3}{2}\ \frac{3}{4}\ \frac{3}{8}$　［4拍子系］4拍子　$\frac{4}{2}\ \frac{4}{4}\ \frac{4}{8}$

複合拍子……［2拍子系］6拍子　$\frac{6}{4}\ \frac{6}{8}$　［3拍子系］9拍子　$\frac{9}{4}\ \frac{9}{8}$　［4拍子系］12拍子　$\frac{12}{4}\ \frac{12}{8}$

混合拍子……5拍子（2＋3、3＋2）$\frac{5}{8}\ \frac{5}{4}$　7拍子（3＋4、4＋3）$\frac{7}{8}\ \frac{7}{4}$

拍子記号は$\frac{4}{4}$のように分数の形で表され、分子の数字が拍数を、分母の数字が単位音符を表しています。

第6節　音　程

2つの音高の隔たりを音程といい、音程には順次的な音の隔たりである旋律的音程と、同時に響く和声的音程とがあります。音程は度によって示されます。同音は完全1度、1オクターブは完全8度です。長2度を全音、短2度を半音といいます。音程にはまた、全音階的音程と半音階的音程があります。全

音階的音程は全音階の音階中に含まれる音で構成され、半音階的音程は半音階または全音階を半音変化させてできたもので構成されます。

　幹音間の音程を知るには、表9－1の半音数と全音数が重要な手がかりとなります。階名の隣接音どうしでは、ミとファおよびシとドの間が半音で、それ以外はすべて全音です。

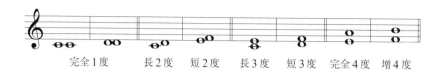

完全1度　　長2度　　短2度　　長3度　　短3度　　完全4度　　増4度

完全5度　　減5度　　長6度　　短6度　　長7度　　短7度　　完全8度

表9－1　幹音と幹音との音程に含まれる半音数と全音数

音程	半音数	全音数	音程	半音数	全音数
完全1度	0	0	減5度	2	2
短2度	1	0	完全5度	1	3
長2度	0	1	短6度	2	3
短3度	1	1	長6度	1	4
長3度	0	2	短7度	2	4
完全4度	1	2	長7度	1	5
増4度	0	3	完全8度	2	5

　幹音と派生音との音程、あるいは派生音間の音程を知るには、下の音程の推移の図を用いて、シャープやフラットによって2音間の距離がどう増減するのかを手がかりとします。例えば、 にによって具体的に説明します。まず、このシャープとフラットを除いた幹音間の音程は短3度です（ミとファ＝半音、ファとソ＝全音）。この派生音間の音程は、上の音の♯によって半音広がり、さらに下の音の♭によって半音広がり、合計2半音分広がったことになります。下の音程の推移の図を用いると、まず短3度を出発点とし、2半音分＋の方向へ移動した、増3度の音程であることが分かります。

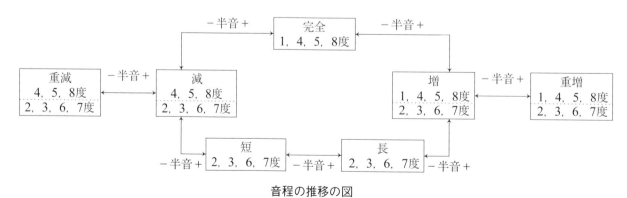

音程の推移の図

第7節 音　階

　音階とは、ある音楽で用いられる音を高さの順に並べたものです。そのうち、今日、最も頻繁に用いられているものを全音階といい、それはさらに半音の位置の違いによって長音階と短音階に区別されます。あらゆる任意の音高を主音として、全（音）－全－半－全－全－全－半という音程を有する音列を構成すれば長音階となり、全－半－全－全－半－全－全という音程を有する音列を構成すれば自然短音階となります。この他にも、多種多様な音階があります。音階論は非常に複雑であり、専門書に委ねます。

	長音階（ハ長調）							
度　数	I	II	III	IV	V	VI	VII	I
階　名	ド	レ	ミ	ファ	ソ	ラ	シ	ド
日本語音名	ハ	ニ	ホ	ヘ	ト	イ	ロ	ハ
英・米語音名	C	D	E	F	G	A	B	C
独語音名	c	d	e	f	g	a	h	c
機能的名称	主音	上主音	上中音	**下属音**	属音	下中音	導音	主音

	自然短音階（イ短調）							
度　数	i	ii	iii	iv	v	vi	vii	i
階　名	ラ	シ	ド	レ	ミ	ファ	ソ	ラ
日本語音名	イ	ロ	ハ	ニ	ホ	ヘ	ト	イ
英・米語音名	A	B	C	D	E	F	G	A
独語音名	a	h	c	d	e	f	g	a
機能的名称	主音	上主音	上中音	**下属音**	属音	下中音		主音

　短音階にはこのほかに和声的短音階、旋律的短音階があります。

和声的短音階

旋律的短音階

第8節 調

　ある固定した音を中心として音階が構成されるとき調が生まれます。ハ（C）を主音（ド）とする長音階からなる楽曲はハ長調の楽曲であり、イ（A）の音を主音（ラ）とする短音階からなる楽曲はイ短調の楽曲となります。嬰種の調号（♯）は、まず第5線に付けられ、次に5度上に次々と付けられます。実際には、加線を最小限にするために4度下に付けられる場合もあります。変種の調号（♭）は、まず第3線に付けられ、次に5度下に次々と付けられます。実際には、加線を最小限にするために4度上に付けられる場合もあります。

調号と調名（ o＝長調の主音　 ●＝短調の主音）

調のなかには音階を構成する音が共通するものがあります。中心となる調（主調）とそれと近い関係にある調のことを近親調といい、それ以外のものを遠隔調といいます。

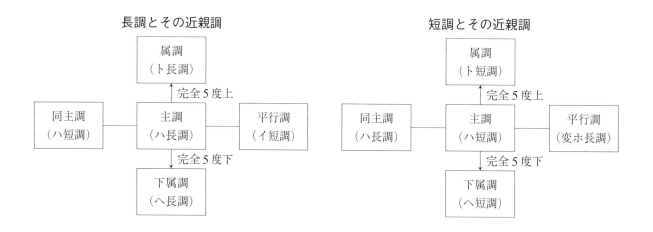

属調とは、主調の完全5度上の調です。下属調とは、主調の完全5度下の調です。同主調とは、主音が同一の長調と短調です。平行調とは、同一の調号を共有する長調と短調です。

同主調の場合には、ハ長調とハ短調のように、同一の主音となります。平行調の場合には、ハ長調とイ短調のように、主音が短3度の関係になります。

曲全体の音程関係を変えずにそのまま高い調や低い調に移すことを移調といい、楽曲の途中で調が変わることを転調といいます。転調には、一時的に他調へ移行する経過的転調と、長いあいだ移行する確定的転調とがあります。

第9節 和　　声

　高さの異なる2つ以上の音の響きを和音といい、その和音の連結したものを和声といいます。ある音に、その3度上と5度上の音を重ねたものを3和音といいます。3和音の種類には次のようなものがあります。

　長調・短調の音階上の音で構成される3和音は次のとおりです。和音の度数は、音階の各度の度数名を用いて表します。

　長調・短調の3和音のなかで、主音を根音として構成されるものを主和音（Tonic）、属音を根音としたものを属和音（Dominant）、下属音を根音としたものを下属和音（Subdominant）といい、これらはすべての3和音のなかで、最も重要なものであり、主要3和音と呼ばれます。

　3和音の上に3度の音を加えた4つの音で構成される和音を7の和音といい、そのうち最も多く使われるのが属7の和音です。

　根音を最低音とするものを基本型といい、そのほかの音が最低音になるものを、その和音の転回型といいます。第3音が最低音の場合を第1転回型（6の和音）、第5音の場合を第2転回型（46の和音）といいます。

　基本的な和音連結であるIⅣV（V₇）Iを終止形（カデンツ）と呼びます。

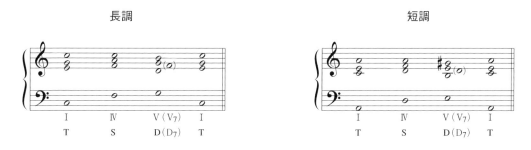

第10節 形 式

旋律は動機、小楽節、大楽節という要素によって構成されています。

動　機……旋律を構成する最小の単位で一般的には2小節

小楽節……動機が発展したもので一般的には4小節（2つの動機）

大楽節……2つの小楽節で構成される、旋律の基礎となる骨格

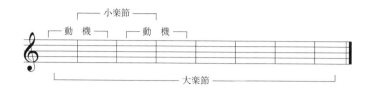

旋律の形式は大楽節がいくつ含まれるかによって下記のように分けられます。

1部形式　（a、a）あるいは（a、b）

2部形式　（A〈a、a′〉　B〈b、a′〉）

3部形式　（A〈a、a′〉　B〈b、b′〉　A〈a、a′〉）

上記の形式から拡大発展した形式としては、複合3部形式、ロンド形式、ソナタ形式などがあります。

複合3部形式とは、2部形式あるいは3部形式から成る楽節群が3つ集まり構成された形式のことをいいます。各楽節群は、主楽節群→中間楽節群→主楽節群という流れで進行します。代表的なものにメヌエットートリオーメヌエットという形式があります。

ロンド形式とは、同じ主題（ロンド主題）へ何回も回帰することをねらいとする形式です。ロンド形式の曲には、快活で流麗で愛らしい傾向がみられます。その基本的な構造は、A（ロンド主題）－B－A－C－A－B－Aです。

ソナタ形式とは、一般的には、提示部・展開部・再現部・コーダから成る、比較的大規模な曲に用いられる形式です。長大な序奏部や長大なコーダ（終結部）を有する曲も少なくありません。提示部では、性格と調を異にする第1主題と第2主題が示されます。序奏部や第1主題や第2主題の素材がさまざまに展開され、複雑な情動、鋭い葛藤、対比する劇的な思想を感じさせます。

第11節 移調と転調

1. 移　調

音楽における移調とは、曲の全体的な構造をそのまま保持しつつ、全体の音高だけを変化させることです。例えば、ヘ長調の《メリーさんのひつじ》を、子どもの声域に合わせて、ハ長調やニ長調に低くする場合などに移調します。

この例のように、幹音だけの場合には、調子記号だけに注意して、機械的に4度下に移動すればいいのですが、派生音が含まれる場合には、その派生音によって半音高くなっているのか、あるいは半音低くなっているのかを判断し、それを移調した先の調でも、正確に再現する必要があります。

　上記は、ハ長調の原曲を、♭2つの変ロ長調と、♯2つのニ長調に移調したものです。派生音によって半音高くなったのか低くなったのかを判断して、移調先の調でも、それを正確に反映させることが重要です。

2. 転　　調

　転調とは、曲の途中で、調が変化することです。多くの場合には、近親調、つまり属調や下属調、平行調や同主調に転調します。下の楽曲は、《せかいじゅうのこどもたちが》です。

　冒頭の「う」では主調のト長調です。次の「ひろげよう　ぼくらのゆめを」では平行調のホ短調に転調しています。さらに「とどけよう　ぼくらのこえを」では、属調のニ長調に転調し、「さかせよう　ぼくらのはなを」では再度平行調のホ短調に、「せかいに　にじをかけよう」では属調のニ長調に転調しています。次の「せかい〜」では、原調のト長調に復帰しています。

第12節　記号と標語

【音の強さを示す用語と記号】

記　号	読　み　方	言　語	意　味
ppp	ピアノ ピアニッシモ ピアニッシッシモ	pianopianissimo pianississimo	*pp*よりさらに弱く
pp	ピアニッシモ	pianissimo	とても弱く
p	ピアノ	piano	弱く
mp	メッゾ・ピアノ	mezzo piano	少し弱く
mf	メッゾ・フォルテ	mezzo forte	少し強く
f	フォルテ	forte	強く
ff	フォルティッシモ	fortissimo	とても強く
fff	フォルテ フォルティッシモ フォルティッシッシモ	fortefortissimo fortississimo	*ff*よりさらに強く
cresc. ◁	クレシェンド	crescendo	だんだん強く
decresc. ▷	デクレシェンド	decrescendo	だんだん弱く
dim.	ディミヌエンド	diminuendo	
sf *sfz*	スフォルツァンド スフォルツァート	sforzando sforzato	特に強く
fz	フォルツァンド フォルツァート	forzando forzato	
fp	フォルテ・ピアノ	forte-piano	強く直ちに弱く

【用語や記号に添えるもの】

用　語	読み方	意　味	用　語	読み方	意　味
assai	アッサイ	非常に	sempre	センプレ	常に
con	コン	…で、…とともに	molto	モルト	非常に
non tanto	ノン・タント	多くなく	poco	ポーコ	少し
non troppo	ノン・トロッポ	はなはだしくなく	poco a poco	ポーコ・ア・ポーコ	少しずつ
meno	メーノ	より少なく	un poco	ウン・ポーコ	やや少し
più	ピゥ	よりいっそう	quasi	クワジ	ほとんど…のように

【速度記号】

　曲の速度を指定する記号のことで、♩＝120 あるいは M.M. ♩＝120 などと表記されます。曲の初め、また途中において示されます。1分間に4分音符を120回打つ速さで演奏する、という意味です。

【速さを示す用語、速さの変化等を示す用語】

用　語	読　み　方	意　味	
adagio	アダージョ	ゆるやかに	遅いもの
grave	グラーベ	重々しくゆるやかに	
largo	ラルゴ	幅広くゆるやかに	
lento	レント	ゆるやかに	
andante	アンダンテ	ゆっくり歩くような速さで	やや遅いもの
andantino	アンダンティーノ	アンダンテよりやや速く	
larghetto	ラルゲット	ラルゴよりやや速く	
moderato	モデラート	中くらいの速さで	中くらいの速さのもの
allegretto	アレグレット	やや速く	やや速いもの
allegro moderato	アレグロ・モデラート	ほどよく速く	
allegro	アレグロ	速く	速いもの
presto	プレスト	急速に	

prestissimo	プレスティッシモ	きわめて速く	速いもの
vivace	ヴィヴァーチェ	活発に速く	
a tempo	ア・テンポ	もとの速さで	元の速さに戻すもの
tempo primo（tempo I）	テンポ・プリモ	最初の速さで	
ad libitum（ad lib.）	アド・リビトゥム（アド・リブ）	自由に	演奏上の自由を許すもの
a piacere	ア・ピアチェーレ	任意に	
tempo rubato	テンポ・ルバート	テンポを柔軟に伸縮させて	
rallentando（rall.）	ラレンタンド	だんだんゆるやかに	遅くするもの
ritardando（ritard. rit.）	リタルダンド	だんだん遅く	
ritenuto	リテヌート	すぐに遅く	
meno mosso	メーノ・モッソ	今までより遅く	
accelerando（accel.）	アッチェレランド	だんだん速く	速くするもの
più mosso	ピウ・モッソ	今までより速く	
stringendo（string.）	ストリンジェンド	だんだんせきこんで	
con moto	コン・モート	動きをつけて	

【省略記号、奏法上のその他の記号と用語】

用語と記号	読み方	意　味	用語と記号	読み方	意　味
simile	シーミレ	前と同様に続けて	‒♪	テヌート	その音の長さを十分に保って
♪̇	スタッカート	短く演奏する	♪̇	スタッカーティッシモ	非常に軽く演奏する
(slur)	スラー	高さの異なる2つ以上の音を滑らかに演奏する	8ᵛᵃ	オッターヴァアルタ	記音の1オクターブ上を演奏する
sotto voce	ソット・ヴォーチェ	静かに押さえた声で	mezza voce	メッザ・ヴォーチェ	柔らかくほどよい強さの声で
giusto	ジュスト	正確に	＞または∧	アクセント	強調して
∨	ブレス	息つぎ	⌢	フェルマータ	適切にのばす

【発想を示す用語】

用　語	読み方	意　味	用　語	読み方	意　味
agitato	アジタート	激しく	espressivo	エスプレッシーヴォ	表情豊かに
alla marcia	アッラ・マルチャ	行進曲ふうに	furioso	フリオーソ	熱狂的に
alla turca	アッラ・トゥルカ	トルコふうに	giocoso	ジョコーソ	おどけて愉快に
amabile	アマービレ	愛らしく	grazioso	グラツィオーソ	優雅に、優美に
amoroso	アモローソ	愛情に満ちて	lamentoso	ラメントーソ	悲しく
appassionato	アパッショナート	熱情的に	legato	レガート	滑らかに
brillante	ブリッランテ	はなやかに	leggero（leggiero）	レッジェーロ	軽く
cantabile	カンタービレ	歌うように	maestoso	マエストーソ	荘厳に
cantando	カンタンド	歌うように	marcato	マルカート	はっきりと
capriccioso	カプリッチオーソ	気まぐれに	mosso	モッソ	躍動して
comodo	コモド	気楽に	pastorale	パストラーレ	牧歌ふうに
con brio	コン・ブリオ	生き生きと	pesante	ペサンテ	重く
con espressione	コン・エスプレッシオーネ	表情をこめて	risoluto	リソルート	決然と、きっぱりと
con fuoco	コン・フオーコ	熱烈に	scherzando	スケルツァンド	おどけて
con grazia	コン・グラーツィア	優雅に、優美に	serioso	セリオーソ	厳粛に
con spirito	コン・スピリト	元気に	tranquillo	トランクィッロ	静かに
dolce	ドルチェ	甘くやわらかに			

読み方 □内を英語読み	□m マイナー	□aug オーギュメント	□m-5 マイナー・フラット・ファイブ	□7 セブン	□m7 マイナー・セブン
G♯ / A♭ G♯　A♭	G♯m　A♭m	G♯aug　A♭aug	G♯m-5　A♭m-5	G♯7　A♭7	G♯m7　A♭m7
A A	Am	Aaug	Am-5	A7	Am7
A♯ / B♭ A♯　B♭	A♯m　B♭m	A♯aug　B♭aug	A♯m-5　B♭m-5	A♯7　B♭7	A♯m7　B♭m7
B B	Bm	Baug	Bm-5	B7	Bm7

減3和音のコード表記はm-5でもdimでもまちがいではありませんが、最近の傾向としてdimはそれだけですでにdim7（減7の和音）の意味で使うことが多く、m-5は3音構成（減3和音）の場合に使うというような使い分けが一般化しているようです。コード・ネームは、現象としての響く音を表しているので、機能的なことよりも、最も理解しやすい表記法をとります。例えば、ド、♭ミ、♭ソはCm-5、ド、♭ミ、♭ソ、♭♭シ（＝ラ）はCdimと書くのを最近では多く見かけます。dimには7はつけずに、それだけで7を含んでいるという解釈です。
コード・ネームそのものは音程関係を表しているので、使う人によって書き方が異なる場合があり、曲全体を見て判断するとよいでしょう。
本書ではm-5（減3和音）とdim（減7の和音）で表記しています。

ディミニッシュ・コード

その他のコード

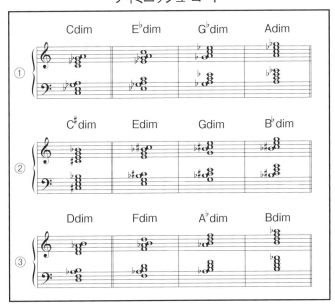

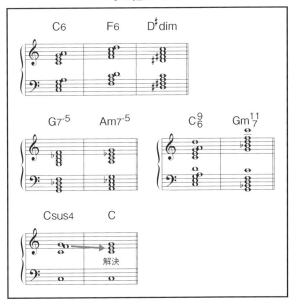

①のCdimは、最も下のドの音を1オクターブ上げて回転するとE♭dimになり、E♭dimの最も下の♭ミの音を1オクターブ上げて回転するとG♭dimになり、G♭dimの最も下の♭ソの音を1オクターブ上げて回転するとAdimになり、Adimの最も下のラの音を1オクターブ上げて回転するとCdimになり、元に戻ります。②、③も同様です。つまりディミニッシュ・コードは基本的には3つ（3種類の響き）しかありません。

分数コード（オン・コード）について
Cのコードを転回するとC/Eとなります。この場合/はオンと読み、シー・オン・イーと読みます。分数コード＝上に載るコード/最も低い音（ベース音）となります。C/E＝$\frac{C}{E}$＝C on Eは、表記法は違いますが3つともすべて同じコードを表します。本書では/を使います。

参考文献

・石桁真礼生他（1965）『楽典－理論と実習－』音楽之友社。

・近森一重（1980）『新訂　音楽通論』音楽之友社。

・門馬直美（1992）『新版　音楽の理論』音楽之友社。

・菊本哲也（1996）『新しい音楽通論』全音楽譜出版社。

・菊池有恒（1996）『演奏のための楽典』音楽之友社。

第Ⅱ部 楽　　曲

第1学年　共通教材　［簡易伴奏］

うみ

文部省唱歌　　林　柳波／作詞　井上武士／作曲　岡田知也／編曲

♩=88〜100

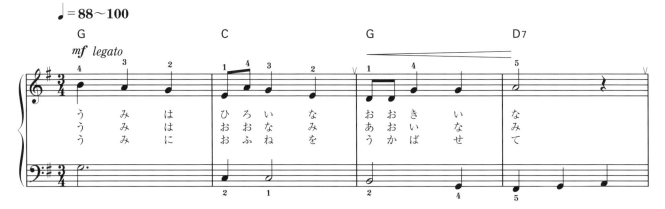

前奏

第1学年　共通教材　［簡易伴奏］

かたつむり

文部省唱歌　　近藤裕子／編曲

♩=92

前奏

174

第1学年　共通教材　［簡易伴奏］

3 日のまる

文部省唱歌　　高野辰之／作詞　岡野貞一／作曲　岡田知也／編曲

♩ = 104

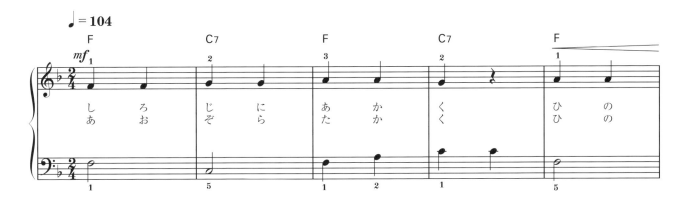

しあ　ろ　　お　　　じぞ　に　ら　　　あた　か　か　　　くく　　　　ひひ　　の　の

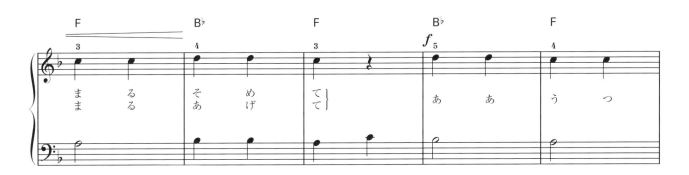

まま　　るる　　　そあ　めげ　　　てて　　　　あ　あ　　　う　　つ

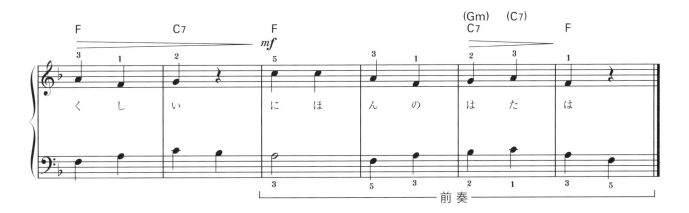

くく　　しし　　　いい　　　にに　ほ　ん　の　　　はた　　は

前奏

175

4 ひらいたひらいた

わらべうた　　近藤裕子／編曲

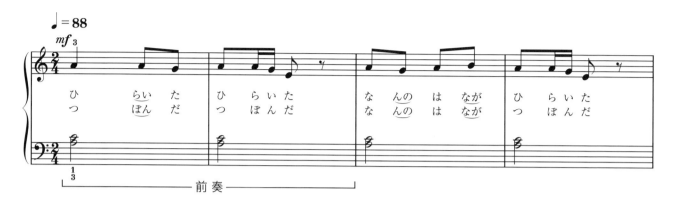

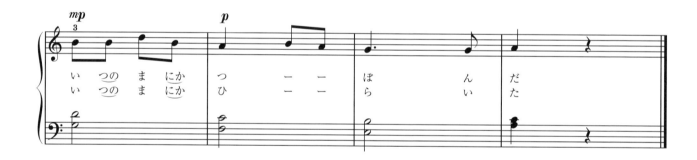

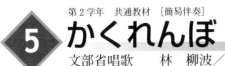

5 かくれんぼ

文部省唱歌　　林　柳波／作詞　　下総皖一／作曲　　近藤裕子／編曲

♩=108

かくれんぼ　するもの

よっ　と　い　で　　じゃ　ん　け　ん　ぽ　ん　よ　　あ　い　こ　で　しょ

「もう　いい　かい」　「まあ　だ　だ　よ」　「もう　いい　かい」

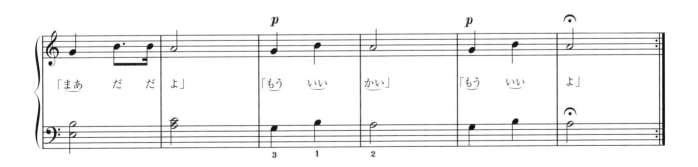

「まあ　だ　だ　よ」　「もう　いい　かい」　「もう　いい　よ」

第 2 学年　共通教材　［簡易伴奏］

6 春がきた

文部省唱歌　　高野辰之／作詞　岡野貞一／作曲　岡田知也／編曲

前 奏

178

7 虫のこえ

文部省唱歌　　岡田知也／編曲

⑧ 夕やけこやけ

中村雨紅／作詞　草川　信／作曲　岡田知也／編曲

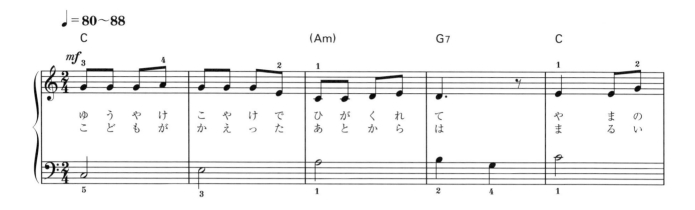

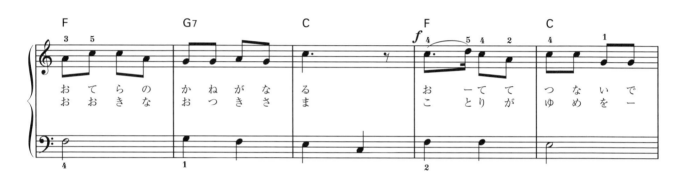

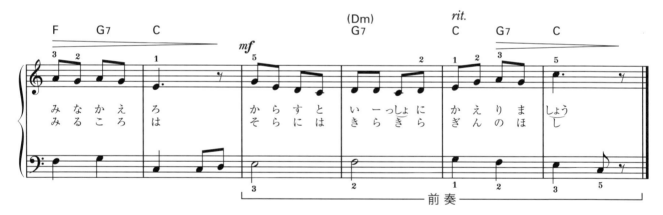

前奏

9 うさぎ

日本古謡　　近藤裕子／編曲

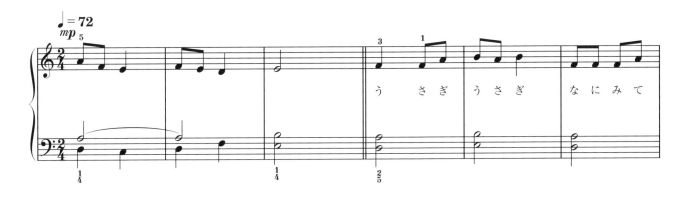

うさぎうさぎ　なにみて

はねる　じゅうごや　おつきさま　みては　ーーね　る

10 茶つみ

文部省唱歌　岡田知也／編曲

 春の小川

文部省唱歌　　高野辰之／作詞　岡野貞一／作曲　岡田知也／編曲

12 ふじ山

文部省唱歌　　巌谷小波／作詞　岡田知也／編曲

第4学年　共通教材　［簡易伴奏］

13 さくらさくら

日本古謡　　近藤裕子／編曲

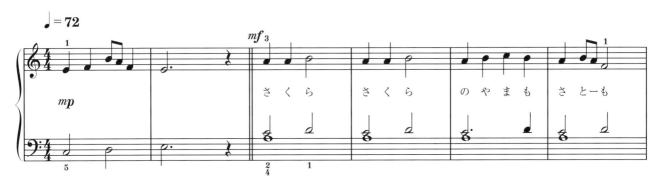

さくら　さくら　のやまも　さとーも

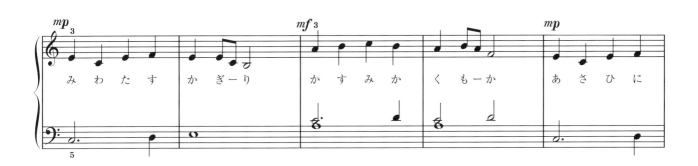

みわたす　かぎーり　かすみか　くもーか　あさひに

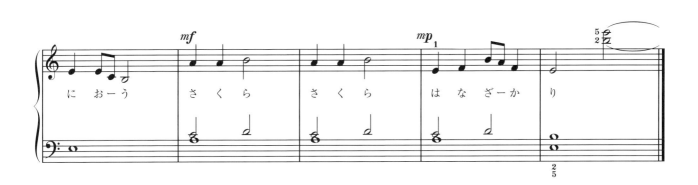

におーう　さくら　さくら　はなざーか　り

14 とんび

葛原しげる／作詞　梁田　貞／作曲　岡田知也／編曲

15 まきばの朝

文部省唱歌　　船橋栄吉／作曲　近藤裕子／編曲

16 もみじ

文部省唱歌　　高野辰之／作詞　岡野貞一／作曲　近藤裕子／編曲

♩ = 92

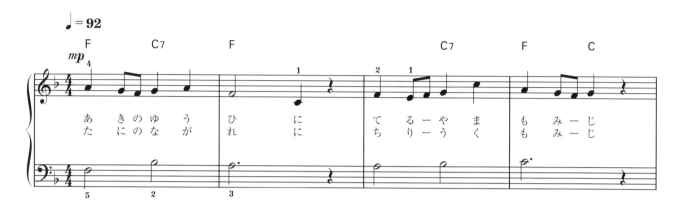

あ　き　の　ゆ　う　　ひ　　に　　　て　る　ー　や　ま　　も　み　ー　じ
た　に　の　な　が　　れ　　に　　　ち　り　ー　う　く　　も　み　ー　じ

こ　い　も　う　す　　い　　れ　も　て　　か　ず　ー　あ　る　て　　な　か　に　て
な　み　に　ゆ　ら　　　　　　　　　　　　は　な　ー　れ　て　　よ　ー　っ　て

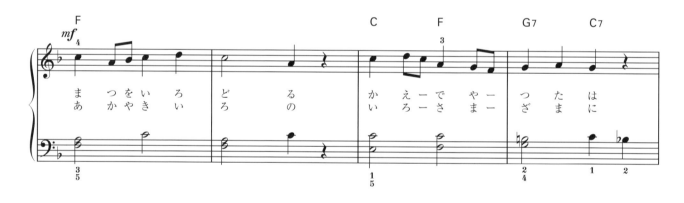

ま　つ　を　い　ろ　　ど　ろ　る　の　　か　え　ー　で　や　ー　　つ　た　は　に
あ　か　や　き　い　　　　　　　　　　い　ろ　ー　さ　ま　ー

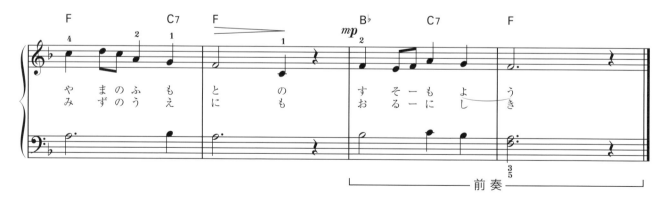

や　ま　の　ふ　も　　と　　の　　　す　そ　ー　も　よ　　う
み　ず　の　う　え　　に　　も　　　お　る　ー　に　し　　き

前奏

188

第5学年　共通教材　[簡易伴奏]

17 こいのぼり

文部省唱歌　　岡田知也／編曲

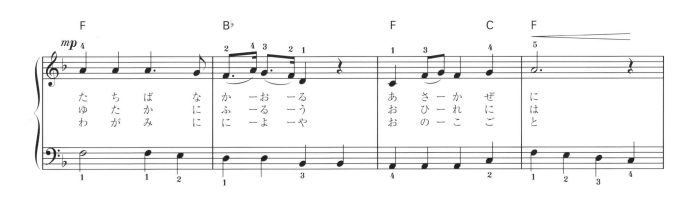

18 子もり歌1

日本古謡　近藤裕子／編曲

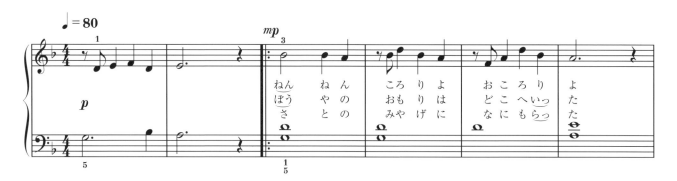

19 子もり歌2

日本古謡　近藤裕子／編曲

前奏

190

第5学年　共通教材　[簡易伴奏]

20 スキーの歌

文部省唱歌　　林　柳波／作詞　　橋本国彦／作曲　　岡田知也／編曲

＊ひちょう＝飛鳥

21 冬げしき

文部省唱歌　　岡田知也／編曲

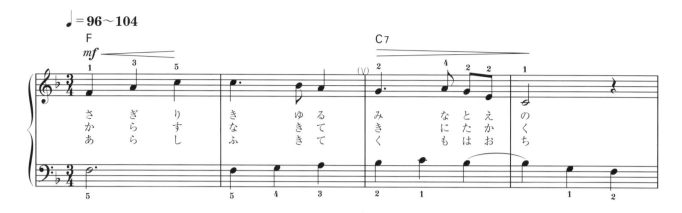

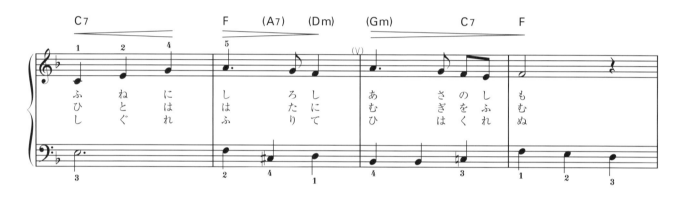

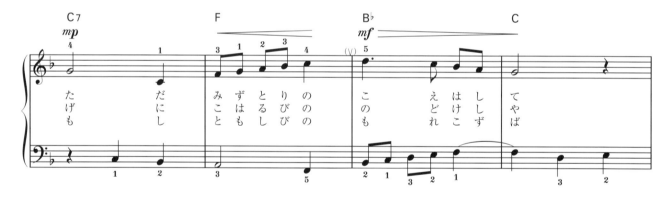

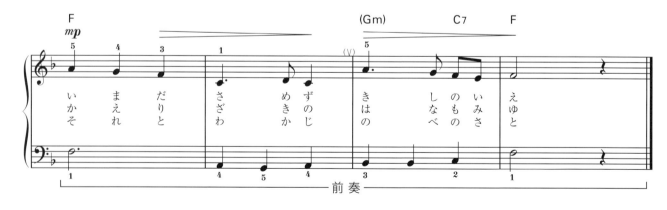

22 越天楽今様

日本古謡　慈鎮和尚／作歌　近藤裕子／編曲

はるのやよいの あけぼのに
はなたちばなも においなに
前奏

よものやまべを みわたせば
のきものきの かおるせなばり

はなざかりかも しらくもの
ゆうぐれさかまのしらみだれのに

かからぬみとなかりけ
やまほとねこすなのるなれり

23 おぼろ月夜

文部省唱歌　高野辰之／作詞　岡野貞一／作曲　近藤裕子／編曲

24 ふるさと

文部省唱歌　　高野辰之／作詞　岡野貞一／作曲　近藤裕子／編曲

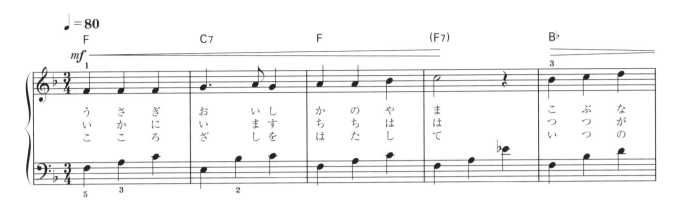

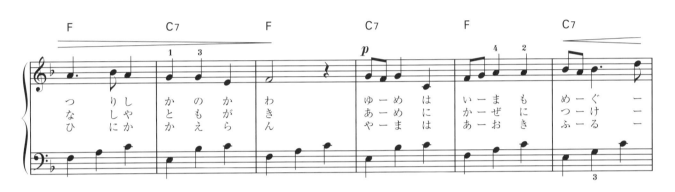

ふるさと

作詞　高野辰之

一、兎追いしかの山
　小鮒釣りしかの川
　夢は今もめぐりて
　忘れがたき故郷

二、如何に在ます　父母
　恙なしや　友がき
　雨に風につけても
　思い出ずる故郷

三、志をはたして
　いつの日にか帰らん
　山は青き故郷
　水は清き故郷

25 われは海の子

文部省唱歌　　岡田知也／編曲

♩＝120〜132

前奏

われは海の子

文部省唱歌

一、
我は海の子　白波の
さわぐ磯辺の　松原に
煙たなびく　苫屋こそ
わがなつかしき　住家なれ

二、
生まれて潮に　ゆあみして
波を子守の　歌と聞き
千里寄せくる　海の気を
吸いて童と　なりにけり

三、
高く鼻つく　磯の香に
不断の花の　かおりあり
なぎさの松に　吹く風を
いみじき楽と　われは聞く

※苫屋…草ぶき屋根の家
※不断の花…一年じゅう絶え
　　　　　ることのない花

196

26 うみ

文部省唱歌　　林　柳波／作詞　井上武士／作曲

第1学年　共通教材

27 かたつむり

文部省唱歌

♩=88〜96

1,2 でんでん むしむし かたつむ り

おまえの {あたまは／めだまは} どこにある

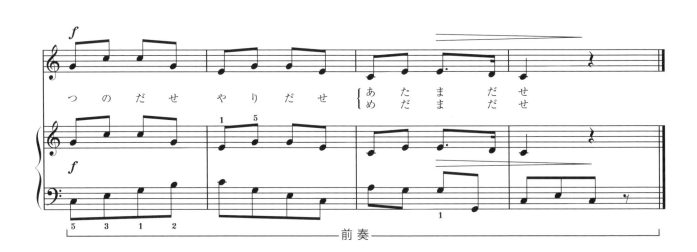

つのだせ やりだせ {あたまだせ／めだまだせ}

前奏

198

28 日のまる

文部省唱歌　　高野辰之／作詞　岡野貞一／作曲

1 しろじに　あかく　ひの
2 あおぞらに　あたかく　ひの

まるそめて　ああうつ
まる　あげて　ああうつ

くしい　にほんの　はたは

29 ひらいたひらいた

わらべうた

♩=88～96

ひ らいた ひらいた なんの はなが ひらいた
つ ぼんだ つぼんだ なんの はなが つぼんだ

れん げの はなが ひらいた ひらいた と おもったら
れん げの はなが つぼんだ つぼんだ と おもったら

い つの まにか つ ー ー ぼ ん だ
い つの まにか ひ ー ー ら い た

かくれんぼ

第2学年　共通教材

文部省唱歌　　林　柳波／作詞　下総皖一／作曲

♩=108〜116

かくれんぼするものよっといで

じゃんけんぽんよあいこでしょ

1.2「もういいかい」まあだだよ」よ」
3　「もういいかい」「もういい

(2回目 *mp*)
(3回目 *p*)

1.2.　　3.

f　*f*　*mf*　(*mf*・*mp*・*p*)

31 春がきた

文部省唱歌　　高野辰之／作詞　岡野貞一／作曲

♩=116〜126

202

32 虫のこえ

文部省唱歌

33 夕やけこやけ

中村雨紅／作詞　草川　信／作曲

1　ゆうやけ　こやけで　ひがくれて
2　こどもが　かえった　あとからは

やまの　おてらの　かねがなる
まるい　おおきな　おつきさま

おーてて　つないで
ことりが　ゆめを　一

みな　かえろ
みる　ころ　は

からすと　いーっしょに　かえりま　しょう
そらには　きらきら　きんの　ほ　し

Fine

a tempo

D.S.

34 うさぎ

日本古謡

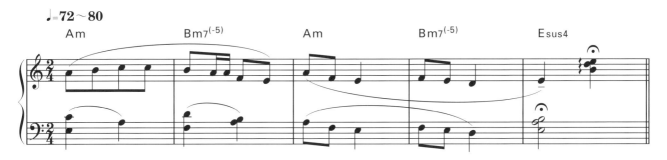

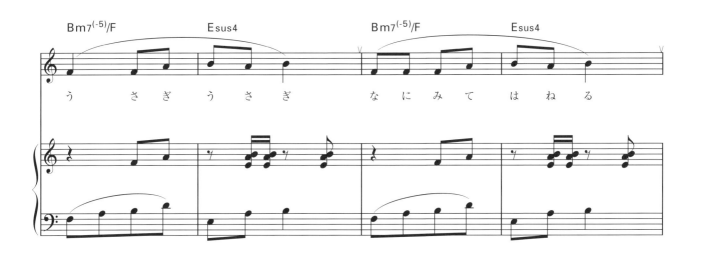

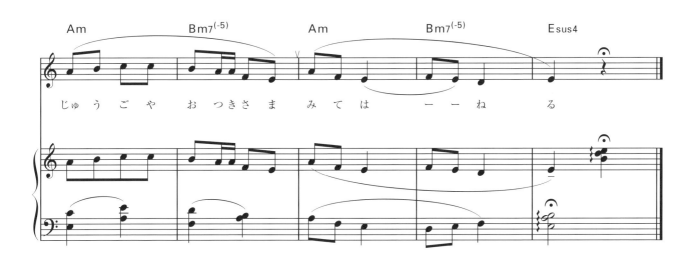

第3学年 共通教材

35 茶つみ

文部省唱歌

♩=100〜108

1 なつも ちかづく はちじゅう はちや
2 ひより つづきの きょうこの ごろを

のにも やまにも わかばが しげる あれに よ
こころ のどかに つみつつ うたう つめ よ

みえるは ちゃ つみじゃ ないか あかね だ すきに
つめつめ つ まねば ならぬ つ まにゃ に ほんの

すげの かさ
ちゃに ならぬ

poco a poco rit. e dim.

206

36 春の小川

文部省唱歌　　高野辰之／作詞　岡野貞一／作曲

♩ = 100～108

1 は ー る の
2 は ー る の

お が わ は　さ ら さ ら　い く よ　き ー し の　す み れ や
お が わ は　さ ら さ ら　い く よ　え ー び や　め だ か や

れ ん げ の　は な に　す ー が た　や さ し く　い ろ う つ
こ ぶ な の　む れ に　きょ ー も　い ち に ち　ひ な た で

く し く　さ ー け よ　さ け よ と　さ さ や き　な が ら
お よ ぎ　あ ー そ べ　あ そ べ と　さ さ や き　な が ら

37 ふじ山

文部省唱歌　　巖谷小波／作詞

38 さくらさくら

日本古謡

とんび

葛原しげる／作詞　梁田　貞／作曲　岡田知也／編曲

41 もみじ

文部省唱歌　　高野辰之／作詞　岡野貞一／作曲

40 まきばの朝

文部省唱歌　　船橋栄吉／作曲

213

42 こいのぼり

文部省唱歌

♩ = 92〜100

214

43 子もり歌1

日本古謡　近藤裕子／編曲

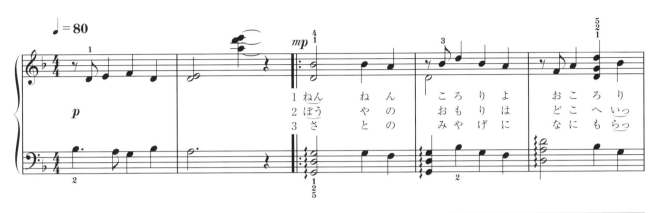

44 子もり歌2

日本古謡　近藤裕子／編曲

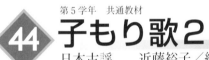

前奏

45 スキーの歌

文部省唱歌　　林　柳波／作詞　　橋本国彦／作曲　　岡田知也／編曲　　　　　　　　　　＊ひちょう＝飛鳥

♩=120

かがやくひのかーげーーはゆーるーーのやーまち
とぶとぶおおぞーらーーはしーるーーだいーまちん
やまこえおかこーえーーくだーるーーしゃめーーちん

simile

かがやくひのかーげーーはゆーるーーのやーまちふいった
とぶとぶおおぞーらーーはしーるーーだいーまちん
やまこえおかこーえーーくだーるーーしゃめーちん

mf

216

217

46 冬げしき

文部省唱歌

冬げしき

文部省唱歌

一、さ霧消ゆる湊江の
　舟に白し、朝の霜。
　ただ水鳥の声はして
　いまだ覚めず、岸の家。

二、烏啼きて木に高く、
　人は畑に麦を踏む。
　げに小春日ののどけしや。
　かえり咲の花も見ゆ。

三、嵐吹きて雲は落ち、
　時雨下りて日は暮れぬ。
　若し燈火の漏れ来ずば、
　それと分かじ、野辺の里。

※かえり咲き…春に咲く花が冬に咲くこと

219

第6学年　共通教材

47 越天楽今様

日本古謡　慈鎮和尚／作歌　下総皖一／編曲

48 おぼろ月夜

文部省唱歌　高野辰之／作詞　岡野貞一／作曲

49 ふるさと

第6学年　共通教材

文部省唱歌　高野辰之／作詞　岡野貞一／作曲

※タテ書き歌詞は p.195

前奏

第6学年　共通教材
50 われは海の子
文部省唱歌

※タテ書き歌詞は p.196

♩ = 120〜132

mf

歌詞（第1番〜第3番）：

1 わ　れ　は　う　み　の　こ　し　ら　な　み　の
2 う　ま　れ　て　し　ほ　に　ゆ　あ　み　し　て
3 た　か　し　は　み　な　に　ゆ　そ　か　に　て

さ　わ　一　ぐ　い　そ　べ　の　ま　つ　ば　ら　に
な　ふ　だ　を　こ　も　り　の　か　た　り　き　き
ふ　み　ん　の　は　一　な　の　う　お　と　あ　り

mp

け　む　り　た　な　く　と　ま　や　こ　そ
せ　な　ぎ　の　ま　せ　る　く　の　か　ぜ
な　さ　の　ま　一　に　ふ　み　か　き　を

mf

わ　が　つ　か　し　き　す　か　な　れ
す　な　い　て　わ　ら　と　み　に　け
い　み　じ　き　が　べ　と　わ　は　く

前奏

223

古歌　林 広守／作曲

♩ = 69

きみが　ー　よ　ー　は　　ちよに　ーー　やちよに

さ　ざ　れ　　いし　の　　いわ　お　と　な　りて

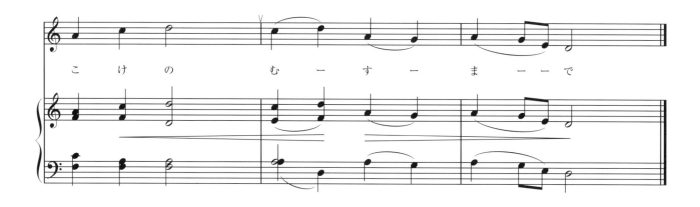

こ　け　の　　む　ー　す　ー　ま　ーー　で

［付録1］
小学校学習指導要領
第1章　総　則

第1　小学校教育の基本と教育課程の役割
1.　各学校においては、教育基本法及び学校教育法その他の法令並びにこの章以下に示すところに従い、児童の人間として調和のとれた育成を目指し、児童の心身の発達の段階や特性及び学校や地域の実態を十分考慮して、適切な教育課程を編成するものとし、これらに掲げる目標を達成するよう教育を行うものとする。

2.　学校の教育活動を進めるに当たっては、各学校において、第3の1に示す主体的・対話的で深い学びの実現に向けた授業改善を通して、創意工夫を生かした特色ある教育活動を展開する中で、次の⑴から⑶までに掲げる事項の実現を図り、児童に生きる力を育むことを目指すものとする。
　⑴　基礎的・基本的な知識及び技能を確実に習得させ、これらを活用して課題を解決するために必要な思考力、判断力、表現力等を育むとともに、主体的に学習に取り組む態度を養い、個性を生かし多様な人々との協働を促す教育の充実に努めること。その際、児童の発達の段階を考慮して、児童の言語活動など、学習の基盤をつくる活動を充実するとともに、家庭との連携を図りながら、児童の学習習慣が確立するよう配慮すること。
　⑵　道徳教育や体験活動、多様な表現や鑑賞の活動等を通して、豊かな心や創造性の涵養を目指した教育の充実に努めること。
　　　学校における道徳教育は、特別の教科である道徳（以下「道徳科」という。）を要として学校の教育活動全体を通じて行うものであり、道徳科はもとより、各教科、外国語活動、総合的な学習の時間及び特別活動のそれぞれの特質に応じて、児童の発達の段階を考慮して、適切な指導を行うこと。
　　　道徳教育は、教育基本法及び学校教育法に定められた教育の根本精神に基づき、自己の生き方を考え、主体的な判断の下に行動し、自立した人間として他者と共によりよく生きるための基盤となる道徳性を養うことを目標とすること。
　　　道徳教育を進めるに当たっては、人間尊重の精神と生命に対する畏敬の念を家庭、学校、その他社会における具体的な生活の中に生かし、豊かな心をもち、伝統と文化を尊重し、それらを育んできた我が国と郷土を愛し、個性豊かな文化の創造を図るとともに、平和で民主的な国家及び社会の形成者として、公共の精神を尊び、社会及び国家の発展に努め、他国を尊重し、国際社会の平和と発展や環境の保全に貢献し未来を拓く主体性のある日本人の育成に資することとなるよう特に留意すること。
　⑶　学校における体育・健康に関する指導を、児童の発達の段階を考慮して、学校の教育活動全体を通じて適切に行うことにより、健康で安全な生活と豊かなスポーツライフの実現を目指した教育の充実に努めること。特に、学校における食育の推進並びに体力の向上に関する指導、安全に関する指導及び心身の健康の保持増進に関する指導については、体育科、家庭科及び特別活動の時間はもとより、各教科、道徳科、外国語活動及び総合的な学習の時間などにおいてもそれぞれの特質に応じて適切に行うよう努めること。また、それらの指導を通して、家庭や地域社会との連携を図りながら、日常生活において適切な体育・健康に関する活動の実践を促し、生涯を通じて健康・安全で活力ある生活を送るための基礎が培われるよう配慮すること。

3.　2の⑴から⑶までに掲げる事項の実現を図り、豊かな創造性を備え持続可能な社会の創り手となることが期待される児童に、生きる力を育むことを目指すに当たっては、学校教育全体並びに各教科、道徳科、外国語活動、総合的な学習の時間及び特別活動（以下「各教科等」という。ただし、第2の3の⑵のア及びウにおいて、特別活動については学級活動（学校給食に係るものを除く。）に限る。）の指導を通してどのような資質・能力の育成を目指すのかを明確にしながら、教育活動の充実を図るものとする。その際、児童の発達の段階や特性等を踏まえつつ、次に掲げることが偏りなく実現できるようにするものとする。
　⑴　知識及び技能が習得されるようにすること。
　⑵　思考力、判断力、表現力等を育成すること。
　⑶　学びに向かう力、人間性等を涵養すること。

4.　各学校においては、児童や学校、地域の実態を適切に把握し、教育の目的や目標の実現に必要な教育の内容等を教科等横断的な視点で組み立てていくこと、教育課程の実施状況を評価してその改善を図っていくこと、教育課程の実施に必要な人的又は物的な体制を確保するとともにその改善を図っていくことなどを通して、教育課程に基づき組織的かつ計画的に各学校の教育活動の質の向上を図っていくこと（以下「カリキュラム・マネジメント」という。）に努めるものとする。

第2　教育課程の編成
1.　各学校の教育目標と教育課程の編成
　　教育課程の編成に当たっては、学校教育全体や各教科等における指導を通して育成を目指す資

質・能力を踏まえつつ、各学校の教育目標を明確にするとともに、教育課程の編成についての基本的な方針が家庭や地域とも共有されるよう努めるものとする。その際、第5章総合的な学習の時間の第2の1に基づき定められる目標との関連を図るものとする。

2. 教科等横断的な視点に立った資質・能力の育成
   (1) 各学校においては、児童の発達の段階を考慮し、言語能力、情報活用能力（情報モラルを含む。）、問題発見・解決能力等の学習の基盤となる資質・能力を育成していくことができるよう、各教科等の特質を生かし、教科等横断的な視点から教育課程の編成を図るものとする。
   (2) 各学校においては、児童や学校、地域の実態及び児童の発達の段階を考慮し、豊かな人生の実現や災害等を乗り越えて次代の社会を形成することに向けた現代的な諸課題に対応して求められる資質・能力を、教科等横断的な視点で育成していくことができるよう、各学校の特色を生かした教育課程の編成を図るものとする。

3. 教育課程の編成における共通的事項
   (1) 内容等の取扱い
   ア 第2章以下に示す各教科、道徳科、外国語活動及び特別活動の内容に関する事項は、特に示す場合を除き、いずれの学校においても取り扱わなければならない。
   イ 学校において特に必要がある場合には、第2章以下に示していない内容を加えて指導することができる。また、第2章以下に示す内容の取扱いのうち内容の範囲や程度等を示す事項は、全ての児童に対して指導するものとする内容の範囲や程度等を示したものであり、学校において特に必要がある場合には、この事項にかかわらず加えて指導することができる。ただし、これらの場合には、第2章以下に示す各教科、道徳科、外国語活動及び特別活動の目標や内容の趣旨を逸脱したり、児童の負担過重となったりすることのないようにしなければならない。
   ウ 第2章以下に示す各教科、道徳科、外国語活動及び特別活動の内容に掲げる事項の順序は、特に示す場合を除き、指導の順序を示すものではないので、学校においては、その取扱いについて適切な工夫を加えるものとする。
   エ 学年の内容を2学年まとめて示した教科及び外国語活動の内容は、2学年間かけて指導する事項を示したものである。各学校においては、これらの事項を児童や学校、地域の実態に応じ、2学年間を見通して計画的に指導することとし、特に示す場合を除き、いずれ

かの学年に分けて、又はいずれの学年においても指導するものとする。
   オ 学校において2以上の学年の児童で編制する学級について特に必要がある場合には、各教科及び道徳科の目標の達成に支障のない範囲内で、各教科及び道徳科の目標及び内容について学年別の順序によらないことができる。
   カ 道徳科を要として学校の教育活動全体を通じて行う道徳教育の内容は、第3章特別の教科道徳の第2に示す内容とし、その実施に当たっては、第6に示す道徳教育に関する配慮事項を踏まえるものとする。
   (2) 授業時数等の取扱い
   ア 各教科等の授業は、年間35週（第1学年については34週）以上にわたって行うよう計画し、週当たりの授業時数が児童の負担過重にならないようにするものとする。ただし、各教科等や学習活動の特質に応じ効果的な場合には、夏季、冬季、学年末等の休業日の期間に授業日を設定する場合を含め、これらの授業を特定の期間に行うことができる。
   イ 特別活動の授業のうち、児童会活動、クラブ活動及び学校行事については、それらの内容に応じ、年間、学期ごと、月ごとなどに適切な授業時数を充てるものとする。
   ウ 各学校の時間割については、次の事項を踏まえ適切に編成するものとする。
   （ア）各教科等のそれぞれの授業の1単位時間は、各学校において、各教科等の年間授業時数を確保しつつ、児童の発達の段階及び各教科等や学習活動の特質を考慮して適切に定めること。
   （イ）各教科等の特質に応じ、10分から15分程度の短い時間を活用して特定の教科等の指導を行う場合において、教師が、単元や題材など内容や時間のまとまりを見通した中で、その指導内容の決定や指導の成果の把握と活用等を責任を持って行う体制が整備されているときは、その時間を当該教科等の年間授業時数に含めることができること。
   （ウ）給食、休憩などの時間については、各学校において工夫を加え、適切に定めること。
   （エ）各学校において、児童や学校、地域の実態、各教科等や学習活動の特質等に応じて、創意工夫を生かした時間割を弾力的に編成できること。
   エ 総合的な学習の時間における学習活動により、特別活動の学校行事に掲げる各行事の実施と同様の成果が期待できる場合においては、総合的な学習の時間における学習活動を

もって相当する特別活動の学校行事に掲げる各行事の実施に替えることができる。
(3)　指導計画の作成等に当たっての配慮事項
　　各学校においては、次の事項に配慮しながら、学校の創意工夫を生かし、全体として、調和のとれた具体的な指導計画を作成するものとする。
　ア　各教科等の指導内容については、(1)のアを踏まえつつ、単元や題材など内容や時間のまとまりを見通しながら、そのまとめ方や重点の置き方に適切な工夫を加え、第3の1に示す主体的・対話的で深い学びの実現に向けた授業改善を通して資質・能力を育む効果的な指導ができるようにすること。
　イ　各教科等及び各学年相互間の関連を図り、系統的、発展的な指導ができるようにすること。
　ウ　学年の内容を2学年まとめて示した教科及び外国語活動については、当該学年間を見通して、児童や学校、地域の実態に応じ、児童の発達の段階を考慮しつつ、効果的、段階的に指導するようにすること。
　エ　児童の実態等を考慮し、指導の効果を高めるため、児童の発達の段階や指導内容の関連性等を踏まえつつ、合科的・関連的な指導を進めること。

4.　学校段階等間の接続
　　教育課程の編成に当たっては、次の事項に配慮しながら、学校段階等間の接続を図るものとする。
(1)　幼児期の終わりまでに育ってほしい姿を踏まえた指導を工夫することにより、幼稚園教育要領等に基づく幼児期の教育を通して育まれた資質・能力を踏まえて教育活動を実施し、児童が主体的に自己を発揮しながら学びに向かうことが可能となるようにすること。
　　また、低学年における教育全体において、例えば生活科において育成する自立し生活を豊かにしていくための資質・能力が、他教科等の学習においても生かされるようにするなど、教科等間の関連を積極的に図り、幼児期の教育及び中学年以降の教育との円滑な接続が図られるよう工夫すること。特に、小学校入学当初においては、幼児期において自発的な活動としての遊びを通して育まれてきたことが、各教科等における学習に円滑に接続されるよう、生活科を中心に、合科的・関連的な指導や弾力的な時間割の設定など、指導の工夫や指導計画の作成を行うこと。
(2)　中学校学習指導要領及び高等学校学習指導要領を踏まえ、中学校教育及びその後の教育との円滑な接続が図られるよう工夫すること。特に、義務教育学校、中学校連携型小学校及び中学校

併設型小学校においては、義務教育9年間を見通した計画的かつ継続的な教育課程を編成すること。

第3　教育課程の実施と学習評価
1.　主体的・対話的で深い学びの実現に向けた授業改善
　　各教科等の指導に当たっては、次の事項に配慮するものとする。
(1)　第1の3の(1)から(3)までに示すことが偏りなく実現されるよう、単元や題材など内容や時間のまとまりを見通しながら、児童の主体的・対話的で深い学びの実現に向けた授業改善を行うこと。
　　特に、各教科等において身に付けた知識及び技能を活用したり、思考力、判断力、表現力等や学びに向かう力、人間性等を発揮させたりして、学習の対象となる物事を捉え思考することにより、各教科等の特質に応じた物事を捉える視点や考え方（以下「見方・考え方」という。）が鍛えられていくことに留意し、児童が各教科等の特質に応じた見方・考え方を働かせながら、知識を相互に関連付けてより深く理解したり、情報を精査して考えを形成したり、問題を見いだして解決策を考えたり、思いや考えを基に創造したりすることに向かう過程を重視した学習の充実を図ること。
(2)　第2の2の(1)に示す言語能力の育成を図るため、各学校において必要な言語環境を整えるとともに、国語科を要としつつ各教科等の特質に応じて、児童の言語活動を充実すること。あわせて、(7)に示すとおり読書活動を充実すること。
(3)　第2の2の(1)に示す情報活用能力の育成を図るため、各学校において、コンピュータや情報通信ネットワークなどの情報手段を活用するために必要な環境を整え、これらを適切に活用した学習活動の充実を図ること。また、各種の統計資料や新聞、視聴覚教材や教育機器などの教材・教具の適切な活用を図ること。
　　あわせて、各教科等の特質に応じて、次の学習活動を計画的に実施すること。
　ア　児童がコンピュータで文字を入力するなどの学習の基盤として必要となる情報手段の基本的な操作を習得するための学習活動
　イ　児童がプログラミングを体験しながら、コンピュータに意図した処理を行わせるために必要な論理的思考力を身に付けるための学習活動
(4)　児童が学習の見通しを立てたり学習したことを振り返ったりする活動を、計画的に取り入れるように工夫すること。
(5)　児童が生命の有限性や自然の大切さ、主体的に挑戦してみることや多様な他者と協働するこ

との重要性などを実感しながら理解することができるよう、各教科等の特質に応じた体験活動を重視し、家庭や地域社会と連携しつつ体系的・継続的に実施できるよう工夫すること。

(6) 児童が自ら学習課題や学習活動を選択する機会を設けるなど、児童の興味・関心を生かした自主的、自発的な学習が促されるよう工夫すること。

(7) 学校図書館を計画的に利用しその機能の活用を図り、児童の主体的・対話的で深い学びの実現に向けた授業改善に生かすとともに、児童の自主的、自発的な学習活動や読書活動を充実すること。また、地域の図書館や博物館、美術館、劇場、音楽堂等の施設の活用を積極的に図り、資料を活用した情報の収集や鑑賞等の学習活動を充実すること。

2. 学習評価の充実
学習評価の実施に当たっては、次の事項に配慮するものとする。

(1) 児童のよい点や進歩の状況などを積極的に評価し、学習したことの意義や価値を実感できるようにすること。また、各教科等の目標の実現に向けた学習状況を把握する観点から、単元や題材など内容や時間のまとまりを見通しながら評価の場面や方法を工夫して、学習の過程や成果を評価し、指導の改善や学習意欲の向上を図り、資質・能力の育成に生かすようにすること。

(2) 創意工夫の中で学習評価の妥当性や信頼性が高められるよう、組織的かつ計画的な取組を推進するとともに、学年や学校段階を越えて児童の学習の成果が円滑に接続されるように工夫すること。

第4 児童の発達の支援

1. 児童の発達を支える指導の充実
教育課程の編成及び実施に当たっては、次の事項に配慮するものとする。

(1) 学習や生活の基盤として、教師と児童との信頼関係及び児童相互のよりよい人間関係を育てるため、日頃から学級経営の充実を図ること。また、主に集団の場面で必要な指導や援助を行うガイダンスと、個々の児童の多様な実態を踏まえ、一人一人が抱える課題に個別に対応した指導を行うカウンセリングの双方により、児童の発達を支援すること。
あわせて、小学校の低学年、中学年、高学年の学年の時期の特長を生かした指導の工夫を行うこと。

(2) 児童が、自己の存在感を実感しながら、よりよい人間関係を形成し、有意義で充実した学校生活を送る中で、現在及び将来における自己実現を図っていくことができるよう、児童理解を

深め、学習指導と関連付けながら、生徒指導の充実を図ること。

(3) 児童が、学ぶことと自己の将来とのつながりを見通しながら、社会的・職業的自立に向けて必要な基盤となる資質・能力を身に付けていくことができるよう、特別活動を要としつつ各教科等の特質に応じて、キャリア教育の充実を図ること。

(4) 児童が、基礎的・基本的な知識及び技能の習得も含め、学習内容を確実に身に付けることができるよう、児童や学校の実態に応じ、個別学習やグループ別学習、繰り返し学習、学習内容の習熟の程度に応じた学習、児童の興味・関心等に応じた課題学習、補充的な学習や発展的な学習などの学習活動を取り入れることや、教師間の協力による指導体制を確保することなど、指導方法や指導体制の工夫改善により、個に応じた指導の充実を図ること。その際、第3の1の(3)に示す情報手段や教材・教具の活用を図ること。

2. 特別な配慮を必要とする児童への指導

(1) 障害のある児童などへの指導
ア 障害のある児童などについては、特別支援学校等の助言又は援助を活用しつつ、個々の児童の障害の状態等に応じた指導内容や指導方法の工夫を組織的かつ計画的に行うものとする。
イ 特別支援学級において実施する特別の教育課程については、次のとおり編成するものとする。
(ア) 障害による学習上又は生活上の困難を克服し自立を図るため、特別支援学校小学部・中学部学習指導要領第7章に示す自立活動を取り入れること。
(イ) 児童の障害の程度や学級の実態等を考慮の上、各教科の目標や内容を下学年の教科の目標や内容に替えたり、各教科を、知的障害者である児童に対する教育を行う特別支援学校の各教科に替えたりするなどして、実態に応じた教育課程を編成すること。
ウ 障害のある児童に対して、通級による指導を行い、特別の教育課程を編成する場合には、特別支援学校小学部・中学部学習指導要領第7章に示す自立活動の内容を参考とし、具体的な目標や内容を定め、指導を行うものとする。その際、効果的な指導が行われるよう、各教科等と通級による指導との関連を図るなど、教師間の連携に努めるものとする。
エ 障害のある児童などについては、家庭、地域及び医療や福祉、保健、労働等の業務を行う関係機関との連携を図り、長期的な視点で

児童への教育的支援を行うために、個別の教育支援計画を作成し活用することに努めるとともに、各教科等の指導に当たって、個々の児童の実態を的確に把握し、個別の指導計画を作成し活用することに努めるものとする。特に、特別支援学級に在籍する児童や通級による指導を受ける児童については、個々の児童の実態を的確に把握し、個別の教育支援計画や個別の指導計画を作成し、効果的に活用するものとする。

(2) 海外から帰国した児童などの学校生活への適応や、日本語の習得に困難のある児童に対する日本語指導

ア　海外から帰国した児童などについては、学校生活への適応を図るとともに、外国における生活経験を生かすなどの適切な指導を行うものとする。

イ　日本語の習得に困難のある児童については、個々の児童の実態に応じた指導内容や指導方法の工夫を組織的かつ計画的に行うものとする。特に、通級による日本語指導については、教師間の連携に努め、指導についての計画を個別に作成することなどにより、効果的な指導に努めるものとする。

(3) 不登校児童への配慮

ア　不登校児童については、保護者や関係機関と連携を図り、心理や福祉の専門家の助言又は援助を得ながら、社会的自立を目指す観点から、個々の児童の実態に応じた情報の提供その他の必要な支援を行うものとする。

イ　相当の期間小学校を欠席し引き続き欠席すると認められる児童を対象として、文部科学大臣が認める特別の教育課程を編成する場合には、児童の実態に配慮した教育課程を編成するとともに、個別学習やグループ別学習など指導方法や指導体制の工夫改善に努めるものとする。

第5　学校運営上の留意事項

1. 教育課程の改善と学校評価等

ア　各学校においては、校長の方針の下に、校務分掌に基づき教職員が適切に役割を分担しつつ、相互に連携しながら、各学校の特色を生かしたカリキュラム・マネジメントを行うよう努めるものとする。また、各学校が行う学校評価については、教育課程の編成、実施、改善が教育活動や学校運営の中核となることを踏まえ、カリキュラム・マネジメントと関連付けながら実施するよう留意するものとする。

イ　教育課程の編成及び実施に当たっては、学校保健計画、学校安全計画、食に関する指導の全体計画、いじめの防止等のための対策に

関する基本的な方針など、各分野における学校の全体計画等と関連付けながら、効果的な指導が行われるように留意するものとする。

2. 家庭や地域社会との連携及び協働と学校間の連携

教育課程の編成及び実施に当たっては、次の事項に配慮するものとする。

ア　学校がその目的を達成するため、学校や地域の実態等に応じ、教育活動の実施に必要な人的又は物的な体制を家庭や地域の人々の協力を得ながら整えるなど、家庭や地域社会との連携及び協働を深めること。また、高齢者や異年齢の子供など、地域における世代を越えた交流の機会を設けること。

イ　他の小学校や、幼稚園、認定こども園、保育所、中学校、高等学校、特別支援学校などとの間の連携や交流を図るとともに、障害のある幼児児童生徒との交流及び共同学習の機会を設け、共に尊重し合いながら協働して生活していく態度を育むようにすること。

第6　道徳教育に関する配慮事項

道徳教育を進めるに当たっては、道徳教育の特質を踏まえ、前項までに示す事項に加え、次の事項に配慮するものとする。

1. 各学校においては、第1の2の(2)に示す道徳教育の目標を踏まえ、道徳教育の全体計画を作成し、校長の方針の下に、道徳教育の推進を主に担当する教師（以下「道徳教育推進教師」という。）を中心に、全教師が協力して道徳教育を展開すること。なお、道徳教育の全体計画の作成に当たっては、児童や学校、地域の実態を考慮して、学校の道徳教育の重点目標を設定するとともに、道徳科の指導方針、第3章特別の教科道徳の第2に示す内容との関連を踏まえた各教科、外国語活動、総合的な学習の時間及び特別活動における指導の内容及び時期並びに家庭や地域社会との連携の方法を示すこと。

2. 各学校においては、児童の発達の段階や特性等を踏まえ、指導内容の重点化を図ること。その際、各学年を通じて、自立心や自律性、生命を尊重する心や他者を思いやる心を育てることに留意すること。また、各学年段階においては、次の事項に留意すること。

(1) 第1学年及び第2学年においては、挨拶などの基本的な生活習慣を身に付けること、善悪を判断し、してはならないことをしないこと、社会生活上のきまりを守ること。

(2) 第3学年及び第4学年においては、善悪を判断し、正しいと判断したことを行うこと、身近

な人々と協力し助け合うこと、集団や社会のきまりを守ること。
(3) 第5学年及び第6学年においては、相手の考え方や立場を理解して支え合うこと、法やきまりの意義を理解して進んで守ること、集団生活の充実に努めること、伝統と文化を尊重し、それらを育んできた我が国と郷土を愛するとともに、他国を尊重すること。

3. 学校や学級内の人間関係や環境を整えるとともに、集団宿泊活動やボランティア活動、自然体験活動、地域の行事への参加などの豊かな体験を充実すること。また、道徳教育の指導内容が、児童の日常生活に生かされるようにすること。その際、いじめの防止や安全の確保等にも資することとなるよう留意すること。

4. 学校の道徳教育の全体計画や道徳教育に関する諸活動などの情報を積極的に公表したり、道徳教育の充実のために家庭や地域の人々の積極的な参加や協力を得たりするなど、家庭や地域社会との共通理解を深め、相互の連携を図ること。

◇◇

［付録2］
小学校学習指導要領
第2章 各教科 第6節 音 楽

第1 目標
　表現及び鑑賞の活動を通して、音楽的な見方・考え方を働かせ、生活や社会の中の音や音楽と豊かに関わる資質・能力を次のとおり育成することを目指す。
(1) 曲想と音楽の構造などとの関わりについて理解するとともに、表したい音楽表現をするために必要な技能を身に付けるようにする。
(2) 音楽表現を工夫することや、音楽を味わって聴くことができるようにする。
(3) 音楽活動の楽しさを体験することを通して、音楽を愛好する心情と音楽に対する感性を育むとともに、音楽に親しむ態度を養い、豊かな情操を培う。

第2 各学年の目標及び内容
〔第1学年及び第2学年〕
1 目標
(1) 曲想と音楽の構造などとの関わりについて気付くとともに、音楽表現を楽しむために必要な歌唱、器楽、音楽づくりの技能を身に付けるようにする。
(2) 音楽表現を考えて表現に対する思いをもつことや、曲や演奏の楽しさを見いだしながら音楽を味わって聴くことができるようにする。
(3) 楽しく音楽に関わり、協働して音楽活動をする楽しさを感じながら、身の回りの様々な音楽に親しむとともに、音楽経験を生かして生活を明るく潤いのあるものにしようとする態度を養う。

2 内容
A 表現
(1) 歌唱の活動を通して、次の事項を身に付けることができるよう指導する。
ア 歌唱表現についての知識や技能を得たり生かしたりしながら、曲想を感じ取って表現を工夫し、どのように歌うかについて思いをもつこと。
イ 曲想と音楽の構造との関わり、曲想と歌詞の表す情景や気持ちとの関わりについて気付くこと。
ウ 思いに合った表現をするために必要な次の（ア）から（ウ）までの技能を身に付けること。
（ア） 範唱を聴いて歌ったり、階名で模唱したり暗唱したりする技能
（イ） 自分の歌声及び発音に気を付けて歌う技能
（ウ） 互いの歌声や伴奏を聴いて、声を合わせて歌う技能
(2) 器楽の活動を通して、次の事項を身に付けることができるよう指導する。
ア 器楽表現についての知識や技能を得たり生かしたりしながら、曲想を感じ取って表現を工夫し、どのように演奏するかについて思いをもつこと。
イ 次の（ア）及び（イ）について気付くこと。
（ア） 曲想と音楽の構造との関わり
（イ） 楽器の音色と演奏の仕方との関わり
ウ 思いに合った表現をするために必要な次の（ア）から（ウ）までの技能を身に付けること。
（ア） 範奏を聴いたり、リズム譜などを見たりして演奏する技能
（イ） 音色に気を付けて、旋律楽器及び打楽器を演奏する技能
（ウ） 互いの楽器の音や伴奏を聴いて、音を合わせて演奏する技能
(3) 音楽づくりの活動を通して、次の事項を身に付けることができるよう指導する。
ア 音楽づくりについての知識や技能を得たり生かしたりしながら、次の（ア）及び（イ）をできるようにすること。
（ア） 音遊びを通して、音楽づくりの発想を

得ること。
（イ）　どのように音を音楽にしていくかについて思いをもつこと。
イ　次の（ア）及び（イ）について、それらが生み出す面白さなどと関わらせて気付くこと。
（ア）　声や身の回りの様々な音の特徴
（イ）　音やフレーズのつなげ方の特徴
ウ　発想を生かした表現や、思いに合った表現をするために必要な次の（ア）及び（イ）の技能を身に付けること。
（ア）　設定した条件に基づいて、即興的に音を選んだりつなげたりして表現する技能
（イ）　音楽の仕組みを用いて、簡単な音楽をつくる技能

B　鑑賞
(1)　鑑賞の活動を通して、次の事項を身に付けることができるよう指導する。
ア　鑑賞についての知識を得たり生かしたりしながら、曲や演奏の楽しさを見いだし、曲全体を味わって聴くこと。
イ　曲想と音楽の構造との関わりについて気付くこと。

〔共通事項〕
(1)　「A 表現」及び「B 鑑賞」の指導を通して、次の事項を身に付けることができるよう指導する。
ア　音楽を形づくっている要素を聴き取り、それらの働きが生み出すよさや面白さ、美しさを感じ取りながら、聴き取ったことと感じ取ったこととの関わりについて考えること。
イ　音楽を形づくっている要素及びそれらに関わる身近な音符、休符、記号や用語について、音楽における働きと関わらせて理解すること。

3　内容の取扱い
(1)　歌唱教材は次に示すものを取り扱う。
ア　主となる歌唱教材については、各学年ともイの共通教材を含めて、斉唱及び輪唱で歌う曲
イ　共通教材
〔第1学年〕
「うみ」（文部省唱歌）
　　林　柳波作詞
　　井上武士作曲
「かたつむり」（文部省唱歌）
「日のまる」（文部省唱歌）
　　高野辰之作詞
　　岡野貞一作曲
「ひらいたひらいた」（わらべうた）

〔第2学年〕
「かくれんぼ」（文部省唱歌）
　　林　柳波作詞
　　下総皖一作曲
「春がきた」（文部省唱歌）
　　高野辰之作詞
　　岡野貞一作曲
「虫のこえ」（文部省唱歌）
「夕やけこやけ」
　　中村雨紅作詞
　　草川　信作曲
(2)　主となる器楽教材については、既習の歌唱教材を含め、主旋律に簡単なリズム伴奏や低声部などを加えた曲を取り扱う。
(3)　鑑賞教材は次に示すものを取り扱う。
ア　我が国及び諸外国のわらべうたや遊びうた、行進曲や踊りの音楽など体を動かすことの快さを感じ取りやすい音楽、日常の生活に関連して情景を思い浮かべやすい音楽など、いろいろな種類の曲
イ　音楽を形づくっている要素の働きを感じ取りやすく、親しみやすい曲
ウ　楽器の音色や人の声の特徴を捉えやすく親しみやすい、いろいろな演奏形態による曲

〔第3学年及び第4学年〕
1　目標
(1)　曲想と音楽の構造などとの関わりについて気付くとともに、表したい音楽表現をするために必要な歌唱、器楽、音楽づくりの技能を身に付けるようにする。
(2)　音楽表現を考えて表現に対する思いや意図をもつことや、曲や演奏のよさなどを見いだしながら音楽を味わって聴くことができるようにする。
(3)　進んで音楽に関わり、協働して音楽活動をする楽しさを感じながら、様々な音楽に親しむとともに、音楽経験を生かして生活を明るく潤いのあるものにしようとする態度を養う。

2　内容
A　表現
(1)　歌唱の活動を通して、次の事項を身に付けることができるよう指導する。
ア　歌唱表現についての知識や技能を得たり生かしたりしながら、曲の特徴を捉えた表現を工夫し、どのように歌うかについて思いや意図をもつこと。
イ　曲想と音楽の構造や歌詞の内容との関わりについて気付くこと。
ウ　思いや意図に合った表現をするために必要な次の（ア）から（ウ）までの技能を身に付けること。
（ア）　範唱を聴いたり、ハ長調の楽譜を見たりして歌う技能

（イ）　呼吸及び発音の仕方に気を付けて、自然で無理のない歌い方で歌う技能

（ウ）　互いの歌声や副次的な旋律、伴奏を聴いて、声を合わせて歌う技能

(2)　器楽の活動を通して、次の事項を身に付けることができるよう指導する。

ア　器楽表現についての知識や技能を得たり生かしたりしながら、曲の特徴を捉えた表現を工夫し、どのように演奏するかについて思いや意図をもつこと。

イ　次の（ア）及び（イ）について気付くこと。

（ア）　曲想と音楽の構造との関わり

（イ）　楽器の音色や響きと演奏の仕方との関わり

ウ　思いや意図に合った表現をするために必要な次の（ア）から（ウ）までの技能を身に付けること。

（ア）　範奏を聴いたり、ハ長調の楽譜を見たりして演奏する技能

（イ）　音色や響きに気を付けて、旋律楽器及び打楽器を演奏する技能

（ウ）　互いの楽器の音や副次的な旋律、伴奏を聴いて、音を合わせて演奏する技能

(3)　音楽づくりの活動を通して、次の事項を身に付けることができるよう指導する。

ア　音楽づくりについての知識や技能を得たり生かしたりしながら、次の（ア）及び（イ）をできるようにすること。

（ア）　即興的に表現することを通して、音楽づくりの発想を得ること。

（イ）　音を音楽へと構成することを通して、どのようにまとまりを意識した音楽をつくるかについて思いや意図をもつこと。

イ　次の（ア）及び（イ）について、それらが生み出すよさや面白さなどと関わらせて気付くこと。

（ア）　いろいろな音の響きやそれらの組合せの特徴

（イ）　音やフレーズのつなげ方や重ね方の特徴

ウ　発想を生かした表現や、思いや意図に合った表現をするために必要な次の（ア）及び（イ）の技能を身に付けること。

（ア）　設定した条件に基づいて、即興的に音を選択したり組み合わせたりして表現する技能

（イ）　音楽の仕組みを用いて、音楽をつくる技能

　B　鑑賞

(1)　鑑賞の活動を通して、次の事項を身に付けることができるよう指導する。

ア　鑑賞についての知識を得たり生かしたり

しながら、曲や演奏のよさなどを見いだし、曲全体を味わって聴くこと。

イ　曲想及びその変化と、音楽の構造との関わりについて気付くこと。

〔共通事項〕

(1)　「A表現」及び「B鑑賞」の指導を通して、次の事項を身に付けることができるよう指導する。

ア　音楽を形づくっている要素を聴き取り、それらの働きが生み出すよさや面白さ、美しさを感じ取りながら、聴き取ったことと感じ取ったこととの関わりについて考えること。

イ　音楽を形づくっている要素及びそれらに関わる音符、休符、記号や用語について、音楽における働きと関わらせて理解すること。

3　内容の取扱い

(1)　歌唱教材は次に示すものを取り扱う。

ア　主となる歌唱教材については、各学年ともイの共通教材を含めて、斉唱及び簡単な合唱で歌う曲

イ　共通教材

〔第3学年〕

「うさぎ」（日本古謡）

「茶つみ」（文部省唱歌）

「春の小川」（文部省唱歌）　高野辰之作詞
　　　　　　　　　　　　　　岡野貞一作曲

「ふじ山」（文部省唱歌）
　　　　　　　　　　いわやさざなみ
　　　　　　　　　　巖谷小波作詞

〔第4学年〕

「さくらさくら」（日本古謡）

「とんび」
　　　　　　　　くずはら
　　　　　　　　葛原しげる作詞
　　　　　　　やなだ　ただし
　　　　　　　梁田　貞作曲

「まきばの朝」（文部省唱歌）
　　　　　　　　ふなばしえいきち
　　　　　　　　船橋栄吉作曲

「もみじ」（文部省唱歌）　高野辰之作詞
　　　　　　　　　　　　　岡野貞一作曲

(2)　主となる器楽教材については、既習の歌唱教材を含め、簡単な重奏や合奏などの曲を取り扱う。

(3)　鑑賞教材は次に示すものを取り扱う。

ア　和楽器の音楽を含めた我が国の音楽、郷土の音楽、諸外国に伝わる民謡など生活との関わりを捉えやすい音楽、劇の音楽、人々に長く親しまれている音楽など、いろいろな種類の曲

イ　音楽を形づくっている要素の働きを感じ取りやすく、聴く楽しさを得やすい曲

ウ　楽器や人の声による演奏表現の違いを聴き取りやすい、独奏、重奏、独唱、重唱を含めたいろいろな演奏形態による曲

〔第５学年及び第６学年〕

1　目標

(1)　曲想と音楽の構造などとの関わりについて理解するとともに、表したい音楽表現をするために必要な歌唱、器楽、音楽づくりの技能を身に付けるようにする。

(2)　音楽表現を考えて表現に対する思いや意図をもつことや、曲や演奏のよさなどを見いだしながら音楽を味わって聴くことができるようにする。

(3)　主体的に音楽に関わり、協働して音楽活動をする楽しさを味わいながら、様々な音楽に親しむとともに、音楽経験を生かして生活を明るく潤いのあるものにしようとする態度を養う。

2　内容

A　表現

(1)　歌唱の活動を通して、次の事項を身に付けることができるよう指導する。

ア　歌唱表現についての知識や技能を得たり生かしたりしながら、曲の特徴にふさわしい表現を工夫し、どのように歌うかについて思いや意図をもつこと。

イ　曲想と音楽の構造や歌詞の内容との関わりについて理解すること。

ウ　思いや意図に合った表現をするために必要な次の（ア）から（ウ）までの技能を身に付けること。

(ア)　範唱を聴いたり、ハ長調及びイ短調の楽譜を見たりして歌う技能

(イ)　呼吸及び発音の仕方に気を付けて、自然で無理のない、響きのある歌い方で歌う技能

(ウ)　各声部の歌声や全体の響き、伴奏を聴いて、声を合わせて歌う技能

(2)　器楽の活動を通して、次の事項を身に付けることができるよう指導する。

ア　器楽表現についての知識や技能を得たり生かしたりしながら、曲の特徴にふさわしい表現を工夫し、どのように演奏するかについて思いや意図をもつこと。

イ　次の（ア）及び（イ）について理解すること。

(ア)　曲想と音楽の構造との関わり

(イ)　多様な楽器の音色や響きと演奏の仕方との関わり

ウ　思いや意図に合った表現をするために必要な次の（ア）から（ウ）までの技能を身に付けること。

(ア)　範奏を聴いたり、ハ長調及びイ短調の楽譜を見たりして演奏する技能

(イ)　音色や響きに気を付けて、旋律楽器及び打楽器を演奏する技能

(ウ)　各声部の楽器の音や全体の響き、伴奏を聴いて、音を合わせて演奏する技能

(3)　音楽づくりの活動を通して、次の事項を身に付けることができるよう指導する。

ア　音楽づくりについての知識や技能を得たり生かしたりしながら、次の（ア）及び（イ）をできるようにすること。

(ア)　即興的に表現することを通して、音楽づくりの様々な発想を得ること。

(イ)　音を音楽へと構成することを通して、どのように全体のまとまりを意識した音楽をつくるかについて思いや意図をもつこと。

イ　次の（ア）及び（イ）について、それらが生み出すよさや面白さなどと関わらせて理解すること。

(ア)　いろいろな音の響きやそれらの組合せの特徴

(イ)　音やフレーズのつなげ方や重ね方の特徴

ウ　発想を生かした表現や、思いや意図に合った表現をするために必要な次の（ア）及び（イ）の技能を身に付けること。

(ア)　設定した条件に基づいて、即興的に音を選択したり組み合わせたりして表現する技能

(イ)　音楽の仕組みを用いて、音楽をつくる技能

B　鑑賞

(1)　鑑賞の活動を通して、次の事項を身に付けることができるよう指導する。

ア　鑑賞についての知識を得たり生かしたりしながら、曲や演奏のよさなどを見いだし、曲全体を味わって聴くこと。

イ　曲想及びその変化と、音楽の構造との関わりについて理解すること。

〔共通事項〕

(1)　「A表現」及び「B鑑賞」の指導を通して、次の事項を身に付けることができるよう指導する。

ア　音楽を形づくっている要素を聴き取り、それらの働きが生み出すよさや面白さ、美しさを感じ取りながら、聴き取ったことと感じ取ったこととの関わりについて考えること。

イ　音楽を形づくっている要素及びそれらに関わる音符、休符、記号や用語について、音楽における働きと関わらせて理解すること。

3　内容の取扱い

(1)　歌唱教材は次に示すものを取り扱う。

ア　主となる歌唱教材については、各学年ともイの共通教材の中の３曲を含めて、斉唱及び

合唱で歌う曲
イ　共通教材
〔第5学年〕
　「こいのぼり」（文部省唱歌）
　「子もり歌」（日本古謡）
　「スキーの歌」（文部省唱歌）　　　林　柳波作詞
　　　　　　　　　　　　　　　　はしもとくにひこ
　　　　　　　　　　　　　　　　橋本国彦作曲
　「冬げしき」（文部省唱歌）
〔第6学年〕
　えてんらくいまよう
　「越天楽今様（歌詞は第2節まで）」（日本古謡）
　　　　　　　　　　　　　　　　じちん
　　　　　　　　　　　　　　　　慈鎮和尚作歌
　「おぼろ月夜」（文部省唱歌）　　高野辰之作詞
　　　　　　　　　　　　　　　　岡野貞一作曲
　「ふるさと」（文部省唱歌）　　　高野辰之作詞
　　　　　　　　　　　　　　　　岡野貞一作曲
　「われは海の子（歌詞は第3節まで）」
　　　　　　　　　　　　　　　　（文部省唱歌）
(2)　主となる器楽教材については、楽器の演奏効
　果を考慮し、簡単な重奏や合奏などの曲を取り
　扱う。
(3)　鑑賞教材は次に示すものを取り扱う。
　ア　和楽器の音楽を含めた我が国の音楽や諸外
　　国の音楽など文化との関わりを捉えやすい音
　　楽、人々に長く親しまれている音楽など、い
　　ろいろな種類の曲
　イ　音楽を形づくっている要素の働きを感じ取
　　りやすく、聴く喜びを深めやすい曲
　ウ　楽器の音や人の声が重なり合う響きを味わ
　　うことができる、合奏、合唱を含めたいろい
　　ろな演奏形態による曲

第3　指導計画の作成と内容の取扱い
1　指導計画の作成に当たっては、次の事項に配慮
　するものとする。
(1)　題材など内容や時間のまとまりを見通して、
　　その中で育む資質・能力の育成に向けて、児童
　　の主体的・対話的で深い学びの実現を図るよう
　　にすること。その際、音楽的な見方・考え方を
　　働かせ、他者と協働しながら、音楽表現を生み
　　出したり音楽を聴いてそのよさなどを見いだし
　　たりするなど、思考、判断し、表現する一連の
　　過程を大切にした学習の充実を図ること。
(2)　第2の各学年の内容の「A表現」の(1)、(2)及
　　び(3)の指導については、ア、イ及びウの各事項
　　を、「B鑑賞」の(1)の指導については、ア及びイ
　　の各事項を適切に関連させて指導すること。
(3)　第2の各学年の内容の〔共通事項〕は、表現
　　及び鑑賞の学習において共通に必要となる資
　　質・能力であり、「A表現」及び「B鑑賞」の指
　　導と併せて、十分な指導が行われるよう工夫す
　　ること。
(4)　第2の各学年の内容の「A表現」の(1)、(2)及
　　び(3)並びに「B鑑賞」の(1)の指導については、

適宜、〔共通事項〕を要として各領域や分野の
関連を図るようにすること。
(5)　国歌「君が代」は、いずれの学年においても
　　歌えるよう指導すること。
(6)　低学年においては、第1章総則の第2の4の
　　(1)を踏まえ、他教科等との関連を積極的に図り、
　　指導の効果を高めるようにするとともに、幼稚
　　園教育要領等に示す幼児期の終わりまでに育っ
　　てほしい姿との関連を考慮すること。特に、小
　　学校入学当初においては、生活科を中心とした
　　合科的・関連的な指導や、弾力的な時間割の設
　　定を行うなどの工夫をすること。
(7)　障害のある児童などについては、学習活動を
　　行う場合に生じる困難さに応じた指導内容や指
　　導方法の工夫を計画的、組織的に行うこと。
(8)　第1章総則の第1の2の(2)に示す道徳教育の
　　目標に基づき、道徳科などとの関連を考慮しな
　　がら、第3章特別の教科道徳の第2に示す内容
　　について、音楽科の特質に応じて適切な指導を
　　すること。

2　第2の内容の取扱いについては、次の事項に配
　慮するものとする。
(1)　各学年の「A表現」及び「B鑑賞」の指導に
　　当たっては、次のとおり取り扱うこと。
　ア　音楽によって喚起されたイメージや感情、
　　音楽表現に対する思いや意図、音楽を聴いて
　　感じ取ったことや想像したことなどを伝え合
　　い共感するなど、音や音楽及び言葉によるコ
　　ミュニケーションを図り、音楽科の特質に応
　　じた言語活動を適切に位置付けられるよう指
　　導を工夫すること。
　イ　音楽との一体感を味わい、想像力を働かせ
　　て音楽と関わることができるよう、指導のね
　　らいに即して体を動かす活動を取り入れるこ
　　と。
　ウ　児童が様々な感覚を働かせて音楽への理解
　　を深めたり、主体的に学習に取り組んだりす
　　ることができるようにするため、コンピュー
　　タや教育機器を効果的に活用できるよう指導
　　を工夫すること。
　エ　児童が学校内及び公共施設などの学校外に
　　おける音楽活動とのつながりを意識できるよ
　　うにするなど、児童や学校、地域の実態に応
　　じ、生活や社会の中の音や音楽と主体的に関
　　わっていくことができるよう配慮すること。
　オ　表現したり鑑賞したりする多くの曲につい
　　て、それらを創作した著作者がいることに気
　　付き、学習した曲や自分たちのつくった曲を
　　大切にする態度を養うようにするとともに、
　　それらの著作者の創造性を尊重する意識をも
　　てるようにすること。また、このことが、音
　　楽文化の継承、発展、創造を支えていること

について理解する素地となるよう配慮すること。

(2)　和音の指導に当たっては、合唱や合奏などの活動を通して和音のもつ表情を感じ取ることができるようにすること。また、長調及び短調の曲においては、Ⅰ、Ⅳ、Ⅴ及びⅤ7などの和音を中心に指導すること。

(3)　我が国や郷土の音楽の指導に当たっては、そのよさなどを感じ取って表現したり鑑賞したりできるよう、音源や楽譜等の示し方、伴奏の仕方、曲に合った歌い方や楽器の演奏の仕方などの指導方法を工夫すること。

(4)　各学年の「A表現」の(1)の歌唱の指導に当たっては、次のとおり取り扱うこと。

ア　歌唱教材については、我が国や郷土の音楽に愛着がもてるよう、共通教材のほか、長い間親しまれてきた唱歌、それぞれの地方に伝承されているわらべうたや民謡など日本のうたを含めて取り上げるようにすること。

イ　相対的な音程感覚を育てるために、適宜、移動ド唱法を用いること。

ウ　変声以前から自分の声の特徴に関心をもたせるとともに、変声期の児童に対して適切に配慮すること。

(5)　各学年の「A表現」の(2)の楽器については、次のとおり取り扱うこと。

ア　各学年で取り上げる打楽器は、木琴、鉄琴、和楽器、諸外国に伝わる様々な楽器を含めて、演奏の効果、児童や学校の実態を考慮して選択すること。

イ　第1学年及び第2学年で取り上げる旋律楽器は、オルガン、鍵盤ハーモニカなどの中から児童や学校の実態を考慮して選択すること。

ウ　第3学年及び第4学年で取り上げる旋律楽器は、既習の楽器を含めて、リコーダーや鍵盤楽器、和楽器などの中から児童や学校の実態を考慮して選択すること。

エ　第5学年及び第6学年で取り上げる旋律楽器は、既習の楽器を含めて、電子楽器、和楽器、諸外国に伝わる楽器などの中から児童や学校の実態を考慮して選択すること。

オ　合奏で扱う楽器については、各声部の役割を生かした演奏ができるよう、楽器の特性を生かして選択すること。

(6)　各学年の「A表現」の(3)の音楽づくりの指導に当たっては、次のとおり取り扱うこと。

ア　音遊びや即興的な表現では、身近なものから多様な音を探したり、リズムや旋律を模倣したりして、音楽づくりのための発想を得ることができるよう指導すること。その際、適切な条件を設定するなど、児童が無理なく音を選んだり組み合わせたりすることができる

よう指導を工夫すること。

イ　どのような音楽を、どのようにしてつくるかなどについて、児童の実態に応じて具体的な例を示しながら指導するなど、見通しをもって音楽づくりの活動ができるよう指導を工夫すること。

ウ　つくった音楽については、指導のねらいに即し、必要に応じて作品を記録させること。作品を記録する方法については、図や絵によるもの、五線譜など柔軟に指導すること。

エ　拍のないリズム、我が国の音楽に使われている音階や調性にとらわれない音階などを児童の実態に応じて取り上げるようにすること。

(7)　各学年の「B鑑賞」の指導に当たっては、言葉などで表す活動を取り入れ、曲想と音楽の構造との関わりについて気付いたり理解したり、曲や演奏の楽しさやよさなどを見いだしたりすることができるよう指導を工夫すること。

(8)　各学年の〔共通事項〕に示す「音楽を形づくっている要素」については、児童の発達の段階や指導のねらいに応じて、次のア及びイから適切に選択したり関連付けたりして指導すること。

ア　音楽を特徴付けている要素

音色、リズム、速度、旋律、強弱、音の重なり、和音の響き、音階、調、拍、フレーズなど

イ　音楽の仕組み

反復、呼びかけとこたえ、変化、音楽の縦と横との関係など

(9)　各学年の〔共通事項〕の(1)のイに示す「音符、休符、記号や用語」については、児童の学習状況を考慮して、次に示すものを音楽における働きと関わらせて理解し、活用できるよう取り扱うこと。

[付録3]

小学校児童指導要録（参考様式）

様式1（学籍に関する記録）

区分＼学年	1	2	3	4	5	6
学　級						
整理番号						

学　籍　の　記　録

児童	ふりがな		性別		入学・編入学等	平成　年　月　日　第1学年入学 第　学年編入学
	氏　名					
	生年月日	平成　　年　　月　　日生			転入学	平成　年　月　日　第　学年転入学
	現住所					
保護者	ふりがな				転学・退学等	（平成　　年　　月　　日） 平成　　年　　月　　日
	氏　名					
	現住所				卒　業	平成　　年　　月　　日
入学前の経歴					進　学　先	
学校名及び所在地 （分校名・所在地等）						

年　度	平成　　年度	平成　　年度	平成　　年度
区分＼学年	1	2	3
校長氏名印			
学級担任者氏名印			

年　度	平成　　年度	平成　　年度	平成　　年度
区分＼学年	4	5	6
校長氏名印			
学級担任者氏名印			

様式2（指導に関する記録）

児　童　氏　名	学　校　名	区分＼学年	1	2	3	4	5	6
		学　級						
		整理番号						

各 教 科 の 学 習 の 記 録

Ⅰ　　観 点 別 学 習 状 況

教科	観　　点　　　　学　年	1	2	3	4	5	6
国語	国語への関心・意欲・態度						
	話す・聞く能力						
	書く能力						
	読む能力						
	言語についての知識・理解・技能						
社会	社会的事象への関心・意欲・態度						
	社会的な思考・判断・表現						
	観察・資料活用の技能						
	社会的事象についての知識・理解						
算数	算数への関心・意欲・態度						
	数学的な考え方						
	数量や図形についての技能						
	数量や図形についての知識・理解						
理科	自然事象への関心・意欲・態度						
	科学的な思考・表現						
	観察・実験の技能						
	自然事象についての知識・理解						
生活	生活への関心・意欲・態度						
	活動や体験についての思考・表現						
	身近な環境や自分についての気付き						
音楽	音楽への関心・意欲・態度						
	音楽表現の創意工夫						
	音楽表現の技能						
	鑑賞の能力						
図画工作	造形への関心・意欲・態度						
	発想や構想の能力						
	創造的な技能						
	鑑賞の能力						
家庭	家庭生活への関心・意欲・態度						
	生活を創意工夫する能力						
	生活の技能						
	家庭生活についての知識・理解						
体育	運動や健康・安全への関心・意欲・態度						
	運動や健康・安全についての思考・判断						
	運動の技能						
	健康・安全についての知識・理解						

Ⅱ　　評　　　定

学年＼教科	国語	社会	算数	理科	音楽	図画工作	家庭	体育
3								
4								
5								
6								

外 国 語 活 動 の 記 録

観　点＼学　年	5	6
コミュニケーションへの関心・意欲・態度		
外国語への慣れ親しみ		
言語や文化に関する気付き		

総 合 的 な 学 習 の 時 間 の 記 録

学年	学 習 活 動	観　　点	評　　　価
3			
4			
5			
6			

特 別 活 動 の 記 録

内　　容	観　　点＼学　年	1	2	3	4	5	6
学級活動							
児童会活動							
クラブ活動							
学校行事							

児 童 氏 名

行 動 の 記 録

項 目 ＼ 学 年	1	2	3	4	5	6	項 目 ＼ 学 年	1	2	3	4	5	6
基本的な生活習慣							思いやり・協力						
健康・体力の向上							生命尊重・自然愛護						
自主・自律							勤労・奉仕						
責任感							公正・公平						
創意工夫							公共心・公徳心						

総 合 所 見 及 び 指 導 上 参 考 と な る 諸 事 項

第1学年		第4学年	
第2学年		第5学年	
第3学年		第6学年	

出 欠 の 記 録

区分＼学年	授業日数	出席停止・忌引等の日数	出席しなければならない日数	欠席日数	出席日数	備 考
1						
2						
3						
4						
5						
6						

［付録4］
中学校学習指導要領
第2章　各教科　第5節　音　楽

第1　目標
　表現及び鑑賞の幅広い活動を通して、音楽的な見方・考え方を働かせ、生活や社会の中の音や音楽、音楽文化と豊かに関わる資質・能力を次のとおり育成することを目指す。
(1)　曲想と音楽の構造や背景などとの関わり及び音楽の多様性について理解するとともに、創意工夫を生かした音楽表現をするために必要な技能を身に付けるようにする。
(2)　音楽表現を創意工夫することや、音楽のよさや美しさを味わって聴くことができるようにする。
(3)　音楽活動の楽しさを体験することを通して、音楽を愛好する心情を育むとともに、音楽に対する感性を豊かにし、音楽に親しんでいく態度を養い、豊かな情操を培う。

第2　各学年の目標及び内容
〔第1学年〕
1　目標
(1)　曲想と音楽の構造などとの関わり及び音楽の多様性について理解するとともに、創意工夫を生かした音楽表現をするために必要な歌唱、器楽、創作の技能を身に付けるようにする。
(2)　音楽表現を創意工夫することや、音楽を自分なりに評価しながらよさや美しさを味わって聴くことができるようにする。
(3)　主体的・協働的に表現及び鑑賞の学習に取り組み、音楽活動の楽しさを体験することを通して、音楽文化に親しむとともに、音楽によって生活を明るく豊かなものにしていく態度を養う。

2　内容
A　表現
(1)　歌唱の活動を通して、次の事項を身に付けることができるよう指導する。
ア　歌唱表現に関わる知識や技能を得たり生かしたりしながら、歌唱表現を創意工夫すること。
イ　次の（ア）及び（イ）について理解すること。
（ア）　曲想と音楽の構造や歌詞の内容との関わり
（イ）　声の音色や響き及び言葉の特性と曲種に応じた発声との関わり
ウ　次の（ア）及び（イ）の技能を身に付けること。
（ア）　創意工夫を生かした表現で歌うために必要な発声、言葉の発音、身体の使い方などの技能
（イ）　創意工夫を生かし、全体の響きや各声部の声などを聴きながら他者と合わせて歌う技能
(2)　器楽の活動を通して、次の事項を身に付けることができるよう指導する。
ア　器楽表現に関わる知識や技能を得たり生かしたりしながら、器楽表現を創意工夫すること。
イ　次の（ア）及び（イ）について理解すること。
（ア）　曲想と音楽の構造との関わり
（イ）　楽器の音色や響きと奏法との関わり
ウ　次の（ア）及び（イ）の技能を身に付けること。
（ア）　創意工夫を生かした表現で演奏するために必要な奏法、身体の使い方などの技能
（イ）　創意工夫を生かし、全体の響きや各声部の音などを聴きながら他者と合わせて演奏する技能
(3)　創作の活動を通して、次の事項を身に付けることができるよう指導する。
ア　創作表現に関わる知識や技能を得たり生かしたりしながら、創作表現を創意工夫すること。
イ　次の（ア）及び（イ）について、表したいイメージと関わらせて理解すること。
（ア）　音のつながり方の特徴
（イ）　音素材の特徴及び音の重なり方や反復、変化、対照などの構成上の特徴
ウ　創意工夫を生かした表現で旋律や音楽をつくるために必要な、課題や条件に沿った音の選択や組合せなどの技能を身に付けること。

B　鑑賞
(1)　鑑賞の活動を通して、次の事項を身に付けることができるよう指導する。
ア　鑑賞に関わる知識を得たり生かしたりしながら、次の（ア）から（ウ）までについて自分なりに考え、音楽のよさや美しさを味わって聴くこと。
（ア）　曲や演奏に対する評価とその根拠
（イ）　生活や社会における音楽の意味や役割
（ウ）　音楽表現の共通性や固有性
イ　次の（ア）から（ウ）までについて理解すること。
（ア）　曲想と音楽の構造との関わり
（イ）　音楽の特徴とその背景となる文化や歴史、他の芸術との関わり
（ウ）　我が国や郷土の伝統音楽及びアジア地域の諸民族の音楽の特徴と、その特徴から生まれる音楽の多様性

〔共通事項〕
(1) 「A 表現」及び「B 鑑賞」の指導を通して、次の事項を身に付けることができるよう指導する。
　ア　音楽を形づくっている要素や要素同士の関連を知覚し、それらの働きが生み出す特質や雰囲気を感受しながら、知覚したことと感受したこととの関わりについて考えること。
　イ　音楽を形づくっている要素及びそれらに関わる用語や記号などについて、音楽における働きと関わらせて理解すること。

〔第2学年及び第3学年〕
1　目標
(1) 曲想と音楽の構造や背景などとの関わり及び音楽の多様性について理解するとともに、創意工夫を生かした音楽表現をするために必要な歌唱、器楽、創作の技能を身に付けるようにする。
(2) 曲にふさわしい音楽表現を創意工夫することや、音楽を評価しながらよさや美しさを味わって聴くことができるようにする。
(3) 主体的・協働的に表現及び鑑賞の学習に取り組み、音楽活動の楽しさを体験することを通して、音楽文化に親しむとともに、音楽によって生活を明るく豊かなものにし、音楽に親しんでいく態度を養う。

2　内容
　A　表現
(1) 歌唱の活動を通して、次の事項を身に付けることができるよう指導する。
　ア　歌唱表現に関わる知識や技能を得たり生かしたりしながら、曲にふさわしい歌唱表現を創意工夫すること。
　イ　次の（ア）及び（イ）について理解すること。
　　（ア）　曲想と音楽の構造や歌詞の内容及び曲の背景との関わり
　　（イ）　声の音色や響き及び言葉の特性と曲種に応じた発声との関わり
　ウ　次の（ア）及び（イ）の技能を身に付けること。
　　（ア）　創意工夫を生かした表現で歌うために必要な発声、言葉の発音、身体の使い方などの技能
　　（イ）　創意工夫を生かし、全体の響きや各声部の声などを聴きながら他者と合わせて歌う技能
(2) 器楽の活動を通して、次の事項を身に付けることができるよう指導する。
　ア　器楽表現に関わる知識や技能を得たり生かしたりしながら、曲にふさわしい器楽表現を創意工夫すること。
　イ　次の（ア）及び（イ）について理解すること。

　　（ア）　曲想と音楽の構造や曲の背景との関わり
　　（イ）　楽器の音色や響きと奏法との関わり
　ウ　次の（ア）及び（イ）の技能を身に付けること。
　　（ア）　創意工夫を生かした表現で演奏するために必要な奏法、身体の使い方などの技能
　　（イ）　創意工夫を生かし、全体の響きや各声部の音などを聴きながら他者と合わせて演奏する技能
(3) 創作の活動を通して、次の事項を身に付けることができるよう指導する。
　ア　創作表現に関わる知識や技能を得たり生かしたりしながら、まとまりのある創作表現を創意工夫すること。
　イ　次の（ア）及び（イ）について、表したいイメージと関わらせて理解すること。
　　（ア）　音階や言葉などの特徴及び音のつながり方の特徴
　　（イ）　音素材の特徴及び音の重なり方や反復、変化、対照などの構成上の特徴
　ウ　創意工夫を生かした表現で旋律や音楽をつくるために必要な、課題や条件に沿った音の選択や組合せなどの技能を身に付けること。

　B　鑑賞
(1) 鑑賞の活動を通して、次の事項を身に付けることができるよう指導する。
　ア　鑑賞に関わる知識を得たり生かしたりしながら、次の（ア）から（ウ）までについて考え、音楽のよさや美しさを味わって聴くこと。
　　（ア）　曲や演奏に対する評価とその根拠
　　（イ）　生活や社会における音楽の意味や役割
　　（ウ）　音楽表現の共通性や固有性
　イ　次の（ア）から（ウ）までについて理解すること。
　　（ア）　曲想と音楽の構造との関わり
　　（イ）　音楽の特徴とその背景となる文化や歴史、他の芸術との関わり
　　（ウ）　我が国や郷土の伝統音楽及び諸外国の様々な音楽の特徴と、その特徴から生まれる音楽の多様性

〔共通事項〕
(1) 「A 表現」及び「B 鑑賞」の指導を通して、次の事項を身に付けることができるよう指導する。
　ア　音楽を形づくっている要素や要素同士の関連を知覚し、それらの働きが生み出す特質や雰囲気を感受しながら、知覚したことと感受したこととの関わりについて考えること。
　イ　音楽を形づくっている要素及びそれらに関

わる用語や記号などについて、音楽における
働きと関わらせて理解すること。

第3　指導計画の作成と内容の取扱い

1　指導計画の作成に当たっては、次の事項に配慮
するものとする。

(1)　題材など内容や時間のまとまりを見通して、
その中で育む資質・能力の育成に向けて、生徒
の主体的・対話的で深い学びの実現を図るよう
にすること。その際、音楽的な見方・考え方を
働かせ、他者と協働しながら、音楽表現を生み
出したり音楽を聴いてそのよさや美しさなどを
見いだしたりするなど、思考、判断し、表現す
る一連の過程を大切にした学習の充実を図るこ
と。

(2)　第2の各学年の内容の「A表現」の(1)、(2)及
び(3)の指導については、ア、イ及びウの各事項
を、「B鑑賞」の(1)の指導については、ア及びイ
の各事項を適切に関連させて指導すること。

(3)　第2の各学年の内容の〔共通事項〕は、表現
及び鑑賞の学習において共通に必要となる資
質・能力であり、「A表現」及び「B鑑賞」の指
導と併せて、十分な指導が行われるよう工夫す
ること。

(4)　第2の各学年の内容の「A表現」の(1)、(2)及
び(3)並びに「B鑑賞」の(1)の指導については、
それぞれ特定の活動のみに偏らないようにする
とともに、必要に応じて、〔共通事項〕を要と
して各領域や分野の関連を図るようにするこ
と。

(5)　障害のある生徒などについては、学習活動を
行う場合に生じる困難さに応じた指導内容や指
導方法の工夫を計画的、組織的に行うこと。

(6)　第1章総則の第1の2の(2)に示す道徳教育の
目標に基づき、道徳科などとの関連を考慮しな
がら、第3章特別の教科道徳の第2に示す内容
について、音楽科の特質に応じて適切な指導を
すること。

2　第2の内容の取扱いについては、次の事項に配
慮するものとする。

(1)　各学年の「A表現」及び「B鑑賞」の指導に
当たっては、次のとおり取り扱うこと。

ア　音楽活動を通して、それぞれの教材等に応
じ、音や音楽が生活に果たす役割を考えさせ
るなどして、生徒が音や音楽と生活や社会と
の関わりを実感できるよう指導を工夫するこ
と。なお、適宜、自然音や環境音などについ
ても取り扱い、音環境への関心を高めること
ができるよう指導を工夫すること。

イ　音楽によって喚起された自己のイメージや
感情、音楽表現に対する思いや意図、音楽に
対する評価などを伝え合い共感するなど、音

や音楽及び言葉によるコミュニケーションを
図り、音楽科の特質に応じた言語活動を適切
に位置付けられるよう指導を工夫すること。

ウ　知覚したことと感受したこととの関わりを
基に音楽の特徴を捉えたり、思考、判断の過
程や結果を表したり、それらについて他者と
共有、共感したりする際には、適宜、体を動
かす活動も取り入れるようにすること。

エ　生徒が様々な感覚を関連付けて音楽への理
解を深めたり、主体的に学習に取り組んだ
りすることができるようにするため、コン
ピュータや教育機器を効果的に活用できるよ
う指導を工夫すること。

オ　生徒が学校内及び公共施設などの学校外に
おける音楽活動とのつながりを意識できるよ
うにするなど、生徒や学校、地域の実態に応
じ、生活や社会の中の音や音楽、音楽文化と
主体的に関わっていくことができるよう配慮
すること。

カ　自己や他者の著作物及びそれらの著作者の
創造性を尊重する態度の形成を図るととも
に、必要に応じて、音楽に関する知的財産権
について触れるようにすること。また、こう
した態度の形成が、音楽文化の継承、発展、
創造を支えていることへの理解につながるよ
う配慮すること。

(2)　各学年の「A表現」の(1)の歌唱の指導に当たっ
ては、次のとおり取り扱うこと。

ア　歌唱教材は、次に示すものを取り扱うこと。

（ア）　我が国及び諸外国の様々な音楽のう
ち、指導のねらいに照らして適切で、生
徒にとって親しみがもてたり意欲が高め
られたり、生活や社会において音楽が果
たしている役割が感じ取れたりできるも
の。

（イ）　民謡、長唄などの我が国の伝統的な歌
唱のうち、生徒や学校、地域の実態を考
慮して、伝統的な声や歌い方の特徴を感
じ取れるもの。なお、これらを取り扱う
際は、その表現活動を通して、生徒が我
が国や郷土の伝統音楽のよさを味わい、
愛着をもつことができるよう工夫するこ
と。

（ウ）　我が国で長く歌われ親しまれている歌
曲のうち、我が国の自然や四季の美しさ
を感じ取れるもの又は我が国の文化や日
本語のもつ美しさを味わえるもの。なお、
各学年において、以下の共通教材の中か
ら1曲以上を含めること。

「赤とんぼ」

三木露風作詞
山田耕筰作曲

「荒城の月」
土井晩翠作詞
滝廉太郎作曲

「早春賦」
吉丸一昌作詞
中田　章作曲

「夏の思い出」
江間章子作詞
中田喜直作曲

「花」
武島羽衣作詞
滝廉太郎作曲

「花の街」
江間章子作詞
團伊玖磨作曲

「浜辺の歌」
林　古溪作詞
成田為三作曲

　イ　変声期及び変声前後の声の変化について気付かせ、変声期の生徒を含む全ての生徒の心理的な面についても配慮するとともに、変声期の生徒については適切な声域と声量によって歌わせるようにすること。
　ウ　相対的な音程感覚などを育てるために、適宜、移動ド唱法を用いること。
(3)　各学年の「A 表現」の(2)の器楽の指導に当たっては、次のとおり取り扱うこと。
　ア　器楽教材は、次に示すものを取り扱うこと。
　　(ア)　我が国及び諸外国の様々な音楽のうち、指導のねらいに照らして適切で、生徒にとって親しみがもてたり意欲が高められたり、生活や社会において音楽が果たしている役割が感じ取れたりできるもの。
　イ　生徒や学校、地域の実態などを考慮した上で、指導上の必要に応じて和楽器、弦楽器、管楽器、打楽器、鍵盤楽器、電子楽器及び世界の諸民族の楽器を適宜用いること。なお、3 学年間を通じて 1 種類以上の和楽器を取り扱い、その表現活動を通して、生徒が我が国や郷土の伝統音楽のよさを味わい、愛着をもつことができるよう工夫すること。
(4)　歌唱及び器楽の指導における合わせて歌ったり演奏したりする表現形態では、他者と共に一つの音楽表現をつくる過程を大切にするとともに、生徒一人一人が、担当する声部の役割と全体の響きについて考え、主体的に創意工夫できるよう指導を工夫すること。
(5)　読譜の指導に当たっては、小学校における学習を踏まえ、♯や♭の調号としての意味を理解させるとともに、3 学年間を通じて、1 ♯、1 ♭程度をもった調号の楽譜の視唱や視奏に慣れさせるようにすること。
(6)　我が国の伝統的な歌唱や和楽器の指導に当

たっては、言葉と音楽との関係、姿勢や身体の使い方についても配慮するとともに、適宜、口唱歌を用いること。
(7)　各学年の「A 表現」の(3)の創作の指導に当たっては、即興的に音を出しながら音のつながり方を試すなど、音を音楽へと構成していく体験を重視すること。その際、理論に偏らないようにするとともに、必要に応じて作品を記録する方法を工夫させること。
(8)　各学年の「B 鑑賞」の指導に当たっては、次のとおり取り扱うこと。
　ア　鑑賞教材は、我が国や郷土の伝統音楽を含む我が国及び諸外国の様々な音楽のうち、指導のねらいに照らして適切なものを取り扱うこと。
　イ　第 1 学年では言葉で説明したり、第 2 学年及び第 3 学年では批評したりする活動を取り入れ、曲や演奏に対する評価やその根拠を明らかにできるよう指導を工夫すること。
(9)　各学年の〔共通事項〕に示す「音楽を形づくっている要素」については、指導のねらいに応じて、音色、リズム、速度、旋律、テクスチュア、強弱、形式、構成などから、適切に選択したり関連付けたりして指導すること。
⑽　各学年の〔共通事項〕の(1)のイに示す「用語や記号など」については、小学校学習指導要領第 2 章第 6 節音楽の第 3 の 2 の(9)に示すものに加え、生徒の学習状況を考慮して、次に示すものを音楽における働きと関わらせて理解し、活用できるよう取り扱うこと。

拍　拍子　間（ま）序破急　フレーズ　音階　調和音

拍　拍子　間　序破急　フレーズ　音階　調　和音
動機　Andante　Moderato　Allegro　rit.　a tempo
accel.　legate　pp　ff　dim.　D.C.　D.S.

（フェルマータ）　（テヌート）　（三連符）　（二分休符）
（全休符）　（十六分休符）

［付録5］
幼稚園教育要領（抜粋）

第2章　ねらい及び内容

健康

　　省略

人間関係

　　省略

環境

　　省略

言葉

　　省略

表現

　　〔感じたことや考えたことを自分なりに表現することを通して、豊かな感性や表現する力を養い、創造性を豊かにする。〕

1　ねらい
(1)　いろいろなものの美しさなどに対する豊かな感性をもつ。
(2)　感じたことや考えたことを自分なりに表現して楽しむ。
(3)　生活の中でイメージを豊かにし、様々な表現を楽しむ。

2　内容
(1)　生活の中で様々な音、形、色、手触り、動きなどに気付いたり、感じたりするなどして楽しむ。
(2)　生活の中で美しいものや心を動かす出来事に触れ、イメージを豊かにする。
(3)　様々な出来事の中で、感動したことを伝え合う楽しさを味わう。
(4)　感じたこと、考えたことなどを音や動きなどで表現したり、自由にかいたり、つくったりなどする。
(5)　いろいろな素材に親しみ、工夫して遊ぶ。
(6)　音楽に親しみ、歌を歌ったり、簡単なリズム楽器を使ったりなどする楽しさを味わう。
(7)　かいたり、つくったりすることを楽しみ、遊びに使ったり、飾ったりなどする。
(8)　自分のイメージを動きや言葉などで表現したり、演じて遊んだりするなどの楽しさを味わう。

3　内容の取扱い
　　上記の取扱いに当たっては、次の事項に留意する必要がある。

(1)　豊かな感性は、身近な環境と十分に関わる中で美しいもの、優れたもの、心を動かす出来事などに出会い、そこから得た感動を他の幼児や教師と共有し、様々に表現することなどを通して養われるようにすること。その際、風の音や雨の音、身近にある草や花の形や色など自然の中にある音、形、色などに気付くようにすること。
(2)　幼児の自己表現は素朴な形で行われることが多いので、教師はそのような表現を受容し、幼児自身の表現しようとする意欲を受け止めて、幼児が生活の中で幼児らしい様々な表現を楽しむことができるようにすること。
(3)　生活経験や発達に応じ、自ら様々な表現を楽しみ、表現する意欲を十分に発揮させることができるように、遊具や用具などを整えたり、様々な素材や表現の仕方に親しんだり、他の幼児の表現に触れられるよう配慮したりし、表現する過程を大切にして自己表現を楽しめるように工夫すること。

執筆者および執筆分担

編著者

吉富　功修	広島大学大学院　人間社会科学研究科 名誉教授	第1章第1節，第2章第1節 2.1）， 第5章第3節，第5章第4節， 第5章第5節，第9章，コラム（p.61）
三村　真弓	エリザベト音楽大学　音楽学部　音楽文化学科	第5章第2節，第5章第4節， 第6章第1節，第7章第4節

著者（五十音順）

荒木　由美	熊本市立飽田東小学校	第3章第2節 2.
伊藤　真	広島大学大学院　人間社会科学研究科	第5章第1節，第7章第2節，第8章第1節， コラム（p.134）
井本　美穂	岡山理科大学　教育学部　初等教育学科	第2章第2節 5.
上野　智子	和歌山大学　教育学部	第3章第3節
梅比良 麻子	広島大学附属小学校	第3章第2節 4.，第4章第1節
大野内　愛	広島大学大学院　人間社会科学研究科	第7章第3節，第8章第2節
岡田　知也	香川大学　教育学部　学校教育教員養成課程	第2章第1節 2.2）3），簡易伴奏13曲， 本格伴奏2曲
緒方　満	比治山大学　現代文化学部　子ども発達教育学科	第2章第1節 1.，第4章第3節
河邊　昭子	兵庫教育大学大学院　学教教育研究科	第2章第1節 3.，第3章第2節 6.
工藤　千晶	美作大学　生活科学部　児童学科	第4章第7節
小長野隆太	広島修道大学　人文学部　教育学科	第4章第5節
近藤　裕子	石巻専修大学　人間学部　人間教育学科	**第9章，簡易伴奏12曲**
髙橋　潤子	兵庫教育大学大学院連合学校　教育学研究科　博士課程後期	コラム（p.95）
高見　仁志	佛教大学　教育学部　教育学科	第4章第2節
津田　正之	国立音楽大学　音楽学部　音楽文化教育学科	第6章第2節
寺田　貴雄	北海道教育大学　教育学部　札幌校	第3章第1節
長澤　希	広島文教大学　教育学部　教育学科	第2章第4節，第3章第2節 3.
西沢　久実	神戸市立神戸祇園小学校	第3章第2節 1.
長谷川　諒	神戸大学大学院　人間発達環境学研究科	第9章
福島さやか	福岡女学院大学　人間関係学部　子ども発達学科	第2章第3節
藤井　浩基	島根大学　教育学部　音楽科教育専攻	第7章第1節
藤原　志帆	熊本大学大学院　教育学研究科	第4章第4節
松本 進乃助	東北学院大学　文学部　教育学科	第7章第6節
峯　恭子	大阪大谷大学　教育学部	第3章第3節
森保　尚美	広島女学院大学　人間生活学部	第2章第2節 1.，2.，3.，4.
山中　文	椙山女学園大学　教育学部　子ども発達学科	第4章第6節
和中　雅子	高松市立太田南小学校	第3章第2節 5.
Josep Ferran	安田女子短期大学　保育科	第7章第5節

令和2年6月1日現在

第4版　小学校音楽科教育法
学力の構築をめざして

2010 年 3 月 25 日	初版発行
2015 年 3 月 23 日	第 2 版発行
2017 年 3 月 30 日	第 3 版発行
2020 年 7 月 15 日	第 4 版発行

編　著　　吉富　功修・三村　真弓

発　　行　　ふくろう出版
　　　　　　〒700-0035　岡山市北区高柳西町 1-23
　　　　　　　　　　友野印刷ビル
　　　　　　TEL：086-255-2181
　　　　　　FAX：086-255-6324
　　　　　　http://www.296.jp
　　　　　　e-mail：info@296.jp
　　　　　　振替　01310-8-95147

印刷・製本　　友野印刷株式会社

ISBN978-4-86186-792-7　C3073
JASRAC 出 2005097-001
定価は表紙に表示してあります。乱丁・落丁はお取り替えいたします。